帝国的倒影

俄罗斯国内战争时期的白卫军（1917—1920）

周国长 著

中国社会科学出版社

图书在版编目（CIP）数据

帝国的倒影：俄罗斯国内战争时期的白卫军：1917—1920／周国长著. -- 北京：中国社会科学出版社，2024.8（2025.5 重印）

ISBN 978-7-5227-3517-7

Ⅰ.①帝… Ⅱ.①周… Ⅲ.①苏维埃国内战争－研究－1917－1920 Ⅳ.①K512.52

中国国家版本馆 CIP 数据核字（2024）第 086379 号

出 版 人	赵剑英
责任编辑	范晨星
责任校对	周　昊
责任印制	李寡寡

出　　版	中国社会科学出版社
社　　址	北京鼓楼西大街甲 158 号
邮　　编	100720
网　　址	http://www.csspw.cn
发 行 部	010－84083685
门 市 部	010－84029450
经　　销	新华书店及其他书店
印　　刷	北京君升印刷有限公司
装　　订	廊坊市广阳区广增装订厂
版　　次	2024 年 8 月第 1 版
印　　次	2025 年 5 月第 3 次印刷
开　　本	710×1000　1/16
印　　张	16.75
字　　数	251 千字
定　　价	89.00 元

凡购买中国社会科学出版社图书，如有质量问题请与本社营销中心联系调换
电话：010－84083683
版权所有　侵权必究

目 录

绪 言 ··· (1)
    一 选题的缘起和研究意义 ································· (1)
    二 概念界定 ·· (2)
    三 研究现状及相关文献述评 ································· (3)
    四 史料来源 ·· (27)
    五 研究方法与创新之处 ·· (29)

第一章 俄罗斯国内战争的缘起与进程 ······················· (31)
  第一节 1917 年革命后俄国的政治军事形势 ············· (31)
    一 从十月革命到解散立宪会议 ···························· (31)
    二 1918 年春夏之交的形势与对立的政治力量 ········· (38)
    三 捷克军团叛乱与国内战争的开始 ······················ (46)
  第二节 国内战争进程概述 ····································· (52)
    一 双方军事力量：红军与白卫军 ························· (52)
    二 主要阶段和战线 ·· (62)

第二章 东方白卫军 ·· (68)
  第一节 从执政内阁走向高尔察克的军事专政 ············ (68)
    一 乌法国务会议 ··· (68)
    二 执政内阁东迁鄂木斯克 ································· (74)
    三 "11 月 18 日政变"与高尔察克军事专政的建立 ········· (77)

第二节　高尔察克政府的政治举措与1919年春季攻势 …………（89）
　　一　高尔察克政府的政治措施 ……………………………（89）
　　二　1919年的春季攻势 ……………………………………（95）
　　三　东方白卫军的社会经济与外交政策 ………………（100）
第三节　东方白卫军的失败 ……………………………………（110）
　　一　1919年夏秋之际的军事失败 ………………………（110）
　　二　东方白卫军之灭亡 …………………………………（119）

第三章　南俄白卫军 …………………………………………（125）
第一节　南俄志愿军的形成与两次库班进军 …………………（125）
　　一　南俄志愿军的组建 …………………………………（125）
　　二　南俄志愿军第一次"库班进军" ……………………（136）
　　三　南俄志愿军第二次"库班进军" ……………………（142）
第二节　南俄白卫军的政权建构与管理 ………………………（149）
　　一　邓尼金"国家专政"的建立 …………………………（149）
　　二　南俄白卫军的地方政权建设与管理 ………………（158）
　　三　农业改革和立法 ……………………………………（163）
第三节　1919年夏秋之际的"莫斯科进军" …………………（169）
　　一　协约国对南俄的武装干涉 …………………………（169）
　　二　1919年的夏秋战役：向莫斯科进军 ………………（176）
第四节　弗兰格尔与南俄白卫军的最终失败 …………………（185）
　　一　"右翼之手的左翼政策"（левая политика
　　　　правыми руками） …………………………………（185）
　　二　南俄白卫军的灭亡 …………………………………（195）

第四章　西北白卫军 …………………………………………（201）
第一节　西北白卫军之形成 ……………………………………（201）
　　一　1918年波罗的海国际格局与西北地区的白卫军组织 ……（201）
　　二　尤登尼奇与第一次彼得格勒进军 …………………（209）

第二节 西北白卫军之失败 …………………………………… (218)
　一 从俄罗斯政治委员会到西北白卫军政府 …………… (218)
　二 第二次彼得格勒进军与西北白卫军的失败 ………… (226)

结语 关于白卫军失败原因的探讨 …………………………… (235)

附录 俄文、中文人名译名对照表 …………………………… (243)

参考文献 ……………………………………………………… (250)

绪　言

一　选题的缘起和研究意义

中国自近代以来，由于与俄国因地缘政治格局之毗邻而深受其影响。特别是俄国十月革命取得成功，对于当时中国知识界有关中国道路走向的选择有巨大影响，"十月革命一声炮响，给我们送来了马克思列宁主义"。[①] 1949年之后，中国走上了社会主义道路，在外交上更是"一边倒"。尽管中苏关系曾走向破裂，但这种道路的选择对于民间知识记忆和情感体验的影响仍不时在改革开放之后的中国社会流露出来：一方面，有关苏联的历史著述，特别是有关俄国革命的著述会在社会舆论中间受到较高程度的关注；另一方面，社会舆论中，因苏联解体之后新资料、档案的发现，对于1917年俄国革命及苏联历史的批判性观点亦常见。这两者在某种程度上都代表了当今中国社会对俄罗斯历史的认知。

事实上，布尔什维克十月革命只是夺取了政权，而巩固政权和将社会主义制度推行到边疆地区，则是经历了血与火的内战。俄罗斯国内战争中，以列宁为首的苏维埃政府与以高尔察克、邓尼金为首的白卫军为对立的双方，外加因俄罗斯帝国解体之后呈现出地方主义的各种农民起义军领袖（如乌克兰的马赫诺）和以民族主义为旗帜的乌克兰中央拉达，数方交织、分化、组合，经过三年血腥残酷的内战，布尔什维克才最终击败敌手，巩固政权。

---

① 《毛泽东选集》第四卷，人民出版社1991年版，第1471页。

国内史学界在通史著作中对于俄罗斯国内战争的研究,主要呈现的是苏维埃政权和红军一面,即冠之"军事共产主义"的历史时段。而对于苏维埃政权的主要对手——白卫军,则缺乏应有的关注。这种片面的历史背景显然无法展示历史的全貌。当人们有条件利用解密的档案文献重新考察俄罗斯国内战争的历史进程时,补上白卫军方面的缺失乃十分必要。

近年来,笔者有幸赴白俄罗斯访学,收集了大量苏联解体之后俄罗斯出版的有关白卫军的档案文献以及白卫运动的主要参与者在国外出版的回忆录、书信、日记等资料,故而有可能以白卫军为研究对象,以史料为依据,站在中国学者的立场,通过对白卫军的起源、社会基础、运动过程等进行对比考察分析,探求其失败的原因,以此为重新认识俄罗斯国内战争史提供一个不可缺少的维度。

二 概念界定

本书所研究的俄罗斯国内战争时期的白卫军,涉及两个关键性的概念界定。

第一个概念:俄罗斯国内战争,是指俄国十月革命后,布尔什维克领导的苏维埃政权与试图恢复帝俄版图和推翻苏维埃政权的敌对社会政治集团所展开的武装斗争。[1] 它的起始时间为1918年5月的捷克军团叛乱,到1920年11月,随着苏维埃红军击败克里米亚 П. Н. 弗兰格尔(Врангель)的白卫军,国内战争结束。

第二个概念:白卫军(Белая гвардия),是指俄罗斯国内战争时期以帝俄军官团为首并组建了武装力量和政权机构的政治—军事集团。它的政治目标是夺取对俄国的统治权和恢复"统一不可分割的俄罗斯"。与孟什维克、社会革命党要求"民主的第三道路"不同,白卫军领导人为击败布尔什维克主义,主张实施军事专政并维护帝俄时期的社会体制。对

---

[1] Революция и Гражданская война в России: 1917 – 1923 гг.: Энциклопедия в 4 томах. (Т. 1.). М.: Терра, 2008. С. 467 – 469.

于社会的变革要求，白卫军以"预先不确立原则"①诉诸未来的立宪会议。在白卫军侨民和现在俄罗斯学界的用语中，白卫军的同义词还有白卫运动（белое движение）、白卫事业（белое дело）②等。

此外，由于俄罗斯国内战争时期白卫军领导人以及参与者没有更改历法，他们一直使用的是俄国旧历（彼得大帝时期从西方引入的儒略历）。因此本书在写作的过程中，凡是白卫军活动的日期采用的是俄国旧历。俄国旧历与西方的新历（公历）相比，在20世纪早13天。1918年1月26日，俄罗斯政府宣布停止使用旧历，采用新历（公历）。因此，本书凡是涉及俄罗斯政府的日期，都会注明公历。

三 研究现状及相关文献述评

（一）白俄侨民的研究状况

1920年11月，当苏维埃红军攻占克里米亚半岛之后，弗兰格尔领导的残余白卫军和其他居民十多万人乘坐英法的船舰逃离克里米亚半岛，开启了俄国历史上新一波移民。当白卫军领导人和亲历者逃亡之后，他们在欧洲的贝尔格莱德、布拉格、巴黎、慕尼黑以及中国的哈尔滨、上海等城市定居，形成了俄国历史上的侨民群体。白卫军领导人和亲历者在侨居国家组建社会团体、创建研究中心，纷纷著书立说，发表政论文

---

① 预先不确立原则（непредрешенчество），1917年二月革命之后，米哈伊尔大公不愿意接受皇位，他在3月3日的退位诏书中声明："如果经过了全民投票选举，通过代表他们自己意志的立宪会议来建立政府形式和确立俄罗斯国家体制的基本法，只有在符合民意的情况下，我才愿意做出最终的决定来执掌俄罗斯的最高权力。"也就是说，大公将决定俄罗斯国家体制的时间推到了只有按照人民意愿召开的立宪会议。这一原则也被称为预先不确立原则。临时政府上台之后，也不得不为召开立宪会议做准备，并且临时政府没有权力来决定"俄罗斯国家体制等根本性问题"。不确立俄罗斯国家体制的原则此后又被俄罗斯白卫军的领导人所继承。1917年9月关押在贝霍夫的将军们制定了"贝霍夫纲要"，这个纲要中的主要观点此后被白卫军的第一份政治宣言即"科尔尼洛夫将军宪法方案"所阐述，主张"解决国家和民族以及社会的主要问题推迟到未来召开的立宪会议"。"立宪会议是俄罗斯土地的唯一主人，它应该决定俄罗斯的宪法并最终决定国家制度。"参见 Лембич М. Политическая, программа генерала Л. Г. Корнилова январских дней 1918 г. Белый архив. Париж., 1928. кн. 2 – 3. с. 174 – 186.；Цветков В. Ж. Монархия или «непредрешенчество». Вопрос о политическом «знамени». http://www.dk1868.ru/statii/Tstvetkov_alekseev.htm：2013.6.10。

② Цветков В. Ж. Белое движение в России. 1917 – 1922 годы. Вопрос истории., 2000. No. 7；Белое дело. http：//ricolor.org/history/bldv/2/；2013.9.5。

章，撰写回忆录，编辑出版在革命和内战时期流散的档案，对1917年俄国革命及其后的国内战争进行反思。诚如著名的侨民思想家 И. А. 伊里因（Ильин）① 所说："白卫军需要自己的编年纪事，而不是美化；这是深刻的自我反思，而不是创造神话。"②

诚如斯言，从20世纪20年代到第二次世界大战之前，白卫侨民开始出版携带的档案、撰写各种历史文献，主要由两种潮流推动：第一种潮流是白卫军的亲历者撰写回忆录和出版的各种档案；第二种潮流是由白卫军的领导人或专业的侨民历史学家撰写的研究作品或者带有研究性质的自传。

1. 出版相关档案和撰写回忆录

作为布尔什维克在俄罗斯国内战争时期的主要反对者和敌人，白卫军失败后，其主要领导人和亲历者多数逃亡西欧。他们纷纷著书立说，撰写回忆录，组织出版档案。

1921年，立宪民主党人领导人 И. В. 格森（Гессен）在柏林组织出版了《俄国革命档案》（Архив русской революции），③ 断续刊载到1937年，共出版22卷，内容为白卫军政府的文件、决议以及白卫参加者对俄国革命和内战的回忆录、书信等。它是侨民出版档案中最大型的档案，主旨在于将俄国革命和内战时期的历史记录和观察保存下来，"为未来的历史学家提供第一手的材料"。④ 其中最为重要的有顿河阿塔曼克拉斯诺夫、卢克姆斯基将军、弗兰格尔男爵、国家杜马主席罗将柯等人的回忆录。

在格森开始编著历史档案资料丛书之后，其他白俄侨民也在法国巴黎和捷克布拉格编撰了类似的档案集。1926—1928年，Я. М. 利索沃伊（Лисовой）在法国巴黎出版、三卷本的《白卫档案》（Белый архив），⑤ 档

---

① И. А. 伊里因（Ильин，1883—1954），著名的俄国哲学家、记者，白俄侨民的思想领袖。
② Ильин И. А. Белая идея. http：//www.ruguard.ru/article/a-36.html；2012.7.5.
③ Гессен И. В. Архив русской революции（т. т. 1-22）. Берлин.："Слово".，1921-1937.
④ Гессен И. В. Архив русской революции（т. т. 1-22）. Берлин.："Слово".，1922. С. 3.
⑤ Лисовой Я. М. Белый архив.（Том 1-3.）. Том. 1. Париж，1926；Том. 2-3. Париж，1928.

案主要刊载国内战争时期白卫军领导人的书信、日记以及侨民对俄国革命的反思文章等。此后，相继又出版了两卷本的《国内战争档案》（Архив гражданской войны），三卷本的《顿河编年史》（Донская летопись）、五卷本的《西伯利亚档案》（Сибирский архив）。这些档案集更有地域性的色彩，所包含的内容主要是西北白卫军、顿河哥萨克以及西伯利亚白卫军的回忆录、书信、日记。

为了审视俄国革命的原因以及对国内战争中白卫军的失败进行自我辩护，20世纪20年代，大量的白卫军领导人和将领开始出版相关的回忆录。1922年，南俄白卫军领导人之一А. С. 卢克姆斯基（Лукомский）将军在柏林出版了2卷本的回忆录。主要内容包括其亲历的第一次世界大战、俄国革命和国内战争。[①] 1923年，西伯利亚白卫军将领 К. В. 萨哈罗夫（Сахаров）将军在德国慕尼黑出版了《白卫西伯利亚》，主要记载了国内战争时期西伯利亚地区白卫军的情况。[②] 与此同时，大量参与白卫军行政事务的立宪民主党人、十月党人、右翼中心成员也出版了自己的回忆录，对俄国革命的原因、国内战争中的各种政治势力以及白卫军失败的原因进行辩护或批评。[③] 由于他们是相关事件的亲历者，在撰写回忆录和著述的时候，其立场会所有偏颇。因此，在采用他们观点的时候要审慎。

不仅如此，被列宁批判为"民主反革命"和"宪政反革命"的孟什维克、右派社会革命党和左翼立宪民主党的部分成员在出国之后也开始

---

① Лукомский А. С. Воспоминания. В 2 - х тт. Берлин, 1922. 此外，2012年，莫斯科的 Айрис - пресс 出版社将卢克姆斯基将军的回忆录及其保存在斯坦福大学胡佛研究所的相关资料汇集出版了一本名为《我的一生简史：回忆录》（Очерки из моей жизни. Воспоминания）的资料集。参见 Лукомский А. С. Очерки из моей жизни. Воспоминания. （Белая Россия）. М. : Айрис - пресс, 2012.

② Сахаров К. В. Белая Сибирь. Мюнхен, 1923.

③ Вологодский П. В. Из хроники антибольшевистского движения вСибири. Харбин, 1924. ; Гинс Г. К. Сибирь, союзники и Колчак. Пекин, 1921; Маргулиес М. С. Год интервенции. （Кн1 - 3）. Берлин, 1923. ; Соколов К. Н. Правление генерала Деникина. София, 1921. ; Раковский Г. Н. Конец белых. От Днепра до Босфора. Прага, 1921. ; Шульгин В. В. 1920 год. Очерки. София, 1922 и др. ; Кроль Л. А. За три года （воспоминанія, впечатлѣнія и встрѣчи）. Владивосток, изд - во "Свободная Россия", 1921.

纷纷撰写回忆录，公布自己的书信、日记。① 1919 年，В. М. 津季诺夫（Зензинов）在法国巴黎出版了有关高尔察克1918 年 11 月 18 日政变的相关档案，引起欧洲社会舆论对高尔察克将军的批评。高尔察克将军及其政府在他的笔下，被描述为俄国民主的敌人。

从 20 世纪 30 年代开始，当白卫军侨民看到推翻苏维埃政权无望之后，部分成员也开始进行自我反思，认为苏维埃政权的建立有其历史的合理性。此后出版的相关回忆录文字更为谨慎。出自西伯利亚白卫军的 Д. В. 菲拉季耶夫（Филатьев）、И. М. 莫尔恰诺夫（Молчанов）、А. Г. 叶菲莫夫（Ефимов）在带有自传性质的研究作品中，比较中立地分析了高尔察克领导的西伯利亚白卫军失败的原因。② 菲拉季耶夫坦承，"西伯利亚穿灰衣的农夫没有站在我们这一边"。③ Э. Г. фон. 瓦尔（Валь）则分析了南俄邓尼金与波兰的毕苏斯基（Пилсудский）的关系，④ 指出波兰人的背叛是邓尼金失败的重要原因。

从 20 世纪 40 年代到 70 年代，白卫侨民中不少的下级军官以及士兵开始撰写自己的回忆录，⑤ 并且通过弗兰格尔、К. К. 马蒙托夫（Мамонтов）在国外组织的"俄国社会军事同盟"（Русский обще -

---

① Зензинов В. М. Государственный переворот адмирала Колчака в Омске 18 ноября 1918 года. Сборник документов. Париж.: Типография И. Рираховского, 1919.; Аргунов А. А. Между двумя большевизмами. Париж, 1919.; Колосов Е. В. Сибирь при Колчаке. Пг., 1923.; Горн В. Гражданская война на севере - западе России. Берлин., 1923.

② 菲拉季耶夫的回忆录是 1932 年写的，但迟到 1985 年才出版。参见 Филатьев Д. В. Катастрофа белого движения в Сибири. 1918 - 1922. Впечатления очевидца. Париж, 1985.; Ефимов А. Г. Ижевцы и Воткинцы. Борьба с большевиками 1918—1920.（Белая Россия）.: М. Айрис - пресс, 2008.; МолчановВ. М. Последний белый генерал.（Белая Россия）.: М. Айрис - пресс, 2012.

③ Филатьев Д. В. Катастрофа белого движения в Сибири. 1918 - 1922. Впечатления очевидца. Париж, 1985. С. 137 - 139.

④ Э. Г. фон. Валь. Как Пилсудский погубил Деникина. Таллинн, 1938 г.

⑤ Туркул А. В. Дроздовцы в огне. Мюнхен.: "Явь и Быль". 1948.; 50 лет верности России. 1917 - 1967. Издание марковцев - артиллеристов. Париж, 1967 г.; Беляевский В. А. Правда о ген. Деникине（Причины прекращения Белого Движения на Юге России в 1920 г.）, 1959 г.; Бугураев М. Генерал Врангель（Генерал - лейтенант Петр Николаевич Барон Врангель）. Издание Объединения Первопоходников. США, 1972 г.; Кравченко Вл. Дроздовцы от Ясс до Галлиполи. Сборник. Мюнхен, т. 1., 1973 г.; т. 2., 1975 г.; Красноусов Е. М. Шанхайский Русский Полк. 1927 - 1945. Изд - во "Глобус". Сан - Франциско., 1984 г.

воинский союз)① 联合起来，出版相关的报纸，② 甚至是对某些重大历史事件撰写专门的纪念文章。③ 由于大多数撰写者是白卫军中的下层军官和普通士兵，因此他们的笔调下有更多战争日常生活的描述，通过这些回忆录，可以观察到当时白卫军普通军士的社会心态和情感。

总之，白卫军流亡国外之后，不管他们的回忆录和编纂档案的立场如何，但都有利于考证事实，可以从另外一个角度与苏维埃政府提供的材料以及后来俄罗斯解密的档案进行互证。

2. 研究作品

白卫侨民对白卫军进行研究的诸多作品中，最为突出的首推南俄白卫军领导人 А. И. 邓尼金（А. И. Деникин）将军的《俄国内乱简史》（Очерки русской смуты）。④ 这是邓尼金在侨居巴黎之后，撰写的带有研

---

① Рýсский Обще - Вóинский союз（简写为 РОВС），汉语译为俄国社会军事同盟，为 П. Н. 弗兰格尔将军于1924年创建的白俄侨民军事组织，它的主要目标是联合全世界各地的白俄侨民继续与苏联开展斗争。总部设在法国巴黎，分部遍布中欧、西欧、南美等地，出版 Часовой 杂志。第二次世界大战时期组织遭到重创。1991年苏联解体之后，组织再次重建。

② 笔者所找到的白卫军侨民在国外出版的相关杂志主要有 Новый журнал、Вестник Первопоходника、Часовой 三份。

③ Вестник Первопоходника 杂志在1963年第21期、第22期、第23期；1964年第33期、第34期、第37—38期；1965年第40期、第41期等专门刊登了第一次库班进军参加者的回忆录。参见 Вестник Первопоходника. 1963. No. 21. No. 22. No. 223. ; 1964. No. 33. No. 34. No. 37 - 38. ; 1965. No. 40. No. 41.

④ А. И. 邓尼金（Деникин）的《俄国内乱简史》（Очерки русской смуты）一共有四卷，其中第一、二卷是1921年和1922年在法国巴黎出版；第三卷、第四卷分别于1924年、1926年在德国柏林出版。戈尔巴乔夫大改革后，邓尼金的回忆录在苏联出版了第四卷，并取名为《向莫斯科进军》（Поход на Москву），1991年科学出版社出版了第一卷、第二卷。苏联解体之后，此书被多个出版社再版。笔者的博士学位论文中引用的是20世纪20年代的版本和2002年白俄罗斯明斯克 Харвест 出版社再版的版本。参见 Деникин А. И. Очерки Русской Смуты (в 4 - х томах) . Том. 1 (в 2 - х книгах) Крушение власти и армии. Февраль – сентябрь 1917г. Париж, 1921; Том. 2. Борьба генерала Корнилова. Август 1917 - апрель 1918 г. Париж, 1922; Том. 3. Белое движение и борьба добровольческой армии. Май - октябрь 1918 г. Берлин, 1924; Том. 4. Вооруженные силы Юга России. Берлин, 1926. ; Деникин А. И. Очерки Русской Смуты (в 5 - х томах) . Минск.: Харвест, 2002. 除此之外，邓尼金在流亡时期还有以下著作: Деникин А. И. Русскiй вопросъ на Дальнемъ Востокѣ. Париж, 1932. ; Международное положение, Россия и эмиграция. Париж, 1934. ; Мировые события и Русский вопрос. Париж., 1939. ; Кто спас Советскую власть от гибели. Париж, 1939. ; Путь русского офицера.: Нью - Йорк. Изд - во им. Чехова, 1953.

究性质的自传体回忆录。显而易见,邓尼金的书名借鉴了 17 世纪俄国遭受波兰、立陶宛入侵的混乱时代(смутное время),以此来类比他自己所经历的 1917 年俄国革命和此后长达四年的国内战争。作为一名军人,邓尼金经历了第一次世界大战、1917 年俄国革命,国内战争时期,又担任了南俄白卫军的最高总司令。因此他的带有研究性质的自传体回忆录比一般的亲历者更深刻和细致。《俄国内乱简史》第一卷主要是研究第一次世界大战中俄国政权和军队怎样覆亡;第二卷主要是研究科尔尼洛夫叛乱以及十月革命后阿列克谢耶夫赴南俄顿河地区组建志愿军;第三卷主要是研究志愿军的两次库班进军;第四卷则是研究志愿军发展为南俄罗斯武装力量,向苏维埃红军开展大规模进攻;第五卷研究"莫斯科进军"及其失败的原因。除此之外,作品中还保存了大量的南俄白卫军的各种档案文献,例如命令、电报、演讲、会议纪要等。当然,书中也存在诸多为白卫军辩护的托词。最明显的案例是 1917 年 8 月的"科尔尼洛夫叛乱"①,邓尼金将其称为"科尔尼洛夫起事"(Корниловское выступление)。

与邓尼金不同,逃亡法国巴黎的立宪民主党人 П. Н. 米留科夫(Милюков)对俄国革命以及国内战争中布尔什维克何以赢得内战的胜利进行了深刻反思。他在 1927 年出版了两卷本的《转折中的俄罗斯》(Россия на переломе)。② 作者在第二卷中对反布尔什维克运动(Антибольшевистское движение)和白卫军做出了自己的界定,并且认为白卫军只是反布尔什维克运动中的一部分。白卫军失败的原因在于他们的

---

① 科尔尼洛夫叛乱是指 1917 年 8 月临时政府最高总司令科尔尼洛夫将军因不满克伦斯基政府的软弱无能,意图打倒临时政府和清除左翼社会主义者,建立军人专政以赢得第一次世界大战的最后胜利。8 月 28 日科尔尼洛夫将军颁布最高总司令 897 号命令,阐释自己向彼得格勒进军的理由。29 日克伦斯基借助于苏维埃,释放监狱中的布尔什维克领导人,组织赤卫队和喀琅施塔得的水兵进行抵抗。科尔尼洛夫将军叛乱失败,他的支持者此后被临时政府调查,主要参与者邓尼金将军、卢克姆斯基将军、爱尔杰利上校等被关押在白俄罗斯的小城贝霍夫。Керенский А. Ф. Дело Корнилова. М., 1918; Иоффе Г. З. "Белое дело". Генерал Корнилов. М., 1989.

② Милюков П. Н. Россия на переломе. Т. 1. Происхождение и укреплениебольшевистской диктатуры. Париж, 1927; Т. 2. Антибольшевистскоедвижение. Париж, 1927.

反革命性质和复辟倾向。①

米留科夫对白卫军失败原因的这一结论引起了著名的侨民历史学家 С. П. 梅里古诺夫 (Мельгунов)② 的批评。他在1929年专门撰文指出米留科夫的错误,特别强调1918年的乌法国务会议上西伯利亚的立宪民主党代表遵循了该党的方案,赞成俄国建立强有力的军事专政。③ 同时,他利用白卫侨民的诸多回忆录、日记、档案和苏联出版物,于1930年出版了《高尔察克将军的悲剧——伏尔加、乌拉尔和西伯利亚国内战争史》(Трагедия адмирала Колчака. Из истории гражданской войны на Волге, Урале и Сибири)④ 一书。该书主要研究乌拉尔、伏尔加河和西伯利亚地区的以最高执政高尔察克为首的白卫军。全书内容分为三个部分,分别是"国内战争中的东方战线"(Восточный фронт Гражданской)、"在专政的门口"(В преддверии диктатуры)、"宪法专政"(Конституционная диктатура)。作为1917年俄国革命以及此后国内战争的亲身经历者,梅里古诺夫的这本著作出版之后,由于对高尔察克溢美之词过多,在俄国侨民中引起激烈的批评。在苏联境内,梅里古诺夫的著作亦被禁止出版。

除此之外,20世纪30年代还涌现了一批专门研究俄国国内战争的职

---

① Милюков П. Н. Россия на переломе. Т. П. Антибольшевистскоедвижение. Париж, 1927. С. 1.

② С. П. 梅里古诺夫 (Мельгунов),俄国著名的侨民历史学家。1879年出身于莫斯科的一个贵族之家,古典中学毕业后考入莫斯科大学历史—哲学系。1905年革命后加入立宪民主党,积极进行社会活动。1917年俄国革命后,加入反布尔什维克阵营。1922年被苏维埃政府流放,侨居国外,专事俄国革命史和国内战争研究。主要代表作有:Красный террор в России 1918 - 1923. Берлин, 1923; Гражданская война в освещении П. П. Милюкова (По поводу "Россия на переломе"). Критико - библиофафический очерк. Париж, 1929; Н. В. Чайковский в годы гражданской войны. Париж, 1929; Трагедия адмирала Колчака. Из истории гражданской войны на Волге, Урале и Сибири. Ч. Ⅰ - Ⅲ. Белград, 1930 - 1931; Мартовские дни 1917 года. Париж, 1961.

③ Мельгунов С. П. Гражданская война в освещении П. П. Милюкова (Поповоду "Россия на переломе"). Критико - библиофафический очерк. Париж, 1929. С. 31 - 32.

④ 笔者对梅里古诺夫的《高尔察克将军的悲剧——伏尔加、乌拉尔和西伯利亚国内战争史》一书采用的是2004年莫斯科 Айрис - пресс 出版社出版的版本。参见 Мельгунов С. П. Трагедия адмирала Колчака. Из истории гражданской войны на Волге, Урале и Сибири. : М. Айрис - пресс, 2012。

业军事历史学家，其中最为突出的首推 Н. Н. 戈洛文（Головин）。① 与米留可夫、梅里古诺夫等历史学家不同，戈洛文是俄国著名的军事思想家、教育家，从1908年开始在俄罗斯帝国总参谋部担任军事历史学教授，国内战争时期还短暂担任过高尔察克西伯利亚白卫军大本营的总参谋长，因此他知晓军事和作战计划的内情。流亡之后，他收集各方的档案材料，再根据自己对国内战争的反思，于1937年出版了12卷本的《1917—1918年的俄国反革命》（Российская контрреволюция в 1917 – 1918 гг.）。② 此书宏观地研究了1917—1918年国内战争初期俄国的"反革命"是怎样兴起的历史。在戈洛文看来，恰恰是科尔尼洛夫将军的叛乱导致俄国军队彻底分裂为"军官"和"士兵"两个阵营，布尔什维克夺取政权之后，俄国的哥萨克地区表现强烈的分离因素，到1918年秋季，各条战线上的反革命符合逻辑地走向"军事专政"，与布尔什维克开展残酷的国内战争。不仅如此，该书还附带了80余件档案，涉及1917年俄国革命中的高层军事命令以及国内战争初期白卫军的重要文件和政府宣言等。

另外一个可以与戈洛文相媲美的侨民军事历史学家是 А. А. 扎伊采夫（Зайцов）上校，他所著的《1918年：俄国国内战争简史》（1918 год. Очерки по истории русской гражданской войны）从地缘政治的中心—边缘视角出发，分析第一次世界大战导致俄罗斯帝国的崩溃之后，帝国的边疆地区表现出强烈的分离主义倾向，而他国的干涉更加剧了这种紧张。③ 较之戈洛文，扎伊采夫关注国内战争中的农民因素。他指出农民在俄国社会的总人口中占到80%，是国内战争中决定胜负的力量。白卫军由于自身社会基础的狭窄，主要依靠军官团和哥萨克，未能在土地问题

---

① Н. Н. 戈洛文（Головин），1875年出生于莫斯科贵族家庭，1900年毕业于总参谋部尼古拉学院，后任教于此，参加第一次世界大战和苏俄国内战争，内战白卫军失败后，流亡巴黎，专心军事历史学的著述。著作颇丰，主要有以下作品：Головин Н. Н. Изъ исторіи кампаніи 1914 года на Русскомъ фронтѣ. Планъ войны. Парижъ. 1936.；Российская контрреволюция в 1917 – 1918（В 12 – ти книгах）. Парижъ.：Приложение к《Иллюстрированной России》на 1937 г, 1937.；Военные усилия России в мировой войне（В двух томах）. Парижъ. 1939.

② Головин Н. Н. Российская контрреволюция в 1917 – 1918（В 12 – ти книгах）. Парижъ.：Приложение к《Иллюстрированной России》на 1937 г, 1937.

③ Зайцов А. А. 1918 год. Очерки по истории русской гражданской войны. Париж, 1934. С. 8 – 10.

上提出符合农民要求的解决方案,没有得到他们的支持,所以不可避免地遭遇失败。①

(二) 苏联和俄罗斯的研究状况

白卫军研究在苏联时代受到强烈的意识形态影响,作为俄国革命的敌人,白卫军在苏联历史学家笔下被称为"白匪",相关的档案材料也受到政府部门的控制,历史学家不易接触。尽管如此,对白卫军的研究仍在曲折前行,并根据社会形势的发展而做出相应的解释。总体而言,苏联时代的白卫军研究可以分为四个时期:20世纪20年代至30年代初;20世纪30年代中期至50年代初;20世纪50年代中期至80年代;20世纪80年代中期到现在。

1. 20世纪20年代至30年代初的研究状况

苏联时代对白卫军的记载,最早可以追溯到内战时期布尔什维克领导人和内战参加者的个人著述、政府文件、通信、日记、前线命令等。②列宁根据阶级斗争的理论分析了白卫军的社会基础,认为它主要是依靠富农和军官组成,代表地主阶级的利益。在整个国内战争时期,列宁根据战局做出了诸多的指示,不少文件保存在列宁全集的第34—40卷中。此外,亲历内战并留下著述的布尔什维克党的领导人还有斯大林、基洛夫、布琼尼等。③ 这些著述虽不是系统的研究,但因为他们自身是内战的参加者,他们对白卫军的看法、见解有助于我们了解白卫军的发展情况。

整体而言,20世纪20年代至30年代初苏联的历史学界为新政权建立的合法性进行辩护,以此为目标进行俄国革命和国内战争的研究。其侧重点是放在苏维埃政府和红军方面,分析其军事行动、目标以及胜利的原因。对于白卫军的研究较为薄弱,主要是在一些专门史著作或者军事史著作中涉及。例如 А. 安尼谢夫(Анишев)著《1917—1920年国内战争简史》(Очерки истории гражданской войны. 1917 – 1920.)、Н. Е. 卡库林(Какурин)著《革命是怎样胜利的》(Как сражалась рев

---

① Зайцов А. А. 1918 год. Очерки по истории русской гражданской войны. Париж, 1934. С. 10 – 12.
② 沈志华主编:《苏联历史档案选编》,社会科学文献出版社2002年版,第1卷、第3卷。
③ Троцкий Л. Д. Моя жизнь. Иркуск, 1991; Сталин. И. В. Сочининия. Т4. М., 1953.; Киров С. М. Избранные статьи и речи. М, 1957; Буденный С. М. Пройденный путь. М., 1958.

олюция.）、Д. Я. 金（Кин）著《邓尼金匪帮》（Деникинпщна）分析了白卫军和反布尔什维克政府的社会基础以及他们开展军事行动的战略战术。①

不仅如此，为了对俄国革命和内战进行辩护，苏维埃政府也将国外侨民出版的有关国内战争中白卫军领导人的回忆录、书信、文件、档案引入国内，以供批判使用。红色教授学院历史学家 M. H. 波克罗夫斯基（Покровский）就将邓尼金、舒尔金等人的回忆录部分内容进行选摘，刊登在当时的历史学杂志上。② 1926—1928 年，С. А. 阿列克谢耶夫（Алексеев）出版了 5 卷本《白卫军笔下的俄国革命和内战》（Революция и гражданская война в описании белогвардейцев），③ 这些文件选自国外白卫军主要领导人的回忆录、日记等，包括邓尼金、弗兰格尔、索科洛夫等的回忆录。此外，在 1921—1940 年出版的《红档》（Красный архив）④ 杂志上，也公布了一系列与白卫军相关的档案文件。

2. 20 世纪 30 年代中期至 50 年代初的研究状况

20 世纪 30 年代，斯大林确立了"以党性原则为准绳"的史学观，波克罗夫斯基等人遭到批判。这一时期，对于白卫军的研究陷入停滞状态。

1938 年，斯大林认可的教科书《联共（布）党史简明教程》一书出版，将白卫军描述为受协约国帝国主义支配的反革命，在得到英法等帝国主义的支持下而壮大起来。该书简单地分战线描述了西伯利亚、南俄、西北尤登尼奇白卫军向苏维埃政权发动进攻的经过。⑤ 这本教科书奠定了

---

① Анишев А. Очерки истории гражданской войны. 1917 – 1920. Л., 1925.；Какурин Н. Е. Как сражалась революция. М. – Л., 1925 – 1926.；Кин Д. Я. Деникинпщна. М., 1927.

② Покровский М. Н. Мемуары царя Антона (о книге Деникина《Очерки русской смуты》). Печать и революция. 1922. №2.

③ Под ред. АлексееваС. А. Революция и гражданская война в описании белогвардейцев. В 5 т. М. – Л: ГИЗ, 1926 – 1928.

④ Красный архив, 中文译名为《红档》，是 1922—1941 年苏联中央档案馆出版的历史档案杂志，每年出版 6 期，但偶有间断，总共出版 106 期。首任主编是著名的历史学家 M. H. 波克罗夫斯基（Покровский）。杂志中公布的档案主要集中在 19 世纪晚期、第一次世界大战、俄国革命、苏俄国内战争以及苏联时期的政治、经济、文化和对外关系等方面。其中国内选译了中俄关系的档案内容，例如有 1957 年张蓉初翻译的《红档杂志有关中国交涉史料译选》）。

⑤ 中共中央著作编译局译：《联共（布）党史简明教程》，人民出版社 1975 年版，第 249—253、261—268 页。

白卫军研究的调子，此后高尔基主编的五卷本的《苏联国内战争史》（История гражданской войны в СССР）中的第二卷的描述也没有脱离这个思路。① 余下的三卷则推迟到斯大林去世之后出版。

不仅如此，出于对新的战争的担忧，有关白卫军的研究中，特别强调外国干涉的作用，并出版了相关的档案文集。② 1947年之后，由于美苏冷战的爆发，苏联历史学界对外国干涉的研究重点转移到美国方面，③ 强调美国是国际帝国主义干涉俄罗斯的急先锋。

3. 20世纪50年代中期—80年代的研究状况

随着苏共二十大召开和赫鲁晓夫改革，苏联的文学艺术迎来了一个解冻的时代，历史学科也是如此，重新回到"列宁主义"的立场。④ 同时使用大量的档案馆档案和在国内战争的历史研究中采取比较客观的立场，对于白卫军，亦是如此。纵观这一时期的研究成果，主要有以下代表著作。

Л. Н. 斯皮林（Спирин）研究了国内战争时期的政党和阶级，他分析了1917—1920年俄国社会中的不同阶级和布尔什维克的竞争对手，指出邓尼金和高尔察克领导的白卫军的主要依靠力量一是军官团，二是富农。⑤ 尽管斯皮林教授的结论仍延续了列宁的观点，但他使用了当时公布的档案文件。

Г. Х. 艾赫（Эйхе）作为国内战争时期红军东方战线的指挥官，出版了两部有关高尔察克东方白卫军军事战略的著述。⑥ 第一本书主要从军事

---

① Под. ред. М. Горького и др. История гражданской войны в СССР. Том 2. Великая пролетарская революция (октябрь - ноябрь 1917 года). М., 1943.

② Минц И. И. Иностранная интервенция и гражданская война. М., 1940; Милюковский А. И. Гражданская война в СССР. 1918 - 1920 гг. В3 - хч. М., 1939 - 40 и др.

③ Березкин А. В. США—активный организатор и участник военной интервенции против Советской России. М., 1949; Кунина А. Е. Провал американских планов завоевания мирового господства в 1917 - 1920 гг. М., 1951; Филатов П. Американский империализм—организатор антисоветской интервенции в 1918 - 1920 гг. Военная мысль. 1951. №1.

④ Наумов В. П. Вопросы истории советского общества в трудах В. И. Ленина (1917 - 1924 гг.). М., 1960.

⑤ Спирин Л. М. Классы и партии в гражданской войне в России (1917 - 1920 гг.). М., 1968. С. 290 - 291.

⑥ Эйхе Г. Х. Уфимская авантюра Колчака (март - апрель 1919 г.). Почему Колчаку не удалось прорваться к Волге на соединение с Деникиным. М: Воениздат, 1960.; Опрокинутый тыл. М., 1966.

战略的角度分析高尔察克在1919年春季战役的失误。第二本书则分析了高尔察克的东方白卫军作为一种"政治—军事现象",在俄国革命中尽管打出民主等旗帜,但仍没有获得小资产阶级——社会革命党、孟什维克的支持,它的后方混乱不堪。此外,艾赫也指出白卫军的根基是军官团。① 不仅如此,他还正视了1918年夏季伏尔加河、乌拉尔和西伯利亚地区苏维埃政权被捷克军团以及白卫军迅速推翻,是因为农民的政治情绪摇摆不定。

与艾赫遥相呼应的是 А. П. 涅纳罗科夫（Ненароков）,他在1969年出版了《1918年东方战线》一书。② 该书广泛利用档案资料描述1918年东方战线是怎样形成的。

红军第11集团军政委 В. Т. 苏霍鲁科夫（Сухоруков）出版了涉及南俄邓尼金白卫军的著作。③ 他指出,红军和白卫军的社会基础在南俄地区都是不稳定的。因为该地区最为尖锐的矛盾——土地问题,在哥萨克和外乡人（иногородн）④ 之间的矛盾导致他们产生分化。另外,哥萨克人还有自己的地方性诉求。此外,他还指出先前苏维埃历史学家没有关注的问题,那就是南俄地区顿河哥萨克阿塔曼和志愿军领导人邓尼金的矛盾以及他们的战略思想的差异,导致1918年夏季的进攻察里津失败。⑤

受 В. Т. 苏霍鲁科夫的启发,А. П. 阿列克萨先科（Алексашенко）1968年出版了《邓尼金匪帮的崩溃》（Крах деникинщины）一书。该著作认为邓尼金南俄白卫军的失败不在于红军的军事—政治优势,而是因为邓尼金白卫军体制的反人民性和反民族性,它自身的虚弱,最终被苏

---

① Эйхе Г. Х. Опрокинутый тыл. М., 1966. С. 384.
② Ненароков А. П. Восточный фронт 1918. М., 1969.
③ Сухорукое В. Т. XI армия в боях на Северном Кавказе и Нижней Волге в 1918 – 1920гг. М., 1961.
④ 外乡人（иногородн）,是指居住在哥萨克土地上的那些不熟悉哥萨克习俗和规则的外来移民。亚历山大二世大改革之后,俄欧中央地区和乌克兰的大量少地和失地农民迁移到顿河、库班、斯塔夫罗波尔地区。哥萨克对他们深怀敌意,拒绝他们定居和获得土地,把他们称作无权长期定居的"外乡人"。
⑤ Сухорукое В. Т. XI армия в боях на Северном Кавказе и Нижней Волге в 1918 – 1920гг. М., 1961. С. 5 – 6; 38.

维埃红军击溃。① 类似的评价也涉及克拉斯诺夫，认为他与德国干涉军的勾结导致其失去哥萨克的支持。

出版有关国内战争时期的地方档案文献集也是这一时期史学的热点。尽管档案文献的选择还带有意识形态色彩，但档案的出版仍然为地方白卫军和反布尔什维克运动的研究提供了资料基础。②

从20世纪70年代到80年代初，苏联不少历史学家开始将目光更多下沉到白卫军内部的政策、俄罗斯反革命之间的矛盾及其崩溃的原因。③ 历史学家Г. З. 越飞（Иоффе）是研究白卫军的翘楚。他在1977年的著作《俄罗斯君主主义反革命的崩溃》（Крах российской монархической контрреволюции）一书中提出高尔察克体制的社会基础是孟什维克和社会革命党人，而南俄邓尼金体制的基础则是立宪民主党——君主主义者，他们组建的社会—军事组织在白卫军的形成、演进中发挥了巨大的作用。④ 此后，他在1983年出版的《高尔察克的冒险和它的崩溃》（Колчаковская авантюра и её крах）中，秉承了上述观点，特别指出1918年11月高尔察克的政变主要支持者是立宪民主党，它的党徒在西伯利亚发挥了决定性的作用。尽管高尔察克标榜自己无党派，但他的政府仍然是一个"地主—资产阶级政权"，这恰恰使它注定要灭亡。⑤

В. В. 加尔米扎（Гармиза）也对俄罗斯反布尔什维克运动中的社会革命党、孟什维克等第三势力做出自己的研究。她特别指出社会革命党在伏尔加河依据志愿原则未能实现对农民的有效动员，人民军主要是由

---

① Алексашенко А. П. Крах деникинщины. М., 1968. С. 20 – 21, 64 – 75.

② Борьба за Советскую власть на Кубани в 1917 – 1920 гг.: сборник документов и материалов. Краснодар, 1957; Борьба за власть Советов на Дону. 1917 – 1920 гг. Сборник документов. Ростов – на – Дону., 1957 и др.

③ Иоффе Г. З. Крах российской монархическойконтрреволюции. М., 1977; Его же. Колчаковская авантюра и её крах. М., 1983. Его же. 《Белое дело》. Генерал Корнилов. М., 1989; Поликарпов В. Д. Пролог гражданской войны в России. Октябрь 1917 – февраль 1918г. М., 1976; Его же. Военная контрреволюция в России. 1905 – 1917гг. М. 1990 и др.

④ Иоффе Г. З. Крах российской монархическойконтрреволюции. М., 1977. С. 215.

⑤ Иоффе Г. З. Колчаковская авантюра и её крах. М., 1983. С. 186; 214 – 215.

地主、商人、资产阶级组成。① 因此，伏尔加河的立宪会议成员委员会是由社会革命党—孟什维克组成的资产阶级政府。人民军也是一支具有反革命性质的军队。②

此外，20世纪80年代初有个别历史学家已经冲破政治禁区，开始使用"白卫运动"（белое движение）、"白卫事业"（белое дело）的概念，来取代先前的"白匪"的称谓。1984年，由苏联科学院院士明茨主编的《俄罗斯的非无产阶级政党：历史教训》出版，③ 该书分析了白卫军在俄国革命和国内战争中作为一支广泛的反布尔什维克主义力量的社会基础，并指出它不仅是军官、富农、地主，而且还有城市的中等阶层、小资产阶级子弟以及缺乏自我意识的工人和农民加入，军官团在其中扮演了核心角色，行政官僚则集中了先前的黑色百人团、十月党人、立宪民主党人。总之，白卫军的上层领导力量是"将军—君主主义者"反革命的大熔炉。

此后，明茨院士相继在自己的其他作品中也分析了白卫军的意识形态、政治口号，例如"统一不可分割的俄罗斯"的旗帜，由立宪会议来确立俄罗斯的国家制度，具有斯托雷平性质的土地改革等内容。④

4. 20世纪80年代中期到现在的研究状况

20世纪80年代中后期，随着戈尔巴乔夫改革，特别是他提出的"公开性"和"不留历史的空白点"，给传统的苏联史学研究带来巨大的冲击。一方面是仍坚持以官方意识形态为指导的传统史学研究，另一方面则是引用新的史学理论、方法甚至是专门揭露苏联历史黑暗面的研究群体。这两者产生了巨大的碰撞。

苏联解体之后，随着解密档案的开放，对白卫军的研究摆脱意识形态的束缚，进入了一个观点多元化的新阶段。

---

① Гармиза В. В. Крушение эсеровских правительств. М. , 1970. С. 37.
② Гармиза В. В. Крушение эсеровских правительств. М. , 1970. С. 64.
③ （ред. ）Минц И. И. Непролетарские партии России: Урок истории. М. : Мысль, 1984.
④ Минц И. И. История Великого Октября: В 3 - х т. М. , 1967 - 1979; Минц И. И. Год 1918 - й. М. , 1982; Минц И. И. Мировой империализмпротив Страны Советов. Новая и новейшая история. , 1986. № 8 и др.

（1）编撰出版白卫侨民文献及档案资料

苏联解体之后，白卫军的研究不再是禁区，人们开始对国外侨民的著述产生了极大的兴趣。哲学家 Н. А. 别尔嘉耶夫（Бердяев）、П. Б. 司徒卢威（Струве），白卫军军事领导人邓尼金，白俄侨民思想领袖 И. А. 伊里因（Ильин）等人的著作一时洛阳纸贵。

1991 年，邓尼金的《俄国内乱简史》、克伦斯基的《历史转折中的俄罗斯》（Россия на историческом повороте）等回忆录在《历史问题》（Вопросыистории）杂志上刊出，此后相继再版了数个版本。同时，俄罗斯政治书籍出版社（Политиздат）在 1991—1993 年对格森编辑的《俄国革命档案》再版。

由于白卫侨民的著作年代久远，已经失去版权保护，俄国社会大众又对布尔什维克的主要敌人——白卫军领导人、参加者的著作有持续阅读的热情。因此，俄罗斯的出版界开始以丛书的形式将白卫军侨民在国外的回忆录、日记、书信和保存的档案文献再版。根据出版时间的先后，主要有以下几套丛书。

第一套丛书是白卫事业（Белое дело）丛书。1992—1996 年，新成立的俄罗斯国立人文大学（Российский государственный гуманитарный университет）历史编纂学系教授 С. В. 卡尔平科（Карпенко）编辑出版了白卫事业（Белое дело）丛书。① 该丛书主要收录了白卫侨民在国外的回忆录、著作、日记，为白卫军研究提供了史料基础。作者依据这套丛书资料，成为南俄白卫军研究的权威。

第二套丛书是自 2001 年开始，专门研究俄罗斯国内战争时期白卫军的 С. В. 沃尔科夫（Волков）教授主编的《被遗忘与不为人知的俄罗斯：白卫运动》（Россия забытая и неизвестная. Белое движение）丛书，该丛书的跨度长达十余年。沃尔科夫教授依据白卫军的地缘因素和重大历史事件将其整合为 26 册。这 26 册是白卫军参加者、亲历者以及其他党派流亡者在国外的回忆录、书信、日记和出版的档案等，对白卫军的研究

---

① сост. Карпенко С. В. Белое дело：Избранные произведения в 16 книгах. ：М. Голос. , 1992 - 1996.

具有重要的史料价值。① 这些资料中，与卡尔平科教授编辑的白卫事业丛书有部分重合的内容。

第三套丛书是 2009 年阿里斯—波利斯（Айрис‐Пресс）出版社持续出版的白卫俄罗斯（Белая Россия）丛书。这套丛书既有白俄侨民历史学家的研究作品，也有前面两套丛书未囊括的白卫军亲历者的回忆录和日记等。②

除此之外，保存在俄罗斯国家档案馆、俄罗斯安全事务中央档案馆中的白卫军档案也被陆续出版。

2000 年以来，A. H. 雅科夫列夫院士（Яковлев）主编的《20 世纪俄罗斯档案集》（РОССИЯ. XX ВЕК ДОКУМЕНТЫ）就出版了有关 1917 年革命中"科尔尼洛夫将军叛乱"事件的档案、西伯利亚农民起义档案以

---

① Сост. Волков С. В. Зарождение Добровольческой армии（Россия забытая и неизвестная. Белое движение.）. М.：Центрполиграф，2001；1918 год на Востоке России（Россия забытая и неизвестная. Белое движение.）. М.：Центрполиграф，2003；1918 год на Украине（Россия забытая и неизвестная. Белое движение.）. М.：Центрполиграф，2001.；Белая борьба на Северо‐Западе России（Россия забытая и неизвестная. Белое движение.）. М.：Центрполиграф，2003；Белая эмиграция в Китае и Монголии（Россия забытая и неизвестная. Белое движение.）. М.：Центрполиграф，2005；Великий Сибирский《Ледяной поход》（Россия забытая и неизвестная. Белое движение.）. М.：Центрполиграф，2004；Вооруженные силы на Юге России（Россия забытая и неизвестная. Белое движение.）. М.：Центрполиграф.，2003；Восточный фронт адмирала Колчака（Россия забытая и неизвестная. Белое движение.. М.：Центрполиграф.，2004；Исход Русской Армии генерала Врангеля из Крыма（Россия забытая и неизвестная. Белое движение.. М.：Центрполиграф.，2003；Кадеты и юнкера в Белой борьбе и на чужбине（Россия забытая и неизвестная. Белое движение.）. М.：Центрполиграф.，2003；От Орла до Новороссийска（Россия забытая и неизвестная. Белое движение.）. М.：Центрполиграф.，2004.；Офицеры российской гвардии в Белой борьбе（Россия забытая и неизвестная. Белое движение.）. М.：Центрполиграф，2002.；Первый кубанский《Ледяной поход》（Россия забытая и неизвестная. Белое движение.）. М.：Центрполиграф，2001.

② Голицына И. Д. Воспоминания о России（1900‐1932）. Айрис‐пресс.，2009；Головин Н. Н. Российская контрреволюция в 1917‐1918 гг. В 2 томах（комплект）. Айрис‐Пресс.，2011；Лукомский А. С. Очерки из моей жизни. Воспоминания. Айрис‐Пресс.，2011；Сост. Волков С. В. Красный террор глазами очевидцев. Айрис‐пресс.，2009；Молчанов В. М. Последний белый генерал. Устные воспоминания, статьи, письма, документы. Айрис‐Пресс.，2011；Петров П. П. От Волги до Тихого океана в рядах белых. Айрис‐Пресс.，2011.

及与高尔察克将军相关的档案。①

2003年，俄罗斯科学院历史研究所根据俄罗斯联邦安全事务中央档案馆的馆藏档案出版了1920年1—2月高尔察克将军被西伯利亚军事革命委员会审讯的档案和1920年5月高尔察克政府各部部长、副部长被西伯利亚军事革命委员会组建的特别调查委员会审讯的记录档案。②

2008年，俄罗斯联邦国家档案馆出版了南俄邓尼金政府的会议纪要，此后又出版了高尔察克政府部长会议的会议纪要以及克木齐政府（立宪会议成员委员会）的会议档案等。③

不仅如此，1917年俄国革命和内战时期流散到国外的档案，特别是藏在斯坦福大学胡佛战争、革命与和平研究所（The Hoover Institution on War, Revolution, and Peace）中有关白卫军将领弗兰格尔的手稿、日记和高尔察克的档案亦结集出版了数册。

（2）研究作品

1991年之后对于白卫军的研究，主要与当时俄罗斯的社会危机研究联系在一起。对于当时的学界、社会舆论以及大众而言，俄罗斯社会危机的根源在于20世纪初的两次革命以及第二次革命之后所经历的残酷的国内战争。因此，学者们开始探寻国内战争的根源、本质。1992年《祖国历史》（Отечественная история）杂志刊登了Ю. А. 波利亚科夫（Поляков）的《俄罗斯国内战争：产生与演进》（Гражданская война в России: возникновение иэскалация）一文，④掀起俄罗斯历史学界对内

---

① ред. ЯковлевА. Н. Дело генерала Л. Г. Корнилова: . том 1, . чрезвычайная комиссия по росследованию дела о бывшем, МФД, . 2003; Процесс над колчаковскими министрами: май 1920. МФД, . 2003; Сибирская Вандея: 1919 – 1920. T1. Демократия. , 2000; Сибирская Вандея: . Т. 2. 1920 – 1921. Демократия. , 2001.

② Верховный правитель России. Документы и материалы следственного дела адмирала А. В. Колчака. Институт российской истории РАН. , 2003.

③ МироненкоС. В. Журналы заседаний Особого совещания при Главнокомандующем Вооруженными Силами на Юге России Деникине. РОССПЭН. , 2008; Журналы заседаний, стенографические отчеты и материалы Совета Министров Российского правительства А. В. Колчака; МироненкоС. В. Журналы заседаний, приказы и материалы Комитета членов Всероссийского Учредительного собрания（Июньо – ктябрь1918года）. РОССПЭН. , 2011.

④ Поляков Ю. А. Гражданская война в России: возникновение и эскалация. Отечественная история, 1992. № 6.

战研究的热潮。1993 年,《祖国历史》杂志又相继刊发了以圆桌会议形式对国内战争进行分析、探讨的论文。① 1994 年则专门召开了有关内战研究的学术会议。对内战研究,在当时的社会舆论中,主要关注俄罗斯社会"何以至此",换言之,就是探讨国内战争时期的数股竞争性力量之间的道路选择问题。它也与当下俄国社会"向何处去"的问题意识密切相关。

在对国内战争研究的背景下,俄罗斯不少历史学家专注于内战期间的白卫军研究。研究作品主要有以下两大类。

其一,对白卫军进行整体研究的专题著作。

1995 年,В. Д. 季米娜(Зимина)出版了《国内战争时期白卫运动》(Белое движение в годы гражданской войны)一书。这是苏联解体之后第一部对国内战争时期白卫军进行整体描述的研究著作。作品中引用了大量的侨民著作以及俄罗斯新解密的档案。她认为白卫军并非如同苏联史学家笔下的反革命,要求俄国复辟旧制度,而是"遵循了俄国历史传统——民主制原则",但是他们在国内战争中间完全低估了自己与共产党人竞争的社会经济基础。② 紧接季米娜的作品之后,В. П. 斯洛博金(Слободин)也出版了有关白卫军的教科书。③ 这本 80 余页的教科书分析了白卫军的产生、演进及其失败的原因。2000 年,Г. А. 特鲁甘(Трукан)出版了《俄罗斯的反布尔什维克政府》(Антибольшевистские правительства России)一书,分析了国内战争时期立宪会议成员委员会、邓尼金的南俄白卫军政府、高尔察克的俄罗斯政府以及远在巴黎的俄罗斯政治会议。另外,还有一些军事历史学家从军事史的角度对白卫军进行整体研究。④

白卫军的主导力量是第一次世界大战时期俄罗斯帝国的军官团。因此,对于军官团何以成为布尔什维克的主要竞争性对手以及它的社会基

---

① Гражданская война в России:《круглый стол》. Отечественная история. , 1993. №3.
② Зимина В. Д. Белое движение в годы гражданской войны. Волгоград, 1995. С. 42 – 52.
③ Слободин В. П. Белое движение в годы гражданской войны в России (1917 – 1922 гг.). М.: МЮИ МВД России, 1996.
④ Г. А. Трукан Антибольшевистские правительства России. М., 2000.; Щамбаров В. Белогвардейщина. М., 2002.; Гончаренко О. Г. Тайны белого движения: побед и поражения (1918 – 1922года).: М. вече., 2004.; Гончаренко О. Г. Белое движение: Поход от тихого дона до тихого океана. М., 2007.

础、成分、政治观点都成为20世纪90年代以来关注的热点。① В. М. 沃伊诺夫（Воинов）研究了高尔察克东方白卫军军官团的组成成分和社会基础。С. В. 沃尔科夫则对俄国军官团做出了专题性的研究，并指出军官们在经历俄国大革命的变动时刻，做出了自己的理性选择，分别服务于白卫军、红军或者其他边疆地区的民族军队。Р. М. 阿彬亚金（Абинякин）则根据俄罗斯国家档案馆馆藏的7209名南俄白卫军军官的个人档案，分析了他们的社会出身、政治观点、受教育程度、民族、宗教信仰等。

不仅如此，学者们还对白卫军的政治制度建设、经济管理、土地政策等问题进行研究。② 季米娜在她的博士学位论文中对白卫军的政治制度、意识形态、地方政权的建设做出了独到的分析。А. В. 雅科夫列夫（Яковлев）对白卫军的经济管理、政治宣传、土地改革和工商业政策做出研究，特别指出居民对白卫军的宣传鼓动活动持消极的态度。В. Ж. 茨维特科夫（Цветков）则在自己的博士学位论文中对1917—1922年白卫军政治制度的演进进行研究。作为俄罗斯学界资深的白卫军研究专家，他将白卫军政治制度的演进分为两种形式，即由集体专政走向军人的个人专政，并揭示出国内战争时期俄国社会政治制度发展的诸种模式。

此外，俄罗斯学界还出版了与白卫军有关的工具书，主要是涉及白

---

① Воинов В. М. Офицерский корпус белых армий на Востоке страны (1918 – 1920 гг.). Отечественная история. 1994. № 4；Федюк В. П. Белое движение на Юге России. 1919 – 1920 гг. – Ярославль, 1996；Волков С. В. Трагедия русского офицерства (Россия забытая и неизвестная). М.: Центрполиграф., 2001；Русский офицерский корпус (Россия забытая и неизвестная. Белое движение). М.: Центрполиграф., 2003；Абинякин Р. М. Офицерский корпус Добровольческой армии: Социальный состав, мировоззрение 1917 – 1920 гг.. Орел.: Монография., 2005.

② Зимина В. Д. Белое движение и российская государственность в период гражданской войны. Дисс... докт. ист. наук. Волгоград., 1998.；РоманишинаВ. Н. Социальный состав и идеология Белого движения в годы гражданской войны в России, 1917 – 1920 гг. дисс… канд. ист. наук. М., 2001.；ЯковлевА. В. Политическая и социально – экономическая деятельность Белого движения в период Гражданской войны в России (1918 – 1920). дисс… канд. ист. наук. М., .2009.；Цветков В. Ж. Формирование и эволюция политического курса Белого движения в России в 1917 – 1922 гг. Дисс.... докт. ист. наук. М., 2009.

卫军军官和行政官员的个人简明传记，① 这类书有助于厘清白卫军的基本史实和人物的基本情况。例如著名的白卫军研究专家 Н. Н. 鲁特奇（Рутыч）出版的有关南俄白卫军高级军官个人简明词典和西北白卫军的个人简明词典就是此中的范例。С. В. 沃尔科夫 2000 年撰写的《俄罗斯的白卫运动：组织机制》也是一本非常好的描述白卫军的部队架构、战役过程的工具书。

其二，对白卫军进行区域研究的专题著作。

20 世纪 90 年代之后，俄国历史学界对于白卫军的研究，注意力更多放在以地区为差别的区域研究方面。由于各支白卫军都位于俄罗斯帝国解体之后的边疆地区，故而因地缘格局、民族关系、外国干涉侧重点不同而彰显出各自的差异。

国内战争时期在南俄地区的系列重大事件、南俄志愿军、顿河哥萨克、北高加索的反布尔什维克运动以及南俄罗斯武装力量都成为俄罗斯历史学界研究的对象。② 尤为值得一提的是俄罗斯国立人文大学历史编纂学系系主任 С. В. 卡尔平科教授的两部著作，从财政和经济的角度分析了南俄白卫军失败的原因。А. С. 普琴科夫（Пученков）则分析了邓尼金的民族政策，指出"统一不可分割的俄罗斯"信条导致了北高加索的格鲁吉亚、亚美尼亚和南俄地区哥萨克的反对，南俄白卫军因此失去了社会生存根基。

---

① Рутыч Н. Биографический справочник высших чинов Добровольческой армии и Вооруженных Сил Юга России. М., 1997; Его же. Белый фронт генерала Юденича. Биографии чинов Северо‐Западной армии. М., 2002; Волков С. В. Первые добровольцы на Юге России. Биографический справочник. М., 2001; Его же. Офицеры российской гвардии. Опыт мартиролога. М., 2002; Волков Е. В., Егоров Н. Д., Купцов И. В. Белые генералы Восточного фронта Гражданской войны. Биографический справочник. М., 2003; Волков С. В. Белое движение в России: организационная структура. М., 2000.

② Федюк В. П. Белое движение на юге Росси 1917–1920. Дисс... докт. ист. наук. Ярославль., 1995; Бутаков Я. А. Добровольческая армия и Вооруженные Силы Юга России: концепция и практика государственного строительства (декабрь 1917 – март 1920). Автореф. дисс. канд. ист. наук. М., 1998; Сухенко А. Д. Добровольческое движение на Юге России (1917–1920 гг.). Дисс... канд. ист. наук. Ростов‐н/Д., 2000; КарпенкоС. В. Очерки истории Белого движения на Юге России 1917–1920 гг. М. 2003; Карпенко С. В. Белые генералы и красная смута.: М, 2009; Пученков А. С. Национальная политика генерала Деникина (весна 1918 – весна 1920 г.). СПб.: Полторак., 2012.

此外，不少历史学家对俄罗斯西北地区、乌拉尔、伏尔加河、西伯利亚和远东地区的白卫军也投入了相当多的精力进行研究。① 如 A. B. 斯摩林（Смолин）就对尤登尼奇将军的西北白卫军的起源、斗争阶段以及与外国干涉军之间的关系进行了研究。

（三）英美学术界的研究状况

自 1917 年十月革命后，西方即对俄苏研究有极大兴趣。1919 年斯坦福大学创建胡佛研究所，研究重心放在"战争、革命及和平"三个主题上。其档案馆藏有 2.5 万册及 6 万件有关沙皇倒台、十月革命和俄国内战的第一手资料，包括世上仅有的 202 箱沙皇秘密警察资料、400 箱孟什维克的尼古拉耶夫斯基档案、21 箱白俄军官尤登尼奇专档以及大批托洛茨基文卷手稿，还有 1917 年 3 月 3 日苏共《真理报》的创刊号。它是除俄罗斯本土以外，世界上收藏十月革命和苏联共产党历史档案最多的机构，这些档案不仅填补了俄罗斯本土档案收藏的空白，而且把所藏苏联档案编出英文目录，从而为世界各国研究苏联史和冷战史的学者提供了解该档案馆所藏档案的研究索引。②

从 20 世纪 40 年代末到 60 年代中期，"苏联学"在西方一度成为热门学科，分别于 1946 年和 1947 年成立的哥伦比亚大学俄国研究所和哈佛大学俄国研究中心更是苏联研究的重镇。但是受冷战影响，这一时期的西方苏联历史问题研究出现了政治化的倾向。从 40 年代末至 60 年代初，正统派即所谓的极权主义学派成为英美等国苏联学中的主流学派。60 年代后半期在政治学领域中出现了苏联学修正派的第一次浪潮的兴起，修正派打破了极权主义模式一统天下的局面，推动了苏联学研究方法的多样化。尽管如此，80 年代之前，西方历史学对俄国内战的研究，主要把

---

① Смолин А. В. Белое движение на Северо‑Западе России. 1918 – 1920. Формирование, борьба, крушение. Дисс. . . . докт. ист. наук. СПб. , 1995; Ципкин Ю. К. Белое движение на Дальнем Востоке России и его крах: 1920 – 22 гг. Дисс. . . . докт. ист. наук. Хабаровск. , 1998; Звягин С. П. Формирование и реализация правоохранительной политики антибольшевистскими правительствами на востоке России (1918 – 1922 гг.). Автореф. дисс. докт. ист. наук. Кемерово. , 2003; Дальнем Востоке: идеология, программы и политика. Дисс. . . . канд. ист. наук. Хабаровск. , 2006.

② 顾宁：《美国胡佛研究所有关苏联档案的收藏》，《俄罗斯研究》2004 年第 3 期。

它看作革命的附属产物，① 单独研究白卫军的作品也比较少，以至于弗拉基米尔·布罗夫金（Vladimir Brovkin）批评这种忽视苏联政权缘起的研究风气。② 20世纪80年代中后期，相关的研究著述开始出版，使得这一状况有所改变。

1987年埃文·毛德斯莱（Evan Mawdsley）出版了《俄国内战》一书，③这本书是当时研究俄国内战历史最为系统、文献最为完备的著作，全书内容包括了内战时期布尔什维克前线的军事行动、内部政治、政府状况、动员机器效果、白俄军政权情况以及国家独立运动、外国干涉等内容。作者发现俄国内战时期所有的政党力量都很脆弱，因而内战的局势也变得很微妙和复杂，作者还归纳了布尔什维克最后取得胜利的几个原因，其中最重要的原因是布尔什维克控制了整个国家的战略地区并且具备超常的人力动员能力；其次，反布尔什维克力量分散，并且军人无法与其他的左翼力量团结起来。同时，作者也提到了邓尼金领导的志愿军是在内战中取得最佳战果的一支力量。

理查德·勒基特（Richard Luckett）的《白卫军：关于白卫运动与俄国内战的一种诠释》研究了1917年到1920年11月在布尔什维克控制地区周围的白俄军队的活动情况。④ 总体而言，勒基特的研究还是比较初步的，该书在史料和解读上都有欠缺，例如，作者并没有对那些白俄将军的能力和动机进行仔细的解读。

《白俄志愿军的第一年：南俄内战》描述的是俄国内战时期位于俄国南部地区的对布尔什维克政权威胁最大的一支武装力量——南俄志愿军

---

① См., напр.: Treadgold D. The Ideology of the White Movement: Wrangel's "Leftist Policy from Rightist Hands" // Russian Thought and Politics / Eds. H. McLean, M. Malia, G. Fischer (HarvardSlavicStudies. Vol. Ⅳ). Cambridge, Mass., 1957. P. 481; Brinkley G. The Volunteer Army and Allied Intervention in South Russia, 1917 – 1920: A Study in the Politics and Diplomacy of the Russian Civil War. Notre Dame, 1966. p. Ⅸ; Kenez P. Civil War in South Russia, 1918: The First Year of the Volunteer Army. Berkeley, 1971. p. 1. 转引自 НовиковЛ. Г. Гражданскаявойнавроссиивсовременноизападноиисториографии. Отечественнаяистория., 2005. №6. С. 155。

② Vladimir Brovkin Slavic, "A Review of The Russian Civil War", *Slavic Review*, Vol. 48, No. 3 (Autumn, 1989), pp. 495 – 497.

③ Evan Mawdsley, *The Russian Civil War*, Boston: Allen & Unwin, 1987.

④ Rcihard Luckett, *The White Generals: An account of the White Movement and the Russian Civil War*, Routledge & Kegan Paul, 1971.

的历史。① 彼得·凯内兹（Pete Kenez）教授利用哥伦比亚大学和胡佛图书馆中的大量原始资料并广泛搜集了有关这段历史的出版物，揭露了很多新的关于南俄志愿军的历史细节。

南俄志愿军最终在俄国内战中败北，该书的一个主要目的是对这股力量失败的原因做出解释。作者指出，志愿军失败的迹象在战争的早期阶段就已经显现：军队缺少群众的支持，缺少资金并且装备不足，军队内部不团结，但最为重要的原因，作者指出是军队领导人缺少政治资质和才能，志愿军的历任领导人阿列谢耶夫、科尔尼洛夫以及邓尼金都没有有效地控制政治、社会和外交事务，相反，他们在内部的政治问题上相互猜疑，内耗不断。作者认为，这是南俄志愿军最终失败的最主要原因。

总体而言，尽管本书提供了很多历史细节，但是在描写整个内战的历史大背景方面的创新却乏善可陈。凯内兹教授过多地关注历史的细节，却忽视了大历史的把握，使得这本书的历史视野略显狭窄。这也使得作者无法就一些重要的关于南俄志愿军的历史问题做出解释。例如，志愿军在1919年的夏天发动了一系列大的军事进攻，穿透了布尔什维克外围的防区进入了其辖地的心脏地带，并一直打到距离莫斯科不到250英里的地方才停下来。考虑到这支武装力量本身存在的种种问题，南俄志愿军是如何做到的？对这样的重要问题，作者没能给出令人满意的答案。

最后是德米特里·列奥维奇的《对抗红军的白军：安东·邓尼金的一生》。②这本书是目前为数不多的关于俄国内战时期领导人的个人传记，其史料价值不可低估，作者德米特里·列奥维奇既不是记者也不是历史学家，作为邓尼金当年军队中的一名新兵，列奥维奇直到晚年的时候才与自己的将军有接触。尽管如此，作者对邓尼金的一生还是做了深入的调查了解，并将这些详细生动的有关邓尼金的故事置于整个俄国革命和内战的背景下进行描述，作者本人的亲身经历以及对邓尼金的为人处世

---

① Peter Kenez, *The First Year of the Volunteer Army: Civil War in South Russia*, 1918, Unversity of California Press. 1971.

② Dimitry V. Lehovich, *White Against Red: The Life of General Anton Denikin*, W. W. Norton & Company, Inc.

的感同身受，使得这本书的内容十分生动和翔实。例如，作者在书中写了可能历史学家不会去关注的邓尼金和妻子的流放生活。难能可贵的是作者在写这本书的时候始终保持着克制和清醒的立场，他在对邓尼金深怀同情的同时，字里行间也并不缺乏批评。这本书不仅仅描写邓尼金个人，它也对俄国内战时期白卫军失败的原因做出了自己的回答，但由于不是历史学家出身，作者在解释这些问题时缺乏分析深度。

总体而言，英语学术界有关俄罗斯国内战争时期白卫军的研究主要集中在南俄白卫军身上，主要的关注点是分析南俄白卫军失败的原因。而对于白卫军作为一个整体的架构却缺乏相应的观照。

（四）国内学术界研究状况

国内对于俄罗斯国内战争时期的白卫军研究，仍是一个薄弱环节。有关白卫军的记载只是散落在国内的通史或者俄苏史专题研究著作中。

1980年，孙成木、李显荣、康春林三人合著的《十月革命史》出版。[1] 此书把苏维埃俄国发生的三年国内战争，看作十月革命的继续。其逻辑根据是依据列宁的判断：革命是最激烈的、你死我活的阶级斗争和国内战争。它重复的是《联共（布）党史简明教程》的笔调。用了一个章节（第八章）的内容来描绘外国武装干涉、白卫分子叛乱的内容，对高尔察克、邓尼金、弗兰格尔与苏维埃政府的军事战斗稍有讲述，并认为白卫军等反共力量的失败，其原因在于苏维埃共和国进行的是正义战争，红军所捍卫的苏维埃政权是符合无产阶级和广大劳动人民利益的，它得到了各族人民的拥护和支持。1990年后的多部苏联通史或断代史著作中，仍然保持上述观点。[2]

2013年，陕西师范大学刘垒的硕士学位论文以南俄白卫军为研究对象，指出南俄白卫军"是以帝俄军官和南俄上层哥萨克为主体的反布尔什维克运动，是俄国内战的重要组成部分之一"，进而分析了南俄白卫军

---

[1] 孙成木、李显荣、康春林：《十月革命史》，生活·读书·新知三联书店1980年版。

[2] 周尚文、叶书宗、王斯德：《新编苏联史：1917—1985》，上海人民出版社1990年版；陈之骅主编：《苏联史纲（1917—1937）》（上册），人民出版社1991年版；陆南泉、蒋长斌、徐葵、李静杰：《苏联兴亡史论》，人民出版社2004年版；陈之骅、吴恩远、马龙闪主编：《苏联兴亡史纲》，中国社会科学出版社2004年版；刑广程：《苏联高层决策70年》（第一分册），世界知识出版社1998年版。

失败的原因。这是国内第一篇专题研究南俄白卫军的论文，开启了国内有关白卫军研究的先河。[①] 但由于作者不懂俄文，资料主要是来自二手英文著作，存在诸多纰漏。

笔者在中国知网上搜寻到期刊上有关白卫军的论文仅有 2 篇，一篇题为《苏俄国内战争时期高尔察克反动政权的覆灭——兼评苏俄红军取得东线西伯利亚战场胜利的原因》[②]，作者认为高尔察克是内战时期势力最凶悍的反动政权，新生的苏维埃政府在全国各族人民的支持下，消灭了这个凶残的白卫政权，为十月社会主义革命的胜利和红色政权的巩固奠定了基础。作者仍持传统观点，所用的文献主要是少量英文二手著作以及翻译作品，对新解密的俄文档案材料没有涉及，因此分析过于简单，也无法深入论证。另一篇为《永恒的史诗：苏维埃俄国内战与外国武装干涉》[③]，作者认为十月革命的胜利果实是在经历了长达三年多的内战后取得，这场战争的胜利巩固了年轻的苏维埃政权，对白卫军也只是大略涉及。

总之，通过对俄国白俄侨民、苏联和俄罗斯、英美学术界以及国内研究状况的介绍可以发现。俄国史学界对于白卫军的研究著作颇丰，并呈现出自己语言和档案资料的特色。英美学术界对于白卫军的研究则相对薄弱。至于国内学术界，这方面的研究刚刚起步。

四　史料来源

本书使用的资料主要有四部分来源。

第一部分是华东师范大学冷战国际史研究中心所藏部分源自俄罗斯国家档案馆和军事历史档案馆与俄国革命、国内战争有关的档案复印件。

第二部分是来自苏联解体之后俄罗斯出版的解密档案文献集和白卫侨民在国外出版的档案集以及苏联时期出版的《红档》（Красный архив）杂志中有关白卫军的档案。具体情况如下。

[①] 刘垒：《南俄白卫运动研究（1917—1920）》，硕士学位论文，陕西师范大学，2013 年。
[②] 黄秋迪：《苏俄国内战争时期高尔察克反动政权的覆灭——兼评苏俄红军取得东线西伯利亚战场胜利的原因》，《西伯利亚研究》2003 年第 4 期。
[③] 张永强：《永恒的史诗：苏维埃俄国内战与外国武装干涉》，《国际展望》2007 年第 1 期。

雅科夫列夫主编的20世纪俄罗斯档案集中的《1920年5月：高尔察克部长审讯记录》（Процесс над колчаковскими министрами: май 1920.）于2003年问世，① 这部解密档案文献集主要是1920年5月苏维埃政府西伯利亚军事革命委员会特别革命法庭对被逮捕的高尔察克政府的部长、副部长的审讯记录。同年，俄罗斯科学院历史研究所根据俄罗斯联邦安全事务中央档案馆的馆藏档案出版了1920年1—2月高尔察克将军被西伯利亚军事革命委员会特别革命法庭审讯的记录以及1920年5月高尔察克政府各部部长、副部长的审讯记录档案。② 这两部档案集有部分重合之处。

2008年，俄罗斯联邦国家档案馆出版了邓尼金南俄白卫军特别议会的会议纪要，此后又出版了高尔察克政府部长会议的会议纪要以及克木齐政府（立宪会议成员委员会）的会议记录等档案。③ 这三部解密档案文集有助于我们了解邓尼金政府、高尔察克政府、立宪会议成员委员会内部相关的政治、经济、对外关系等的讨论和决策过程。

此外，笔者还使用了《俄国革命档案》（1—18卷）、《白卫档案》（1—3卷）、《红档》杂志中大约10卷与白卫军相关的档案资料。

第三部分则是来自白卫侨民的回忆录、书信、日记。这部分资料主要利用了С. В. 卡尔平科和С. В. 沃尔科夫所主编的白卫军相关的系列丛书资料。④ 另外就是白卫军领导人的回忆录，例如邓尼金的《俄国内乱简史》、卢克姆斯基《我的一生》、萨哈罗夫的《西伯利亚内战》、Г. К. 金斯（Гинс）的《西伯利亚、盟军与外国干涉》、В. Г. 博尔德列夫（Болд-

---

① ред. Яковлев А. Н. Процесс над колчаковскими министрами: май 1920. М.: МФД., 2003.

② Верховный правитель России. Документы и материалы следственного дела адмирала А. В. Колчака. Институт российской истории РАН., 2003.

③ Мироненко С. В. Журналы заседаний Особого совещания при Главнокомандующем Вооруженными Силами на Юге России Деникине. РОССПЭН., 2008; Журналы заседаний, стенографические отчеты и материалы Совета Министров Российского правительства А. В. Колчака.

④ Карпенко С. В. Белое дело: Избранные произведения в 16 книгах.: М. Голос, 1992 – 1996.; Сост. Волков С. В. Россия забытая и неизвестная. Белое движение.. М.: Центрполиграф., 2001 – 2011.

ырев）的《执政内阁、高尔察克与外国干涉》等回忆录和日记。

第四部分资料则是当时白卫军出版的报纸、杂志以及宣传小册子等。例如临时西伯利亚政府出版的官方公报西伯利亚通报（Сибирский вестник）①，高尔察克俄罗斯政府的政府公报（Правительственный вестник）。② 杂志则有《顿河之波》（Донская волна），1918 年 6 月 10 日至 1919 年 11 月 24 日在罗斯托夫—顿河出版。它刊载了诸多南俄白卫军将领的传记、回忆录以及新闻采访，对研究南俄白卫军具有非常重要的史料价值。共出版 62 期，笔者收集到 59 期。

小册子和传单则主要是与白卫军领导人有关。当时为宣传白卫军领导人的战功以及政治、经济社会主张，发行了不少这样的出版物。1919 年作家 П. 阿夫拉莫（Аврамов）撰写了俄罗斯的英雄和领袖（Вожди и герой россия）丛书，出版了阿列克谢耶夫、高尔察克将军、什库罗将军等个人传记的小册子。③

五　研究方法与创新之处

本书采用以下研究方法。第一，采用马克思主义的唯物史观，运用俄罗斯新解密的档案，结合俄罗斯历史学者研究的新成果，对俄罗斯国内战争中的白卫军进行实证研究，论从史出，史论结合。第二，运用比较方法，比较内战时期布尔什维克党和白卫军的意识形态、所采取的社会经济政策和民族政策的差异，进而分析内战中白卫军失败的原因。第三，宏观与微观相结合，既有社会情势的分析，也关注个体命运，以体

---

① 西伯利亚通报（Сибирский вестник）是临时西伯利亚政府出版的公报，第一期是 1918 年 8 月 16 日出版，1918 年 11 月 3 日改名为全俄临时政府公报（Вестник Всероссийского временного правительства），笔者收集到第 1—62 期。

② 政府公报（Правительственный вестник）是全俄最高执政高尔察克政府出版的公报，第一期于 1918 年 11 月 19 日出版，笔者收集到 14 期。

③ Аврамов П. Генерал А. Г. Шкуро. Вожди и герои России. Ростов - Дон., 1919; Адмирал Колчак. Ростов - Дон., 1919; Агелов. Колчак или Ленин? Ростов - на - Дону., 1919 г; Б. И. Ч. Адмирал Колчак. Ростов - на - Дону., 1919 г; Кирилин Ф. Основатель и Верховный Руководитель Добровольческой Армии генерал М. В. Алексеев. Ростов - на - Дону., 1919 г; Документальные данные, доказывающие происхождение большевизма, и к чему стремится большевизм в действительности. ТипографияШтаба Округа. Хабаровск., 1919 г.

现内战这一大的历史变动对白卫军参与者个人命运的影响。第四，采用社会统计学方法。

  本书的创新在于：首先，所用的史料新，本书中所使用的史料大部分是俄罗斯新近解密出版的档案。其次，在国内学术界关于俄罗斯国内战争史研究领域首次全面、系统地对白卫军运动进行考察，为推进这一领域的研究做了开拓性的探索。

第一章

俄罗斯国内战争的缘起与进程

第一节 1917年革命后俄国的政治军事形势

一 从十月革命到解散立宪会议

1917年俄国二月革命的发生有其自身逻辑的演进，它的根源有不同的学理解析。① 2月23日，彼得格勒的工人因为饥饿而走上街头进行政治罢工，意味着一场如同1905年革命一样的风暴，再次席卷俄罗斯。沙皇尼古拉二世（Николай Ⅱ）面对来自自由主义政党以及军方高级将领的压力，被迫做出让步，宣布退位。② 3月2日，鉴于皇太子阿列克谢有血友病无法继承大统，尼古拉二世决定代表他宣布将皇位传递给自己的兄弟米哈伊尔·亚历山大罗维奇大公。米哈伊尔大公知道自己继位不符合

---

① 1917年俄国二月革命的根源，国内外学者有不同的解释。俄罗斯圣彼得堡大学历史系教授 Б. Н. 米罗诺夫（Миронов）从现代化的角度来探讨1917年俄国革命的根源。参见 Б. Н. 米罗诺夫《现代化视角下的俄国革命原因》，张广翔、钟建平译，《史学集刊》2012年第5期；Б. Н. 米罗诺夫《俄国社会史——个性、民主家庭、公民社会及法制国家的形成》，张广翔等译，山东大学出版社2006年版；俄罗斯学者 О. 普拉东诺夫教授所著的《20世纪俄罗斯人民史》则认为1917年俄国二月革命是共济会密谋的结果。参见 Платонов О. История русского народа в XX веке（Классика русской мысли），2009；国内的姚海教授则从俄国历史长期的结构性问题、中期的社会政治形态和短期的事态发展这三个角度来研究俄国革命发生的原因。参见姚海《俄国革命》，人民出版社2013年版。

② Мультатули П. Император Николай Ⅱ（Царский венец）. 2013. С. 120 – 160.；Мультатули П. Кругом измена, трусость и обман. Подлинная история отречения Николая Ⅱ. Астрель. М，2012.

《俄罗斯国家基本法》，① 在与国家杜马主席 А. И. 古契科夫（Гучков）等人交谈之后，深知蓬勃发展的革命已经抛弃了罗曼诺夫家族，他亦决定退位，将权力移交给国家杜马临时委员会。当天，以古契科夫、М. В. 罗将柯（Родзянко）、А. Ф. 克伦斯基（Кренский）等为首的临时政府成立。

与此同时，孟什维克、社会革命党在彼得格勒的党团代表 Н. С. 齐赫泽（Чхеидзе）、М. И. 斯科别列夫（Скобелев）、Н. Д. 索科洛夫（Соколов）等人组建了彼得格勒工兵代表苏维埃，成为全俄罗斯具有权威的机关。因而在俄国的政治体制中形成了双重权力结构：临时政府和彼得格勒工兵代表苏维埃。

2月到10月，临时政府的构成人员如同走马观灯，更替不停，但都错估了俄国社会大众的情绪，没有满足革命过程中大众对土地、和平以及召开立宪会议的要求，且迫于协约国盟国的压力，继续参与对德国的战争。②

在经历7月事件和"科尔尼洛夫叛乱"之后，俄国社会各政治团体进一步分裂，社会大众情绪进一步左倾。前线无数士兵在给彼得格勒工兵代表苏维埃和临时政府的请愿书、陈情书以及家信中要求政府停止战争，他们迫切希望获得和平，回到后方的家乡。③ 城市中的工人则因为社会经济生活的恶化要求加强对工厂的监督与控制。后方中央黑土地带诸

---

① 《俄罗斯国家基本法》规定，只要是长子在世就能继承父位，未成年人不能放弃自己的权利。参见［美］马克·斯坦伯格、［俄］弗拉基米尔·赫鲁斯塔廖夫《罗曼诺夫王朝覆灭》，张蓓译，新华出版社1999年版，第24页；А. Н. 梅杜舍夫斯基《20世纪初俄国革命历史编纂学的基本问题》，《俄罗斯研究》2011年第3期，第21页。

② 1917年的一次协约国盟国会议上，法国驻俄罗斯的大使帕莱奥洛格（Палеолог）向米留可夫施压，他说道："你们有几千万可以武装的青年；你们获得了8个盟国的支持，他们当中大多数人比你们遭受了更多的苦难，但是他们仍然最终做出决定，要取得完全胜利。我们的第九个盟友也即将到达，他们是谁?! 美国人！这场可怕的战争是为了斯拉夫人的事业而开始的。法国竭尽全力帮助你们，而你们怎敢第一个撤出战场！"参见 Милюков П. Н. Вторая русская революция. М. : РОССПЭН, 2001, С. 241 - 242.；Уткин А. И. Первая Мировая война. М. : Алгоритм, 2001. С. 353.

③ Чаадаева О. Н. Солдатские письма 1917 года. М. 1927, С. 39 - 40；С. 64；63.；Революционное движение в России в мае - июне 1917 г. Июньская демонстрация: Документы и материалы. М., 1959. С. 237 - 239.；Гончаров в. л. 1917. Разложение армия. Москва., 2010. С. 129.

省份的农夫们则自发开始剥夺地主的土地，再一次依据"黑土平分"原则，将土地分给贫苦农民，村社回潮。①

1917年秋季，随着俄国社会危机的不断加深，下层阶级要求在社会上和国家中获取更大的权力，城市工人和士兵要求苏维埃执掌政权，列宁领导的布尔什维克党是唯一明确表示支持这一要求的主要政党。② 结果，大量的布尔什维克党党员被选入苏维埃、士兵委员会等机构。到9月，列宁领导的布尔什维克党在苏维埃选举中成为多数派，托洛茨基被选举为彼得格勒苏维埃主席，诺根被选举为莫斯科苏维埃主席。俄欧80个工业城市和工业中心的苏维埃表示支持彼得格勒苏维埃的立场，并效仿它的办法改选苏维埃领导，结果是多地的苏维埃中布尔什维克占多数，苏维埃出现布尔什维克化的趋势。苏汉诺夫对此写道："苏维埃中的一切都改变了……它现在重新是一支军队，是托洛茨基的禁卫军。"③

9月17日，列宁重提"一切权力归苏维埃的口号"，并要求"布尔什维克发动起义，夺取政权"。经过激烈的争论之后，列宁说服了布尔什维克党中央委员会中其他不同意见的成员。10月10日举行的中央委员会会议上，以10票赞成、2票反对通过一份决议，指出"武装起义是不可避免的，并且业已完全成熟"。④

与此同时，托洛茨基执掌的彼得格勒苏维埃军事革命委员会已经做好革命的技术准备工作。此外，布尔什维克还组建了1.5万余人的工人赤卫队，得到了首都彼得格勒15万卫戍部队的支持。

10月25日，起义发生，未经大规模的战斗，军事革命委员会领导的工人赤卫队、波罗的海水兵便控制了首都彼得格勒，推翻了临时政府，革命取得胜利。当天晚上10点，第二届全俄苏维埃代表大会在斯莫尔尼宫召开，经过表决通过了列宁起草的《告工人、士兵和农民书》《土地法

---

① [美]马克·斯坦伯格、[俄]弗拉基米尔·赫鲁斯塔廖夫：《罗曼诺夫王朝覆灭》，张蓓译，新华出版社1999年版，第158—159页；Осипова Т. В. Российское крестьянство в революции и гражданской войне. М.："Стрелец"，2001. С. 52–59.；李兴：《1917—1922年苏俄村社的复兴及其原因初探》，《世界历史》1995年第1期。

② 姚海：《俄国革命》，人民出版社2013年版，第416—423页。

③ Суханов Н. Н. Записки о революции. Т3. М., 1992. С. 213.

④ 《列宁全集》第32卷，人民出版社1985年版，第383—385页。

令》《和平法令》等政治决议,并明确提出在立宪会议召开之前,成立工农临时政府管理国家,其名称为人民委员会。① 由于左派社会革命党人拒绝接受布尔什维克的建议参加政府,人民委员全部由布尔什维克组成,列宁担任人民委员会主席,托洛茨基为外交人民委员。大会还重新选举了新一届的全俄中央执行委员会,布尔什维克和它的盟友左派社会革命党在总共 101 席的席位中占有 91 席,具有绝对优势。

十月武装起义胜利之后,夺取了政权的布尔什维克需要兑现向工农大众的承诺,解决 1917 年俄国革命政治生活中的重大问题。第二届全俄苏维埃代表大会上颁布了《土地法令》和《和平法令》,满足了工农大众对土地与和平的要求,从法理角度承认了 1917 年夏秋之际俄国农民自发夺取地主土地和财产的行动,是对这一既成事实的承认。② 这两个法令颁布之后,在现实的生活实践中,还有一段艰难的过程。但无论如何,它满足了自二月革命以来工农大众对土地与和平的需求。

在颁布《土地法令》与《和平法令》之后,布尔什维克现在需要面对一个更为棘手的问题,即有关立宪会议的选举和召开。

立宪会议是俄国知识分子数百年追求的梦想。从 19 世纪的十二月党人、西方派到 1917 年的各社会主义政党、自由主义政党,都要求经过普选组成的立宪会议来解决俄国社会生活中的重大问题。③ 米哈伊尔大公在 3 月 3 日的退位诏书中就声明:"要求人民拥护临时政府,直到在尽可能短的时间内通过普遍、直接、平等和无记名投票选举的立宪会议来确立俄罗斯人民所选择的政府形式。"④ 退位诏书中公认将俄国社会需要解决的重大问题,如国家政体、土地问题等推迟到立宪会议予以解决。立宪会议被当作民族命运的主宰和政权与人民之间历史性冲突的仲裁者。大公的这一声明符合俄国知识分子和自由主义政党、社会主义政党的政治追求,并确立了革命之后俄国社会各民主政党和白卫军所追求的预先不

---

① 《列宁全集》第 33 卷,人民出版社 1985 年版,第 22 页。
② 姚海:《俄国革命》,人民出版社 2013 年版,第 533 页。
③ Вишняк М. В. Всероссийское Учредительное Собрание. М.: РОССПЭН., 2010. С. 103 – 110; 146 – 147.
④ [美] 马克·斯坦伯格、[俄] 弗拉基米尔·赫鲁斯塔廖夫:《罗曼诺夫王朝覆灭》,张蓓译,新华出版社 1999 年版,第 77 页。

确立原则（непредрешенчество）。

至此，"一切权力归立宪会议"成为二月革命之后俄国革命民主派的共识。温和的社会主义政党以及自由主义政党都承认在普选基础上组成的政府比二月革命之后的临时政府更具法理基础。1917年出版的诸多小册子中阐述了上述观点，认为沙皇已经被推翻，人民是俄罗斯土地的主人，未来俄罗斯需要建立的是民主共和国，并且对民主共和国的类型（法国模式、瑞士模式、美国模式）进行区分。① B. 阿列克谢耶夫教授在题为《为什么以及如何进行立宪会议选举》的政论小册子中，解释了立宪会议的目标、立宪会议的选举方案、怎样投票以及选举和被选举权。②

布尔什维克在2—10月亦不断抨击临时政府拖延召开立宪会议，多次提出召开立宪会议的口号，认为全部政权归苏维埃是立宪会议选举和召开的保障，是通向立宪会议的入口。列宁于4月发表的《论无产阶级在这次革命中的任务》一文就再次声明："没有工兵代表苏维埃，立宪会议的召开是没有保证的，是不可能成功的。"③ 10月26日，第二届全俄苏维埃代表大会通过的《告工人、士兵和农民书》也宣布，苏维埃政府将"保障按时召开立宪会议"，人民委员会只是一个"工农临时政府，在立宪会议召开之前管理国家，"甚至将在当时具有关键性意义的土地问题的最终决定权交予立宪会议。④

10月27日，人民委员会通过决议，明确确定立宪会议的选举日期定在11月12日进行。此后，俄国社会中的各政党都积极投入立宪会议的选举中。

11月15日，彼得格勒立宪会议选举结果公布，布尔什维克获得424024张选票，社会革命党获得156936张选票，立宪民主党获得246506张选票，孟什维克获得29820张选票。在彼得格勒省布尔什维克获得229698张选票，社会革命党获得119761张选票，立宪民主党获得64859

---

① Ефимов Е. Н. Предстоящее Учредительное собрание. 1917；Ефимов Е. Н. Демократическая республика. 1917；Кечекьян С. Ф. Учредительное собрание. 1917.

② Алексеев В. Зачем и как выбирать в Учредительное собрание. 1917.

③ 《列宁全集》第29卷，人民出版社1985年版，第117页。

④ 《列宁全集》第33卷，人民出版社1985年版，第5—22页。

张选票，孟什维克获得 6100 张选票。① 从选举票数可以看出，布尔什维克赢得了彼得格勒的选举。列宁也表现出非常乐观的态度，他在接受美联社记者的采访中认为，"选举是布尔什维克党取得巨大胜利的证明"，相信立宪会议会将批准人民委员会的全部措施，"决不会有多数人反对我们"。②

但立宪会议的选举最终结果并未如布尔什维克所愿。在全国范围内选出的 715 名代表中，社会革命党 370 名，布尔什维克 175 名，左派社会革命党 40 名，孟什维克 15 名，立宪民主党 17 名，③ 另外还有穆斯林代表和乌克兰的代表。选举的结果表明布尔什维克的主要票源是在两个首都以及靠近首都的北方战线、西方战线和波罗的海舰队，他们获得这三地区军队 40% 的票数。④ 社会革命党则在中部黑土地区以及西南战线和罗马尼亚战线大获全胜。显而易见，布尔什维克输掉了立宪会议的选举。

11 月 21 日，全俄中央执行委员会颁布法令，赋予地方苏维埃召回已选出的代表并组织改选的权力。法令规定："工兵代表苏维埃和农民代表苏维埃的代表大会，有权决定城市杜马、地方自治机关以及一切代表机构的重新选举，立宪会议也不例外。苏维埃应根据有关选区半数以上选民的要求决定改选。……新当选的代表从当选时刻起代替以前选出的代表。"⑤ 但绝大多数地方苏维埃和自治机关并没有利用这一权力改选立宪会议代表。

12 月 11 日，列宁在《关于立宪会议的提纲》中，明确指出 10 月中旬确立的立宪会议选举名单不能"正确地表达人民的意志"，从而产生了危机。他认为解决这一危机只有两种办法：一是改选立宪会议的代表，立宪会议无条件承认苏维埃政权；二是如果立宪会议不能承认苏维埃政权，这就意味着"苏维埃政权要采取最有利、最迅速、最坚决的革命手

---

① АбросимовТ. А. ПетербургскийкомитетРСДРП（6）в 1917 году: Протоколыиматериалызаседаний. СПб.: Бельведер.，2003. C. 605—606 页，注释 4。

② 《列宁全集》第 33 卷，人民出版社 1985 年版，第 97 页。

③ 姚海：《俄国革命》，人民出版社 2013 年版，第 542 页。

④ ЗубовА. Б. ИсторияРоссии. XXвек，1894 - 1939. М.: АСТ.，2010. C. 488.

⑤ Учредительное собрание. Россия. 1918. Стенограмма и другие документы. М.，1991. C. 56 - 57.

段来反对立宪民主党人和卡列金分子等反革命势力，而不管他们用什么口号和机构（即使是用立宪会议代表的资格）作掩护。凡试图在这场斗争中束缚苏维埃政权手脚的行动都是帮助反革命的行为"。① 第二天，俄国社会民主工党彼得格勒委员会在晚上9点召开的会议中，М.С.乌里茨基（Урицкий）作有关彼得格勒立宪会议选举的报告。他明确指出，俄国社会中的右翼政党提出"一切权力归立宪会议"这一口号是不合时宜的，② 它虽然表面上要求权力归属于民主选举的立宪会议，但事实上藏匿着消除无产阶级专政的祸心。

1月3日，在这一天——立宪会议开幕的前两天，全俄中央执行委员会为了防范在立宪会议中占多数的社会革命党，再次通过一个重要决定："俄罗斯共和国的全部权力归属于苏维埃和苏维埃机关。因此，任何人和任何机关搜取国家政权某种职能的尝试，都应视为反革命行动。任何这类尝试，苏维埃政权都将使用所拥有的一切手段予以镇压，直至使用武力。"③ 显而易见，布尔什维克的一切手段都旨在捍卫政权，同时加强了对首都彼得格勒的安保措施。当天晚上，政府发表声明，将采取一切手段来制止反革命分子渗透到塔夫利达宫，以防止1月5日召开的立宪会议上出现恐怖事件。④

1918年1月5日，全俄立宪会议开幕，715名代表中有463名代表出席，这是俄国历史上极为关键的一天。召开立宪会议的目的在于组建一个合法的俄罗斯政府，并确定俄国的社会和政治发展方向。⑤ 社会革命党人В.М.切尔诺夫（Чернов）以244票被选举为会议主席。⑥

经过一天的激烈争论，立宪会议中的布尔什维克党团确信，立宪会议中占多数的右派社会革命党和孟什维克党不会承认《被剥削劳动人民

---

① 《列宁全集》第33卷，人民出版社1985年版，第163—167页。

② （ред.）Абросимов Т. А. и др. Петербургский комитет РСДРП（б）в 1917 году: Протоколы и материалы заседаний. СПб.：Бельведер.，2003. С. 596.

③ Протасов Л. Г. Всероссийское Учредительное собрание. История рождения и гибели. М.：РОССПЭН.，1997. С. 288，307；Декреты Советской власти. Т. 1. С. 323 – 324；《列宁全集》第33卷，人民出版社1985年版，第233页。

④ Петроградский голос. 1918. 4 января.

⑤ Зубов А. Б. История России. ХХ век，1894 – 1939. М.：АСТ. 2010.，С. 489 – 490.

⑥ Вишняк М. В. Всероссийское Учредительное Собрание. М.：РОССПЭН.，2010. С. 197.

权利宣言》,即拒绝按照人民委员会的要求,把权力交给苏维埃并自行宣布解散立宪会议。它的党代表在得到左派社会革命党以及穆斯林代表的支持后,发表一份声明,中途离席,退出会议。① 1月6日早上4点40分,布尔什维克以"水兵累了"为名义,关闭了全俄立宪会议会场。1月7日深夜,全俄苏维埃中央执行委员会颁布法令,下令解散全俄立宪会议。

1月10日召开的第三次全俄苏维埃代表大会成了苏维埃政权的"立宪会议"。会议通过了《被剥削劳动人民权利宣言》,宣布俄国为"俄罗斯社会主义联邦苏维埃共和国",将"工农临时政府"更名为"俄罗斯苏维埃共和国工农政府"。18日,代表大会颁布法令,决定"在苏维埃政权的法律和法令的所有新版本中,涉及原定召开的立宪会议的任何内容一概取消"。②

立宪会议的命运揭示了近百年来俄国知识分子所追求的政治理想并没有得到广泛社会阶层的支持,俄国还缺乏立宪会议所代表的制度能够依靠的牢固的社会基础。③ 民众对于立宪会议被解散,总体而言,还是持冷漠的态度,即使是立宪会议选举中的第一大党社会革命党,其内部还是温和派占上风,并不主张与布尔什维克进行武力对抗。从某种意义上来讲,立宪会议这一来自西方的政治制度理念不如本土自发成长的苏维埃更得到民众的认可。当第二届全俄苏维埃代表大会在有关土地、和平等法令颁布之后,它满足了1917年俄国革命中工农大众的要求。因此,从民众的角度来看,通过上述法令的苏维埃代表大会已经履行了立宪会议的职能,同时也宣判了立宪会议命运的终结。

二 1918年春夏之交的形势与对立的政治力量

十月革命在彼得格勒和莫斯科的胜利对苏维埃政权在全国的创建具有决定性的意义。到1917年11月底,苏维埃政权已经在俄欧中央工业区和黑土地带的30个省份建立起来。但苏维埃政权在边疆区域的建立,特

---

① 《列宁全集》第33卷,人民出版社1985年版,第234—235页。
② 《列宁全集》第33卷,人民出版社1985年版,第285页。
③ 姚海:《俄国革命》,人民出版社2013年版,第558页。

别是在顿河、库班、南乌拉尔以及乌克兰等农业地区，是经过激烈的武装冲突之后创建的。布尔什维克领导的红军不得不与来自欧俄中央地区的白卫军官、将军、君主主义者、地方哥萨克以及乌克兰民族主义者等势力作战。

彼得格勒政权更替的消息传到基辅之后，乌克兰中央拉达于11月19日宣布建立独立的乌克兰民族国家，并与全乌克兰苏维埃代表大会开展了对乌克兰的政权争夺之战。12月5日，С. В. 彼得留拉（Петлюра）发表演讲，反对布尔什维克干涉乌克兰事务。① 独立的乌克兰民主共和国与苏维埃俄罗斯政府对乌克兰的政策是矛盾的，因此，双方最终诉诸武力。1918年1月7日，革命军事委员会委员 В. А. 安东诺夫—奥弗申柯（Антонов-Овсеенко）领导的红军向乌克兰中央拉达发起总攻。2月8日（公历），红军夺取基辅，乌克兰中央拉达不得不迁移到日托米尔州，并且向德国人求助。

十月武装起义后，顿河阿塔曼（атаман）② А. М. 卡列金（Каледин）和南乌拉尔奥伦堡哥萨克阿塔曼 А. И. 杜托夫（Дутов）都抨击布尔什维克的夺权行动，表示继续承认临时政府为合法政府。因此，在2—3月，安东诺夫—奥弗申柯领导的苏维埃红军由塔甘罗格沿着铁路线向顿河地区逼近。2月24日（公历），红军占领罗斯托夫-顿河城。25日（公历），顿河阿塔曼卡列金在新切尔卡斯克自杀，余部逃亡萨里斯草原。1月31日（公历），Н. И. 波德沃伊斯基（Подвойский）率领的红军镇压了南乌拉尔地区杜托夫的叛乱。此间的战斗规模较小，主要是火车军列运送士兵沿着铁路线推进，又落得"军列战争"（эшелонная война）的名称。③ 镇压了上述抵抗势力之后，苏维埃政权已经在俄罗斯的领土上相继建立起来，这也是列宁所赞誉苏维埃政权的"凯歌行进"时期。

事实上，这是短暂的休战时刻，俄国国内的各派政治势力都在重新分化、组合，寻求外部势力的支持，因而各种反布尔什维克的政党以及

---

① Савченко В. А. Симон Петлюра. Харьков, 2004. С. 107.

② 阿塔曼（атаман）是指草原民族的部落首领或帝俄时期哥萨克的首领，词源主要来自突厥语的"ата"（父亲之意），词尾的"ман"则是指众人，因而атаман有"众人父亲"的意思，实则指头领。

③ Н. Н. Азовцев Гражданская война в СССР. (Т1.). М.: Воениздат. 1980. С. 81-86.

社会组织暂时隐匿起来,以至于苏维埃政府的首都彼得格勒也保持了较为宽松的氛围。当时英国驻彼得格勒的间谍洛克哈特写道:"彼得堡处于一种怪异的氛围中。布尔什维克仍没有成功创建他们自己所描述具有铁的纪律的制度。从本质上来讲,他们几乎没有尝试这样做。恐怖也没有出现,人们并不害怕他们的新主人。……饭店和餐厅也在公开营业。"①

随着春季的到来,局势很快逆转。原因在于第一次世界大战交战国的同盟国和协约国决心于春夏时刻在西线发动最后的决战,它们仍然将苏维埃俄罗斯政府视作战线上的一环。协约国希望能够在俄国国内找到代理人,重建军队,保持对德国的战争压力,不至于让德国将东线的军队调往西线。德国则希望能够与俄罗斯政府订立和约,减轻自己在东线的战争压力,同时利用苏维埃俄罗斯内部的虚弱,从丰产的乌克兰和南俄地区获得粮食、牲畜,以缓解国内日益严重的饥荒。

1918年年初,以外交人民委员托洛茨基和军事革命委员会委员 A. A. 越飞(Иоффе)为首的苏维埃政府代表团赴白俄罗斯小城布列斯特与德国代表团进行和谈。双方的谈判中,谈谈停停,交锋激烈,俄方试图拖延谈判来争取时间,寄希望于春季德国和奥匈帝国爆发革命。② 2月10日(公历),托洛茨基在布列斯特宣布,苏维埃俄国拒绝签署条约,但结束战争。2月16日(公历),德国外交部部长屈尔曼宣布两国恢复战争状态。2月18日(公历),德国军队从波罗的海到喀尔巴阡山全线发动进攻。在基辅方向投入23个师的兵力,其任务是夺取基辅并进一步向波尔塔瓦、哈尔科夫和罗斯托夫-顿河推进。奥匈帝国军队行动迟缓数日,于2月27日在敖德萨方向投入10个师。

就在德国开始行动的当天晚上,俄共(布)中央委员会举行会议,多数人赞成立即签署和约。列宁于次日(2月19日)晨即致电德国政府,表示接受其条件,要求缔结和约。而德国一直拖延到2月23日才做出答复,提出更为苛刻的要求,最后通牒限时48小时,与此同时,并未停止军事攻势。2月21日,列宁以人民委员会的名义颁布了《社会主义祖国在危急中!》的法令,其中提到"德国的目的就是要扼杀俄罗斯和乌克兰

---

① Р. Локкарт История изнутри. Мемуары британского агента. М., 1991. С. 222.
② 闻一:《十月革命——阵痛与动荡》,广东人民出版社2010年版,第147—149页。

的工人和农民，要把土地归还给地主，工厂归还银行家，政权归还沙皇"，"社会主义共和国处在万分危急中"。① 该命令所强调的是"全国所有一切人力、物力全部用于革命的国防事业"这个主旨。

德国发动进攻之后，短短数天内，就连续攻占了普斯科夫、雷瓦尔、德文斯克等重镇以及突破俄军的里加—彼得格勒铁路线，大有一举攻破彼得格勒之势。23日晚上，俄共（布）中央委员会开会讨论是否接受德国的最后通牒问题，会上多数人反对签订和约。列宁坚持必须签订和约，为此他提出"革命空谈的政策必须结束"，甚至以"退出政府和中央委员会"相威胁。② 经过激烈的争辩，在中央委员会会议上以7票赞成、4票反对、4票弃权的结果通过了缔结和约的决议。

3月3日，俄罗斯政府代表与同盟国代表在布列斯特—立托夫斯克签订和约，故称《布列斯特和约》。和约使俄罗斯政府失去了近50万平方千米的土地，同意芬兰与乌克兰独立，允诺承认乌克兰中央拉达与同盟国之间的《布列斯特和约》。③ 3月6—8日，俄共（布）第七次紧急代表大会经过激烈的辩论后，批准了和约。签订和约的举动在俄国国内引起轩然大波，连布尔什维克党内也反对者甚众。对外妥协自然也给予其他政党攻击布尔什维克的口实。与布尔什维克共同执政的左派社会革命党人便对《和约》极不认同，孟什维克对此也表示声援。1918年3月14日至16日，为专门解决批准布列斯特和约问题而召开了全俄苏维埃第四次（非常）代表大会。会上，左派社会革命党与孟什维克、中间派社会革命党一致反对批准和约，但前线的军事形势最终迫使大会以784票赞成、261票反对、115票弃权④通过了列宁提出的关于批准和约的议案。左派社会革命党人为表示抗议，退出了人民委员会。

《布列斯特和约》的签订拯救了苏维埃政权，但对它而言是一个"屈辱性的和约"，德国军队开进俄罗斯帝国昔日的西部边疆地区，也对苏维埃政权造成潜在的威胁。此外，它还进一步恶化了国内的局势。那些具

---

① 《列宁与全俄肃反委员会》，赵仲元等译，群众出版社1981年版，第56—57页。
② 《列宁全集》第33卷，人民出版社1985年版，第380页。
③ Виторт В. Ц. Мир в Бресте. М., 1918.
④ 另有说法认为是724票支持、276票反对、118票缺席。参见［美］亚伯拉罕·阿谢尔编《俄国革命中的孟什维克》，石菊英、余瑞先译，党校系统内部发行，1985年。

有爱国主义情怀的第一次世界大战参加者——知识分子、军官和部分士兵们对签订和约极为不满,将其视作对大俄罗斯主义的羞辱。甚至普通人,即使他们不理解战争的目的以及支持布尔什维克尽快签订与德国的和平条约,但是也难以接受这一条约。他们把条约看作俄罗斯前所未有的耻辱。舆论和民间对条约充满了不满的声音。"不应当有这样的和约,它应迅速终止","几天之后,德国人会进入莫斯科……他们会抵达俄罗斯战场反对盟军"。不少同时代人的回忆录、书信、日记中都记载了这种难以忘怀的深刻憎恨之情。① 孟什维克党、社会革命党以及立宪民主党等政治势力开始积极寻求地下军官团的帮助,组建武装力量,进行反布尔什维克活动;不仅如此,这些不同的政治势力也向外国势力寻求支持,希望他们能够干预俄国内部的政治事务。

孟什维克党在1918年4月1日召开的中央委员会会议上,抨击和约是德国帝国主义强加给俄罗斯共和国沉重的经济政治负担,暗示是德国在俄罗斯的代理人(指布尔什维克)对俄国利益的出卖,此后做出决议,要求组建俄罗斯共和国的武装力量,并将其军队命名为"人民军"(Народная армия)。② 这一决议是对十月革命之后孟什维克在政治上与布尔什维克进行斗争手段的修正。

5月21—27日,孟什维克在莫斯科召开全党代表大会,与会代表们就对《布列斯特和约》、战争与和平、俄罗斯解体、社会民主党的战略战术等问题做了相关的报告。27日公布的决议《苏维埃与社会民主党的战术》中,提出"以一个联合所有民主力量的政权代替苏维埃政权"的口号。③ 决议做出之后,孟什维克党的领导人之一迈斯基奔赴伏尔加河地区与右翼社会革命党合谋从事反布尔什维克的地下活动。

右派社会革命党在十月革命之后就连续发文抨击革命将俄国推入血

---

① Зубов А. Б. История России. XX век, 1894 – 1939. М. : АСТ., 2010. С. 520.
② ГалилиЗ. Меньшевики в 1918 году. М. : РОССПЭН., 1999. С. 355 – 357.; ГАРФ. ф 1235. оп 19. д 19. Л. 52а – 52б.;[美]亚伯拉罕·阿谢尔编:《俄国革命中的孟什维克》,石菊英、余瑞先译,党校系统内部发行,1985年,第120—121页。
③ РЦХИДНИ, ф. 275, Оп. 1, Д. 56, Л. 17 – 19. ГалилиЗ. Меньшевики в 1918 году. М. : РОССПЭН., 1999. С. 478 – 482.

腥的国内战争之中。① 立宪会议选举之后，右派社会革命党获得多数选票，依据他们当时的观念，他们将获得管理俄罗斯的权利。但是，1918年1月5日事件后，布尔什维克驱逐立宪会议代表，解散了立宪会议，这一举措被右派社会革命党看作是非法行径，排除了它合法参与政治事务进程。不少右派社会革命党党员主张与布尔什维克开展武装斗争，甚至是实施暗杀的手段来刺杀布尔什维克党的领袖。Ф. М. 奥尼波克（Онипко）在1918年1月提出一个暗杀列宁和托洛茨基的计划，但是社会革命党中央委员会反对这一计划，认为"反对布尔什维克，应该用思想的力量；反对反动派，则用武力"。② 事实上，党内的温和派也认为进行武装反抗要从农民那里获得支持非常困难，对于个人暗杀行动更是持反对意见。最终这些建议不了了之。

《布列斯特和约》的签订和苏维埃政府在农村实施的武装征粮活动导致的混乱再次让右派社会革命党看到了武装反抗的机会。1918年5月，右派社会革命党中央委员会不少成员已经决意采取武装斗争的方式来反对苏维埃政权，认为这不仅是形势之需要，也是捍卫俄国革命成果的必然之策。5月7—16日，右派社会革命党在莫斯科召开了第八次党代会。会议决议中提出党的主要政治目标和战略是在"恢复俄罗斯的国家独立和复兴的基础上"，回到二月革命的成果，终止《布列斯特和约》，恢复被破坏的立宪会议和地方自治。并且在会议文献的附录中，作为一种战术，认为有必要引入盟国干涉俄罗斯的内部事务，在盟国遵守某些条件之下，其军队可以驻守俄国，但是不得剥夺俄国领土或者干涉俄国内部的政治生活。③ 这一建议也得到了中央委员会有限度的支持。

此后，右派社会革命党开始积极地与协约国驻苏维埃俄罗斯的各类委员会代表进行会谈。党的领导人 В. М. 切尔诺夫（Чернов）甚至以中央委员会的名义通过塞尔维亚人与协约国进行会晤。Е. М. 季莫菲耶夫（Тимофеев）和切尔诺夫本人则与法国军事顾问团进行了协商。协约国

---

① Дело народа 1917, № 190（27 окт.）. 1917, Дело народа 1917, № 192（28 окт.）Вечерний выпуск. 1917.

② Зубов А. Б. История России. XX век. 1894 – 1939. М.：АСТ, 2010. С. 570 – 571.

③ Партия социалистов - революционеров. Док. и мат. Т. 3. Ч. 2. Октябрь 1917 г. – 1925 г. М., 2000. С. 389 – 390.

代表答应他们，愿意为社会革命党提供帮助，承诺重建伏尔加到乌拉尔以及俄国的北方战线。诚如 В. М. 津季诺夫（Зензинов）在自己的日记中所指出，"我们完全相信了盟国的承诺，并且为这些承诺制订了计划"。① 部分社会革命党领导人开始赴伏尔加河、乌拉尔和西伯利亚等农业地区活动，与秘密的军官团组织联系，进行反苏维埃活动。

除此之外，失去权力的前临时政府成员、高级军官以及立宪民主党领导人，也开始积极地进行反布尔什维克主义活动，与不同的政治力量联合起来活跃在俄罗斯国内的政治舞台上。1918 年 5 月，立宪民主党在莫斯科召开党的代表会议，重新确立了党的策略，其基本点主要是"继续忠于协约国盟国，反对布尔什维克，同德国人做斗争等"。② 在确立本党的策略之后，立宪民主党开始将党的中央委员和党员派往全俄各地区组织同布尔什维克的斗争。

早在党的策略确立之前，立宪民主党的领导人 П. Н. 米留可夫（Милюков）、Н. И. 阿斯特洛夫（Астров）等分别创立了地下组织右翼中心（Правый центр）和复兴联盟（союз возрождения）。前者的主要参与者是军官、工商业资本家、神职人员、帝俄时期的高级行政官僚和杜马议员。其成员中大多数公开反对立宪会议，主张君主制，只有少部分成员愿意实施立宪君主制，进行社会改革，是一个非常保守的组织。③ 后者的成员中则有许多社会革命党、孟什维克党、人民社会党的领导人参加，例如右派社会革命党领导人阿克森齐耶夫、阿尔古诺夫等。复兴联盟主张用武力推翻苏维埃政权，允许暂时的军事专政，不承认《布列斯特和约》，继续站在协约国盟国的立场发动对德国的战争等。④

《布列斯特和约》签订之后，右翼中心的领导人因为对和约持不同的立场而发生分歧。米留可夫主张承认和约，与德国人合作。他寄希望于

---

① HooverInstitutionArchives, B. I. NicolaevskyCollection, box 8, f. 24. 转引自 Коновалова О. В. К истории гражданской войны в россии: В. М. Чернов, Эсеры и Директория. Российская история. № 5. , 2006. С. 51.

② 沈志华主编：《苏联历史档案选编》第 8 卷，社会科学文献出版社 2002 年版，第 592 页。

③ Красная книга ВЧК. Т2. с. 18 – 20.

④ Красная книга ВЧК. Т2. с. 20.

德国人占领莫斯科和彼得格勒之后，能够帮助他们恢复罗曼诺夫王朝的统治，让米哈伊尔大公继承皇位。此后他与在基辅的德国官员进行谈判，希望德国军队能够与基辅的白卫军一起向莫斯科进攻。① 但是大公死于6月13日，德国人也不相信尼古拉二世会与德国签订和平条约，最终放弃了对右翼中心的支持。

米留可夫的亲德立场遭到志愿军的敌视，尽管他主动辞去党的中央委员会主席的职位，以避免把他的行动与立宪民主党联系在一起，但仍然遭到右翼中心和立宪民主党大多数成员的反对，因为他们倾向于与协约国盟国合作。这种对外政策的分歧最终导致右翼中心发生分裂，部分成员开始组建"民族中心"。

民族中心（Национальныйцентр）的主要领导有立宪民主党的党魁之一 Д. Н. 希波夫（Шипов）以及 Е. Н. 特鲁别茨基大公（Трубецкой）等。它的主要目标是推翻苏维埃政权重建"统一不可分割"的俄罗斯。鉴于俄国陷入大混乱时代，民族中心的领导人主张建立个人军事专政，并积极支持南俄志愿军。② 因此，"民族中心"成员后来在南俄地区的邓尼金白卫军政府中发挥重要作用。而"复兴联盟"成员则在西伯利亚、远东地区以及北俄地区的反布尔什维克主义运动中扮演至关重要的角色。

总之，到1918年夏季，苏维埃俄国国内不同的政治势力、社会集团，从保守的君主主义者到社会主义政党都开始通过"民族中心""复兴联盟"等政党组织联合起来，进行共同的反布尔什维克主义运动，对苏维埃政府造成巨大的压力。1918年6月14日，苏维埃中央执行委员会颁布法令，指出右派社会革命党和孟什维克在苏维埃政权非常艰难的时刻诋毁它，并且试图推翻它，他们是明确的反革命分子。因此，全俄中央执行委员会做出决议，开除孟什维克和社会革命党的代表，并建议所有不同类别的工人、农民、士兵委员会中剔除这两党的代表，消除他们存在

---

① Политический архивxx века. Полковник П. Р. Бермонт – Авалов. Документы и воспоминания. Вопрос истории. , 2003. 1. С. 4. ；沈志华主编：《苏联历史档案选编》第8卷，社会科学文献出版社2002年版，第615页注释1。

② Красная книга ВЧК. Т. 2. с. 23 – 26.

的环境。① 这意味着右派社会革命党、孟什维克党人在苏维埃俄国失去了合法活动的权利，他们被划入反布尔什维克主义阵营。

三 捷克军团叛乱与国内战争的开始

第一次世界大战爆发之前，大约有12万捷克侨民生活在俄罗斯。1914年8月第一次世界大战战端启动之后，捷克侨民开始组建隶属于俄罗斯军官领导的武装支队，开赴东线的西南战场与奥匈帝国军队作战。武装支队由744名捷克士兵和26名俄罗斯军官以及133名俄罗斯辅助士兵组成，相当于俄罗斯一个步兵营的编制。② A. A. 布鲁西洛夫（Брусилов）将军在自己的回忆录中写道："这支队伍的历史过短，大本营并不希望将他们送上前线，担心捷克人被俘之后背叛俄国军队。但我一直坚持，后来也证明我是对的。他们作战勇敢。……我总是在战争最为危险和困难的地方派出这支队伍，而他们往往能够完成自己的任务。"③

由于捷克士兵有较高的个人军事素养和追求民族独立的情怀，因此士气高涨，作战顽强。1916年4月，大本营总参谋长 M. B. 阿列克谢耶夫（Алексеев）将军将捷克支队扩编为捷克旅。一年之后，捷克旅的人数增长到7000人。1917年7—8月，又有大约21760名战俘加入。9月26日，俄罗斯大本营总参谋长杜鹤宁将军发布命令，将捷克旅升格为捷克军团，包括两个师和一个预备旅。到1917年秋季，捷克军团已经有3个师，多达4万④余人，成为俄罗斯境内一支强劲的武装力量。

十月革命之后，交战双方的同盟国、协约国都对捷克军团这支生力军展开争夺。1917年12月，同盟国认为俄罗斯境内的捷克军团是奥匈帝国军队的一部分，应当服从奥匈帝国的命令。与此同时，法国政府也颁布命令，宣布捷克军团是法国军队的一部分，应当隶属于法国军官的指

---

① ЗубовА. Б. История России. XX век, 1894 – 1939. М.：АСТ., 2010. С. 570.；徐天新选译：《俄国十月社会主义革命》，商务印书馆1997年版，第111—112页。
② Новиков П. А. Гражданская война в Восточной Сибири. М., 2005, с. 63.
③ БрусиловА. А. Мои воспоминания. М., 2001, с. 155.
④ ГоловинН. Н. Российская контрреволюция в 1917 – 1918 гг. (Т. 2.) М.：Айрис - пресс., 2011. С. 141.

挥。① 同盟国的命令被捷克军团置之不理，但是法国政府的命令被认可，因为协约国一直在以捷克军团参加第一次世界大战为捷克斯洛伐克国家获得独立的条件。1918年1月9日，捷克民族委员会做出决议，承认捷克军团是法国军队的一部分，接受法国军官的领导。

1918年年初，捷克民族委员会主席马萨里克奔赴苏维埃俄罗斯，与布尔什维克进行谈判，希望能够将军团从俄罗斯迁移到法国，与德国军队继续作战；同时向苏维埃政府保证，捷克军团不干预俄国内部的政治事务，但是鉴于苏维埃俄罗斯国内的无政府状态，马萨里克希望捷克军团能够持有武器自卫。

马萨里克和盟军指挥官最初希望捷克军团能够从北俄的阿尔汉格尔斯克和摩尔曼斯克港口乘坐军舰离开，但是考虑到德国军队已经攻占普斯科夫，威胁通往北俄港口的铁路线，这一计划搁浅，而向西经乌克兰抵达法国的路线也被中央拉达政府所截断。3月7日，马萨里克决定将军团经过伏尔加河地区、乌拉尔、西伯利亚到远东的海参崴港口，再乘坐军舰抵达法国。3月26日，苏维埃政府同意捷克军团按照此路线离开，希望能够摆脱这支强大的武装力量。

尽管捷克人具有强烈的民族主义情绪，他们谴责布尔什维克单独与四国同盟签订和约。但是他们的政治情绪又非常左倾，根据当时的观察者所记载，四分之三的捷克士兵是社会主义者，他们秉持中立，尽量不干预俄国事务。② 1917年年底，阿列克谢耶夫曾写信给捷克军团总参谋长季杰里赫斯将军，希望能够调遣捷克军队进攻莫斯科，但是这一建议被拒绝。③ 在马萨里克看来，捷克军团的主要目的就是离开俄罗斯，远赴法国作战。

不过，军团仍然无法避免参与俄罗斯的政治事务。因为军团要经过西伯利亚大铁路，要从沿线城市和村镇得到粮食以及其他生活必需品，需要与伏尔加河、乌拉尔以及西伯利亚地区最有影响力的社会革命党人控制的合作社打交道，这就使捷克人受到社会革命党的影响，同情他们

---

① ПрайсманЛ. Г. Чехословацкий корпус в 1918 г. Вопросы истории. № 5. 2012. C. 81.
② Ричард·ПайпсРусская революция. Ч. 2. М. ：РОССПЭН，1994. C. 304.
③ ПрайсманЛ. Г. Чехословацкий корпус в 1918 г. Вопросы истории. № 5. ，2012. C. 81.

的境遇。另外，捷克军团经过铁路沿线城市的时候，经常会发现苏维埃政府是由他们的仇敌匈牙利俘虏在守卫，双方之间经常发生冲突。

4月下旬，捷克军团奉行的中立政策很快被外在的压力打破。德国政府因为担心1918年夏季西线战役中出现一支强有力的生力军，向莫斯科的苏维埃政府施加压力，希望它尽量将捷克军团拦截在苏维埃俄罗斯境内。4月21日，德国政府在给外交人民委员会Г. В. 齐契林（Чичерин）的电报中指出，"由于德国政府担心日本进攻西伯利亚，它要求在东西伯利亚的德国俘虏向西迁移或者撤退到俄欧地区；同时极力阻止捷克军团向东运动"。① 收到德国政府的电报之后，齐契林感到十分震惊，他向人民委员会建议，不要向大众公布电报的内容，特别是不能让捷克军团知晓。尽管如此，捷克军团在与铁路沿线地方苏维埃政府的交往中对布尔什维克的真实意图愈加怀疑，有关布尔什维克与德国人联系的实据和猜疑也日渐增多。

5月14日，一列载满匈牙利俘虏的俄国火车与捷克军团的军列并排停靠在车里雅宾斯克。在双方相互辱骂的过程中，一名匈牙利战俘掷出的铁块砸伤了一名捷克士兵。作为回应，该军团的捷克士兵袭击了匈牙利人的列车，并将投掷铁块的匈牙利俘虏以私刑处死。这一突发事件被称为"车里雅宾斯克事件"。② 紧随其后，车里雅宾斯克苏维埃政府逮捕了一些参与此次事件的捷克士兵，并强制要求他们交出武器。

"车里雅宾斯克事件"发生之后，捷克军团指挥官之一的盖达（Гайда）③ 大尉相信，捷克军团与布尔什维克的冲突不可避免，他开始主动以非官方代表身份与尼古拉耶夫斯克的反布尔什维克地下军官组织以及社会革

---

① ПрайсманЛ. Г. Чехословацкий корпус в 1918 г. Вопросы истории, № 5, 2012. С. 87.

② ГоловинН. Н. Российская контрреволюция в 1917－1918 гг. (Т. 2.) М.: Айрис-пресс, 2011. С. 146.

③ 盖达（Гайда），捷克斯洛伐克著名的军事领导人和政治家。1892年出生于捷克，1910年开始在奥匈帝国军队服役，第一次世界大战之后转投俄罗斯军队。1918年3月，盖达被任命为俄国境内捷克军团塔特拉兵团团长。1918年5月，领导新尼古拉耶夫斯克的捷克师叛乱，此后担任鄂木斯克捷克军团的指挥官。1919年1月，被高尔察克任命为西伯利亚集团军指挥官，参与1919年的春季攻势，1919年7月被解除军团司令职务。1920年2月返回捷克，参与捷克国内的政治和军事事务，1948年去世。

命党人进行会晤，商讨反苏维埃事宜。① 与此同时，车里雅宾斯克地方苏维埃政府的行为也引起了在此地召开的捷克军事代表大会（5月16—20日）与会者的愤怒。与会代表们做出决议，要求与布尔什维克决裂，停止交出武器。同时还选出了以 С. Н. 齐切克（Чечек）、С. Н. 沃伊采霍夫斯基（Войцеховский）、盖达为首的特别委员会。此后捷克军团包围了车里雅宾斯克火车站，逮捕了当地红军驻军的军官，切断了与外界的电话线。叛乱之势已然形成。

捷克军团在车里雅宾斯克的挑衅行为，也导致了莫斯科苏维埃政府的不满。托洛茨基将其视作叛乱。5月21日，托洛茨基下令逮捕捷克民族委员会在莫斯科的两位领导人，并要求捷克军团就地解散，或加入红军，或加入苏维埃政府的劳动营，如有不从，将关入劳动集中营。4天后，托洛茨基又下达了一个更强硬的命令，宣布捷克军团应该就地向苏维埃政府解除武装。"在铁路线上发现任何一个捷克士兵藏有武器，就地枪毙"，军列携带的武器数量超过规定，所有士兵将被关入集中营。不执行命令，将被视作叛乱，不受法律保护。②

这一命令颁布之后，捷克军团无法继续保持中立政策。5月25日开始，捷克军团发动叛乱，攻占了铁路枢纽站马林斯克和新尼古拉耶夫斯克，切断了西伯利亚与莫斯科之间的电报线和铁路线。此后相继攻占了铁路沿线的城市，解散地方苏维埃政府：5月26日攻占车里雅宾斯克，5月28日夺取奔萨，6月4日夺取托木斯克，6月7日夺取鄂木斯克，6月8日夺取拉脱维亚步兵师守卫的伏尔加河重镇萨马拉。随着军事行动的扩大，盖达大尉被推选为捷克军团的指挥官。捷克军团一系列胜利有效地巩固了他们在伏尔加河的阵地。捷克军团的其他部队则沿西伯利亚铁路在东方不断推进，在8月末最终达到符拉迪沃斯托克和太平洋地区。

捷克军团叛乱改变了苏维埃俄国国内的局势，春季短暂的休战期结束。它不仅改变了俄罗斯国内的军事格局，而且导致其政治格局发

---

① Мельгунов С. П. Трагедия адмирала Колчака. Т. 1. М：Айрис - пресс.，2004. С. 146.
② Головин Н. Н. Российская контрреволюция в 1917 – 1918 гг.（Т. 2.）М.：Айрис - пресс.，2011. С. 146 – 147.

生转变。① 春夏之际密谋进行反布尔什维克主义的各种政治力量乘机在伏尔加、乌拉尔、西伯利亚和远东地区组建政权，弥补当地苏维埃政府被推翻的权力真空，这意味着血腥残酷的国内战争的开始。

6月8日，在捷克军团攻占萨马拉之后，以右派社会革命党人 В. К. 沃尔斯基（Вольский）、阿克森齐耶夫等为首的34名立宪会议代表组建立宪会议成员委员会政府（简写为 КМУЧ，故称克木齐政府）。克木齐政府在向居民的呼吁书中，宣称政府的目标是恢复自由，恢复地方自治机关和临时政府的法律。同时抨击"布尔什维克在社会革命的名义下"将俄国带入专制，"德国军队日益深入我们的腹地"，号召"所有为来之不易的幸福和国家独立奋斗的人们，一定要捍卫人民政权，一定要捍卫俄罗斯"②。新政府的旗帜和奋斗目标是"一切权力归立宪会议"。③ 国旗仍然是象征革命的红旗。

此外，为了与苏维埃政权作战，克木齐还创建了自己的武装力量——"人民军"（Народная армия）。它直接归以 Н. А. 加尔金（Галкин）上校为首的司令部统帅。战略战术亦由大本营制定，政府不得干涉。政委则由罗马尼亚战线的 В. 伯格留波夫和立宪会议成员 Б. К. 福尔图纳托夫担任。军队使用红旗和格里戈耶夫斯基肩章。

6月17日，克木齐政府颁布了"人民军服役条例"。根据这一条例，人民军征兵主要依据志愿原则，士兵的服役年龄不能小于17岁。志愿者在加入人民军的时候，需要签署一份承诺书，承诺服役4个月。为了避免军队再次重蹈临时政府时期"一号命令"④ 的覆辙，条例还规定：士兵

---

① 1919年6月5日，西伯利亚出版的无党派报纸《军事公报》（Военные ведомости）上刊载了一篇纪念西伯利亚地区从"布尔什维克统治之下解放一周年的文章"。这篇文章特别强调指出主要得益以下三个条件：（1）有战斗力的军事组织；（2）社会政治集团；（3）捷克军团的帮助。参见 Военные ведомости 1919 No 147（1919 – 06 – 05）.

② Партия социалистов – революционеров в первые годы советской власти. Вопросы истории, No 6., 2006. С. 17 – 18.

③ Партия социалистов – революционеров в первые годы советской власти. Вопросы истории, No 6., 2006. С. 18.

④ 1917年3月1日，彼得格勒苏维埃给彼得格勒军区卫戍部队发布的第一号命令，要求部队接受苏维埃和士兵委员会领导，此后推广到前线和后方。俄国侨民和不少历史学家都认为"一号命令"的颁布是俄国军队在1917年解体的重要原因之一。参见徐天新选译《俄国十月社会主义革命》，商务印书馆1997年版，第16—17页。

和军官在艰苦的战斗中需要坚决执行来自上级的命令，不能干预政治事务，不能开小差，逃跑者会遭到严厉的处罚。① 军队中，军官和士兵之间用公民称呼。

单独依靠志愿原则仍不足以组建强大的武装力量。6月30日，克木齐政府颁布64号命令，宣布实施普遍义务兵制，将出生于1897年和1898年两个年份的成年男性强制征召入伍，创建正规的人民军。② 到8月，人民军大约动员了3万人。其中，最具战斗力的是极具指挥才能的 В. О. 卡普尔（Каппель）上校领导的2000人的军官团。卡普尔支队在7月初攻克塞兹兰，22日攻克辛比尔斯克，8月6日攻克喀山，夺取了原属沙皇政府数量惊人的黄金储备。

西伯利亚的苏维埃政权被推翻后，6月30日，在托木斯克召开的西伯利亚州杜马会议上，西西伯利亚区域委员会把权力移交给新建立的西伯利亚临时政府。立宪民主党人东方分部主席 П. В. 沃洛戈茨基（Вологодский）③ 担任临时西伯利亚政府部长会议主席，И. А. 米哈伊洛夫（Михайлов）担任财政部部长。临时西伯利亚政府发表声明，它与西伯利亚州杜马一起对西伯利亚的命运负责。但是西伯利亚州杜马不能被视作立法机构，它只是巩固临时西伯利亚政府的工具，不能与政府分享权力。

此后，临时西伯利亚政府宣布废除十月革命后苏维埃政府颁布的所有法令，其中也包括土地社会化法令；1917年革命中被没收的国家、教

---

① Партия Социалистов - Революционеров в первые годы советскои власти. Вопросы истории. , № 6, 2006, С. 19.；Гражданская война на Волге в 1918 г. Сборник первый. Издание Общества Участников Волжского Движения. Прага. , 1930. С. 74 – 75.

② ПионтковскийС. Гражданская война в россии（1918 – 1921г. г.）Хрестоматия. ，Издание коммунистич университета И. М. Я. М. Свердлова Москва. ，1925. С. 232.

③ П. В. 沃洛戈茨基（Вологодский）(1863—1925)，1863年出生于叶尼塞省的教士家庭，1884年从托木斯克古典中学毕业之后考入圣彼得堡大学法律系。参与19世纪晚期俄国的大学生革命运动。1900年后回托木斯克担任律师职务，控告1905年革命中黑色百人团的种族屠杀，此后担任第二届国家杜马代表。主张西伯利亚地方自治，出版《西伯利亚通报》（Сибирский вестник）和《西伯利亚生活报》（Сибирская жизнь）；1917年2月革命之后，担任托木斯克省管理委员会成员；十月革命爆发后，成为坚定的反布尔什维克主义者，1918年6月30日被选举为西伯利亚临时政府主席，此后相继担任全俄临时政府部长会议主席和高尔察克政府部长会议主席，1920年1月流亡中国，1925年死于天津。

会、私人的土地和份地也要归还给原有的业主；宣布经济自由，废除粮食垄断。①

为了战胜布尔什维克政权，临时西伯利亚政府甚至提出"为了取得最后的胜利可以短暂牺牲民主原则"的口号。同时，临时西伯利亚政府依据"铁血原则"组建军队，实施义务兵制。7月31日，颁布命令征召出生于1898、1899两个年份的成年男性入伍，②组建了一支军事力量远超萨马拉克木齐国民军的军队。根据俄罗斯军事历史学家Д. Г. 斯莫诺夫的统计，到1918年9月1日，西伯利亚军队已经有60259名士兵、70门火炮和184挺机枪。③

不仅如此，捷克军团叛乱还改变了协约国盟国在俄欧东部地区的战略计划。协约国盟国喜出望外，找到一支完全可以重建东方战线的生力军，"阻止德国人从西伯利亚获得补给"，同时，也可以产生一个与"西方民主政权相协调的西伯利亚民主政府"。④ 因此，协约国盟国现今要考量的是必须从奔萨到海参崴的铁路沿线制订一个统一的军事计划。英、美、日、法诸国虽然有深刻的内部分歧和不同的利益考量，但是鉴于西线德国已于6月9日发动向巴黎的进攻战役，暂时团结起来，为捷克军团提供武器，希望借助捷克军团和人民军向西发起攻击，牵制德国的兵力。

总之，捷克军团叛乱后，还引起了其他地区的反苏维埃政权浪潮。因此，苏维埃政权的应对是全国性的，是一场全面的国内战争，而捷克军团则深陷俄欧东部地区的国内战争之中。

第二节　国内战争进程概述

一　双方军事力量：红军与白卫军

1917年10月26日颁布的《和平法令》让俄国失去战斗力的旧军队

---

① Собрание узаконений и распоряжений Временного Сибирского Правительства, от 18 июля 1918 г., № 2 с. 11.

② Гинс Г. К. Сибирь, союзники и Колчак. Поворотный момент русской истории. 1918 - 1920 гг. (в 2 - х томах). Том. 1. Пенкин, 1921г, с. 131.

③ СимоновД. Г. Белая сибирская армия в 1918 году. : Новосибирск. , 2010. С. 141.

④ ［美］唐纳德·E. 戴维斯、尤金·P. 特兰尼：《第一次冷战：伍德罗·威尔逊对美苏关系的遗产》，徐以骅等译，北京大学出版社2007年版，第150页。

复员，满足前线士兵梦寐以求的和平愿望。1918年1月解散立宪会议后，苏维埃政权面临各种反对势力的威胁，其中包括武力反叛。同时，苏维埃政权还面临德国军队的威胁。因此，现实的形势迫使苏维埃政府领导人不得不组建新的常备军。1918年1月15日，人民委员会颁布了《组建工农红军的法令》，提出"新军队是苏维埃政权的柱石"，"由劳动群众中最有觉悟和最有组织性的分子组建"，"凡年满18岁的俄罗斯共和国公民均可参加"。① 1月29日又颁布《组建红海军法令》。苏维埃政府开始组建自己的新型军队。根据法令，红军的建军原则主要是依据阶级原则，以吸纳劳动农民和工人为主，它是无产阶级专政的工具。2月23日，刚刚组建的红军在纳瓦尔和普斯科夫一带挫败德军的进攻，后来这一天被定为建军节。

3月，列宁亲自参与军队的组建工作，详细讨论组建新军队的问题。3月4日，成立了负责军事问题的最高军事委员会。10天之后，托洛茨基被任命为最高军事委员会主席。3月15日，全俄中央执行委员会通过了《按自愿原则组建工农红军法令》，明确规定了红军的建军原则之一是自愿参加。② 3月19日，托洛茨基在莫斯科苏维埃发表了《我们需要军队》的主题演讲，阐明了他在军事问题上的立场，坦言为了反抗国际帝国主义和对国外的无产阶级兄弟提供军事上的援助——需要组建一支军队。但现在创建新军队的问题是缺乏纪律。"旧的纪律已经烟消云散，但革命的新纪律还没有建立起来。"③ 显而易见，在托洛茨基看来，新型军队需要集中化和规范化的纪律。

4月8日，人民委员会颁布《乡、县、省和边疆区地方军事管理条例》的法令，组建乡、县、省军事机构，即托洛茨基所说的"军事委员会制"。④ "军事委员会"由一名军事专家和两名军事委员组成。其中军事委员的主要职责之一就是动员农民和工人加入红军。

---

① 徐天新选译：《俄国十月社会主义革命》，商务印书馆1997年版，第110—111页。
② 闻一：《十月革命：阵痛与震动》，广东人民出版社2010年版，第58—59页。
③ Правда. 1918. 21 марта.
④ ВолобуевО. В. Драма российской истории: большевики и революция. М.; Новый Хронограф., 2002. С. 288.; Известия. 1918. 22 мая;

军官是军队的核心，特别是对于一个85%居民是农民的国家而言，则显得更为重要。① 4月22日，最高军事委员会主席托洛茨基向苏维埃中央执行委员会提交吸收帝俄时期的旧军官加入军队的计划。该计划在党内外引起了激烈的争辩，布哈林、斯米尔诺夫、皮达可夫拒绝支持一支集中制的常备军，更不用说是一支沙皇军官来领导的军队。孟什维克领导人Ф. И. 唐恩（Дан）、Ю. О. 马尔托夫（Мртов）则斥责托洛茨基为新的"科尔尼洛夫"。托洛茨基对此辩解道："正如工业需要工程师，农业需要合格的农学家，军事专家是防御必不可缺少的。"② 在列宁的支持下，党内最终同意了他的提议，允许旧军官以志愿者身份加入苏维埃红军。此后，М. Д. 邦奇·布鲁耶维奇（Бонч - Бруевич）③ 等旧军官开始为苏维埃红军服务。

为了加强党对军队的控制以及防止旧军官叛变，布尔什维克党继承并改组了临时政府时期的军队政委制度。红军组建之后，形成了从连一级到总司令的各级政治委员制度，政治委员主要由布尔什维克的党员骨干担任。军队中，军事指挥官和政委的职责有明确的分工：军事指挥官负责军事训练和指挥作战，而政委则负责指挥官行为的忠诚和士气。④ 政委制度的建立加强了布尔什维克对红军的控制和军事指挥官的监督，连邓尼金也承认，"苏维埃政府用巧妙的手段制服俄国将军和军官们的意志和头脑，使他们成为虽不情愿却唯命是从的工具"。⑤

此后，为了控制和监督从白卫军中捕获的继续为红军服务的军官以

---

① Асташов А. Б. Русский крестьянин на фронтах Первой мировой войны. Отечественная история. №2. 2003. С. 73.

② [波兰]伊萨克·多伊彻：《先知三部曲：武装的先知（1879—1921）》，中央编译出版社1999年版，第448、450—452页。

③ М. Д. 邦奇·布鲁耶维奇（Бонч - Бруевич），1870年出生于莫斯科，后考入莫斯科步兵学校和总参学院，参加第一次世界大战，担任北方方面军参谋长和总司令。他是十月革命成功之后，最早一批坚决站在苏维埃立场的帝俄将领之一，先后担任苏俄红军总参谋长、共和国革命军事委员会野战司令部参谋长之职。1956年去世。著有回忆录——《一切权力归苏维埃》（Вся власть Советам. Воспоминания）。

④ [波兰]伊萨克·多伊彻：《先知三部曲：武装的先知（1879—1921）》，中央编译出版社1999年版，第448、456页。

⑤ Деникин А. И. Очерки Русской Смуты (Т. 3.). Берлин.：Слово. ，1924. С. 146.

及在前线遭受调查的军官，对他们的家属实施人质制度，① 以此威慑那些对白卫军持有同情心或者想叛变的军官，使他们为苏维埃红军服务。

1918年3—5月，苏维埃政府派出了数百名宣传员和组织者赴农村和工业中心对贫苦农民、工人进行鼓动，以鼓动他们加入苏维埃红军。到5月10日，红军的人数达到30.6万人，其中以自愿原则加入的士兵高达25万人，另有3.4万名工人赤卫队。70%—90%的志愿者是来自参加第一次世界大战的士兵，71.2%的志愿者是布尔什维克的同情者或布尔什维克党员。②

事实上，这是红军建设的第一个时期，即游击时期和志愿兵时期。红军建设缺乏规范，组织松散，主要依靠的是志愿兵的革命热情和政治觉悟。最高军事委员会颁布的诸多法令和条例仍然是一纸空文，无法落实。因为农夫们总体而言厌倦了战争，工人们则因为生计问题而加入武装征粮队。志愿者们在红军队伍中纪律松弛，缺乏统一的领导，他们可以击败边疆地区少量反叛的哥萨克，但是西伯利亚的数万苏维埃红军在面对强劲的捷克军团之时，被迅速击溃，③ 以至于苏维埃政府不得不向柏林寻求帮助，希望德国政府将在伏尔加河、西伯利亚地区的匈牙利战俘继续留在俄罗斯境内，与捷克人作战。

随着捷克军团叛乱和俄欧东部地区苏维埃政府被推翻，迫使列宁和托洛茨基等布尔什维克领导人改变苏维埃政府的军事政策。托洛茨基和最高军事委员会中的前沙皇政府的将军们一致认为，依靠自愿原则并不能组建强有力的军队，主张实行全民义务兵制。叛乱发生后的第四天（5月29日），苏维埃政府颁布了《组建工农红军法令》，④ 宣布对顿河、库班、捷列克以及两个首都的工人和贫苦农民进行强制动员，再是其他地方的铁路工人和工作人员，服役期限为6个月。从6月起，每个参加红军

---

① 沈志华主编：《苏联历史档案选编》第三卷，社会科学文献出版社2002年版，第98、102页；沈志华主编：《苏联历史档案选编》第一卷，社会科学文献出版社2002年版，第223页。

② ВолобуевО. В. Драма российской истории: большевики и революция. М.: Новый Хронограф.，2002. С. 288.

③ Ричард · ПайпсРусская революция. Ч. 2. М.：РОССПЭН.，1994. С. 307.

④ Постановление ВЦИК о принудительном наборе в Рабоче－крестьянскую АРМИЮ：http：//www.hrono.ru/libris/lib_l/dekret_rkka.html.

的士兵每月可以获得150—250卢布的津贴。与此同时，政府也根据自愿原则，对沙皇军队中的旧军官和总参谋部的军官登记在册。①

同年7月召开的第五次全俄苏维埃代表大会进一步强化了加强红军队伍建设的措施。当时颁布的第一部苏维埃宪法规定，所有成年男性公民都有服兵役的义务。同时废除了指挥员的选举制度，引入军衔制。7月29日，莫斯科再次颁布了两个法令，奠定了以后红军发展的基础：第一个法令宣布对18—40岁的成年男性实行义务兵制；第二个法令则对1892—1897年出生的军官强制征召，开始大规模起用帝俄时期的旧军官，利用他们的职业素养来为红军服务。② 很快，红军在职业军官的帮助下，作战能力和军队纪律都有很大的提升。

9月2日，全俄苏维埃中央执行委员会通过了将苏维埃共和国转变为军营的决议，规定全体公民不分职业和年龄，都应当无条件履行苏维埃政权所赋予的保卫祖国的义务。当天，还成立了俄罗斯苏维埃共和国革命军事委员会，以及设置最高总司令部。托洛茨基担任革命军事委员会主席，领导全国所有的军事机关和战线。

到1918年秋季，苏维埃政府已经建立了一支正规红军。根据最初的计划，红军的征兵人数为100万人。但是鉴于德国革命形势的发展，列宁在10月1日给托洛茨基和斯维尔德洛夫的指令中，指出为了"援助国际工人革命"，到1919年春季之前组建一支300万人的红军队伍。③ 命令颁布之后，苏维埃政府实施全面动员，组建了一支人数庞大的作战队伍。从1918年12月—1920年年底，苏维埃红军动员的具体数额如表1-1所示。④

表1-1　　　　　　1918年12月至1920年年底红军人数统计

时间	红军总人数	前线战斗人员
1918年12月	800000	285000

---

① Ричард·ПайпсРусская революция. Ч. 2. М.：РОССПЭН.，1994. С. 307 - 308.
② Ричард·ПайпсРусская революция. Ч. 2. М.：РОССПЭН.，1994. С. 308.
③ 《列宁全集》第48卷，人民出版社1985年版，第359页。
④ ЗубовА. Б. История России. XX век，1894 - 1939. М.，2010. С. 564.

续表

时间	红军总人数	前线战斗人员
1919 年年初	1630000	465000
1919 年年底	3000000	1500000
1920 年年底	5500000	2400000

根据 1920 年的统计数据，550 万红军中 77% 的士兵由农民组成，15% 的士兵由工人组成，余下 8% 则是其他社会阶层。布尔什维克党员则在军队中发挥先锋模范作用，其人数亦快速增长，由 1918 年的 3.5 万人增长到 1920 年 8 月的 27.8 万人。① 苏维埃红军明显具有工农队伍的特色。

白卫军作为俄罗斯国内战争时期反苏维埃政权的军事力量，它包括邓尼金领导的南俄白卫军、高尔察克领导的东方白卫军以及尤登尼奇领导的西北白卫军。与苏维埃红军不同，白卫军的骨干力量主要是第一次世界大战时期的军官团和哥萨克。

自 17 世纪以来，军官团中的中高级职位往往由贵族世袭。18—19 世纪大量的平民子弟因为战功而被授予爵位，加入军官团，但总体而言，它没有改变军官团所具有的贵族特色。根据 1912 年的统计数据，俄罗斯军官团中 56.3% 的军官是由贵族担任，25.7% 是出自匠人和农夫之子，13.6% 是来自低级官僚家庭，余下的则是来自神甫、商人家庭。② 军官团的总人数大约有 4 万人。

第一次世界大战开始之后，迅速改变了军官团的社会结构。军官们出于贵族的荣誉和爱国主义情感的激发，往往以身作则，冲杀在一线，激励士兵们与之奋勇杀敌。其后果之一便是俄国的贵族军官团损失殆尽，沙皇政府不得不擢升普通军士来担任基层军官，此外还通过短期培训将大量的工农子弟授予准尉军衔，送往战场。③ 到 1917 年秋季，俄国军官

---

① ВолобуевО. В. Драма российской истории: большевики и революция. М.; Новый Хронограф, 2002. С. 288 – 289.

② Волков С. В. Трагедия Русского офицерства. М., 2001. С. 14.

③ КонстантиновС. В., Оськин М. В. Русские офицеры военного времени. 1914 – 1917 гг. Вопросы истории. №8. 2009. С. 107 – 111.

团总计25万人，大约22万人是战争时期所培训和擢升的临时军官，其人数远远超过战前的正式军官人数的4—5倍。其中80%的军官出身农民，4%的军官出身贵族，余下的则来自城市中等阶层和工人阶级。① 总而言之，俄罗斯的军官团在第一次世界大战期间，其社会组成成分发生了巨大的变化，他们绝大多数出身工农子弟且深受革命风潮的影响。而对于总参谋长 М. В. 阿列克谢耶夫（Алексеев）将军、西南方面军司令 А. А. 布鲁西洛夫（Брусилов）将军等高级将领而言，他们的目标是组建一个负责任的政府，实施更有效率的动员，在第一次世界大战中取得对中欧列强战争的胜利。

随着布尔什维克取得十月革命的胜利以及颁布《和平法令》，俄罗斯帝国的军队完全解体。② 这引起军官团中部分军官的不满，前总参谋长 М. В. 阿列克谢耶夫于11月2日从莫斯科逃离，奔赴顿河地区建立武装组织，以武力对抗布尔什维克。在阿列克谢耶夫的呼吁下，来自彼得格勒、莫斯科以及西南战线的部分士官生、军校学员和军官集结在新切尔卡斯克，组建了以阿列克谢耶夫名字命名的"阿列克谢耶夫组织"（Алексеевская организация）。③

此后，随着邓尼金、科尔尼洛夫将军、艾尔杰里上校等军官的加入，更名为志愿军。根据苏联军事历史学家的统计，志愿军3700名参与者中有2350名是参加过第一次世界大战的军官，余下的则是从士官生学校毕业的军校学员、士官生和大学生。④ 他们的出身并非如同20世纪20年代苏联领导人所描述，源自地主和资产阶级家庭，恰恰相反，白卫军的军官团主要是源自俄国社会中的中等阶层和农夫之子。⑤ 根据俄罗斯历史学者的最新研究，南俄白卫军的军官团具有明显的平民化特征，大部分的

---

① Кавтарадзе А. Г. Военные специалисты на службе Республики Советов. 1917 – 1920 гг. М.：Наука.，1988. С. 27.

② Военная интервенция и гражданская война в россии. М.，2009. С. 35 – 54.

③ Цветков В. Ж. Генерал Алексеев（Путь русского офицера）. М.：Вече.，2014. С. 379 – 399.

④ Кавтарадзе А. Г. Военные специалисты на службе Республики Советов. 1917 – 1920 гг. М.：Наука.，1988. С. 35.

⑤ Кавтарадзе А. Г. Военные специалисты на службе Республики Советов. 1917 – 1920 гг. М.：Наука.，1988. С. 35 – 36.

白卫军官出自下层阶级。根据对 650 名服役的南俄白卫军官的社会出身成分分析便可以得出上述结论。①

表 1-2　　　　　　　　650 名南俄白卫军官出身统计　　　　　　单位：人

军官的阶层	贵族	教士	官员	富农	哥萨克	农民	小市民
正式军官	20	6	21	10	25	27	30
临时军官	16	18	49	21	96	231	80
总数	36	24	70	31	121	258	110

军官们之所以参加白卫军，原因在于他们对布尔什维克带有强烈的憎恨情绪，因为革命"剥夺了他们的一切"，失去军队的庇护之后，他们备受欺凌，往日的荣光变成今日的羞耻。② 不少从彼得格勒和莫斯科逃往新切尔卡斯克的士官生在自己的回忆录中承认，十月革命之后两个首都发生的对军官的仇恨事件让他们内心恐怖，他们要迅速逃离；除此之外，他们还有浓烈的爱国主义情感，希望俄国最终能够赢得对德国战争的胜利。③

哥萨克则是白卫军中另外一支重要力量。数个世纪以来，哥萨克一直是俄罗斯帝国正规军的组成部分，拥有极高的战斗力。哥萨克以服务帝国军队获得特权，占有大量的土地。1917 年俄罗斯帝国境内一共有 13 支哥萨克军，总计 450 万人，其中有 48 万人服军役。④ 第一次世界大战

---

① Кулаков В. В., Каширина Е. И. Белый режим юга России. (1917 – 1920 гг.). Краснодар., 2007. С. 79.；此外，俄罗斯历史学者罗曼申娜也分析过邓尼金、高尔察克、尤登尼奇三支白卫军登记在册的 1080 名军官名录，当中 370 人是农夫出身，占 34.3%；匠人出身的 219 人，占 20.3%，9.8% 出身官员之家，市民 5.2%，商人 3.3%，哥萨克 4.2%。这再一次证明了白卫军并非资产阶级——地主的军队，他们是由不同社会阶层代表所组成。参见 Романишина В. Н. Белые：Кто они. Родина., 2008. №3. С. 21。

② Orlando Figes, *A People's Tragedy: The Russian Revolution*, 1891 – 1924. New York: Penguin Books, 1998, p. 556.

③ Волков С. В. Зарождение добровольческой армии (Россия забытая и неизвестная.). М., 2001. с. 64.

④ Романишина В. Н. Социальный состав и идеология Белого движения в годы гражданской войны в России, 1917 – 1920 гг. дисс…канд. ист. наук. М., 2001. С. 37.

削弱了哥萨克的人力资源和经济发展前景。从1915年8月开始，顿河哥萨克动员12.5万人、库班哥萨克动员9.7万人加入俄罗斯帝国军队作战。① 战争时期，由于大量的成年男子进入前线，人手不够，大量的耕地抛荒，谷物减少，收入下降。许多哥萨克家庭由富裕之家破产，怨声载道，哥萨克亦厌倦战争，希望和平。

二月革命的发生对哥萨克居民而言是出乎意料的大事件，哥萨克人对彼得格勒的权力更替不在意，他们更希望的是哥萨克地区获得自治，过自己独立的不受中央权力变革影响的平静生活。顿河哥萨克甚至一度幻想能像芬兰和爱沙尼亚一样成为独立国家。② 因此，哥萨克政府不承认苏维埃政权。到11月底，顿河、奥伦堡、外贝加尔等地区的哥萨克开始组织反布尔什维克活动。

不仅如此，俄欧中央地区的右翼政党以及军人组织也把目光放到边疆地区的哥萨克群体。科尔尼洛夫、阿列克谢耶夫、邓尼金等人都会聚到顿河首府新切尔卡斯克。而哥萨克为了捍卫自己的经济地位、特权以及生活方式，也站到了苏维埃政府之对立面，双方结合在一起，共同武力对抗苏维埃政权。到1918年秋季，南俄白卫军中有大约5万名顿河哥萨克和3.55万名库班哥萨克在战斗，乌拉尔和奥伦堡的哥萨克也组建了27个团2万余人的骑兵部队。③ 而为苏维埃政权作战的哥萨克人数则少得多。根据统计数据，到1918年秋季，东方战线红军中有4000名奥伦堡哥萨克，南方战线红军仅有14个哥萨克团。1919年年底，在全俄中央执行委员会哥萨克工作部的报告中，特别指出20%的哥萨克捍卫苏维埃政权，而余下的70%—80%是支持白卫军。④

需要指出的是，高尔察克的东方白卫军中还有一支劲旅，是由沃特金斯克—伊热夫斯克工人组成。1918年8月，沃特金斯克—伊热夫斯克工厂的工人爆发反对布尔什维克的叛乱，叛乱者大约有6300人，其中包

---

① Ермолин А. П. Революция и казачество. (1917–1920 гг.). М., 1982. С. 25–26.
② 《俄罗斯学者谈前苏联十月革命以后的国内战争》，http://military.china.com/zh_cn/history2/06/11027560/20060217/13101826.html.
③ Романишина В. Н. Белые: Кто они. Родина, 2008. №3. С. 20.
④ Романишина В. Н. Белые: Кто они. Родина, 2008. №3. С. 20.

括300名军官、3000名工人和3000名前线士兵。① 到9月底，已经组建了一支强有力的军队，包括2万人的伊热夫斯克战士和1.5万人的沃特金斯克战士，其中0.8万—1万名士兵在前线作战。高尔察克将军政变成功之后，成为其麾下汉任将军领导的西方集团军的骨干力量。

不少俄国军事历史学家都指出，恰恰是军官团和哥萨克这两个核心社会集团保障了白卫军的战斗力。② 但是随着白卫军继续扩张，它不得不强制动员农民和其他社会成员加入军队。东方白卫军主要是动员西伯利亚的猎人、农夫，南俄白卫军则以俘虏的红军战士和农民为主，西北白卫军主要是依靠志愿者。到1919年秋季，白卫军各支在前线战斗人员具体数额如表1-3所示。③

表1-3   1919年秋季白卫军各支战斗人员人数

白卫军战线	步兵人数	骑兵人数
南俄白卫军	107395	45687
东方白卫军	95547	22581
西北白卫军	17800	700
北方白卫军	20000	
总数	240742	68968

大量的工人、农民、知识分子、商人、城市中等阶层被征募进入白卫军，也悄然埋下了它失败的种子。阶层的异质性导致其内部对于俄国社会的发展前景和追求的目标不一致：军官们试图重振军队，反对《布列斯特和约》，希望继续与德国战争直到取得最后的胜利；资产阶级则要求夺回自己失去的财产；哥萨克寻求地方自治；知识分子呼吁召开"万能"的立宪会议；沙文主义者则主张与布尔什维克斗争，恢复俄罗斯帝

---

① Воинов В. М. Офицерский корпус белых армий на Востоке страны (1918 – 1920 гг.). Отечественная история, 1994. №4. С. 54.

② Кулаков В. В., Каширина Е. И. Белый режим юга России (1917 – 1920гг.). Краснодар, 2007. С. 79.

③ Слободин В. П. Белое движение в годы гражданской войны в России (1917 – 1922 гг.). М.: МЮИ МВД России., 1996. С. 50.

国昔日的荣耀。①

二 主要阶段和战线

1918年夏季，苏维埃政权短暂的和平喘息时期结束。随着捷克军团叛乱以及克拉斯诺夫领导的顿河哥萨克军向沃罗涅日和察里津进攻，苏维埃俄国陷入残酷的国内战争时期。此时，军事问题变成了布尔什维克党最主要的问题。正如列宁所指出，"我们的国家又陷入了战争，现在革命的结局完全取决于谁在这场战争中取胜"。② 9月2日，全俄中央执行委员会宣布苏维埃共和国为统一的军营。一切军事行动和军事机关的活动均集中由共和国革命军事委员会领导。除东方面军已有的5个集团军之外，还将红军的作战部队分别组成北方面军（第6、7集团军），南方面军（第8、9、10、11、12集团军）和西部防区（1919年2月之后改为西方面军）。

针对当时国内的战争态势，苏维埃政府领导人认为最严重的威胁是来自伏尔加、乌拉尔地区的捷克军团和克木齐的人民军。因此，东方战线被列宁视作首要的、具有决定意义的战线。③ 8月，东线苏维埃红军重组5个集团军和伏尔加河舰队，任命 И. И. 瓦采季斯（Вацетис）为苏维埃红军东方面军总司令、М. Н. 图哈切夫斯基（Тухачевский）为第5集团军司令、Р. И. 别尔津（Берзин）为第3集团军司令、В. И. 邵林（Шорин）为第2集团军司令。革命军事委员会主席托洛茨基亦亲临前线，驻守斯维尔亚斯克车站，整顿军纪，督战。④ 红军作战的主要目标是夺取伏尔加河中部地区的喀山、辛比尔斯克、萨马拉等战略要地，防止克木齐的人民军渡过伏尔加河右岸，向莫斯科发动进攻。

9月初，瓦采季斯指挥的苏维埃红军东方面军沿喀山到辛比尔斯克长达5千米的战线上发动全面反攻，В. О. 卡普尔（Каппель）上校领导的人民军不敌红军，在混乱中匆忙后撤。9月10日，红军攻陷喀山，2天之

---

① Кулаков В. В., Каширина Е. И. Белый режим юга России (1917 – 1920ГГ.). Краснодар, 2007. С. 79.

② 《列宁全集》第35卷，人民出版社1985年版，第12—13页。

③ 《列宁全集》第35卷，人民出版社1985年版，第1—15页。

④ 闻一：《十月革命：阵痛与震动》，广东人民出版社2010年版，第161—168页。

后，攻陷辛比尔斯克。人民军夏季征募的士兵纷纷开小差，整个战线开始崩溃。

面对丢失伏尔加河地域的情况，立宪会议成员委员会政府于9月23日在乌法国务会议上，同意与临时西伯利亚政府联合，组建以社会革命党人 Н. Д. 阿克森齐耶夫（Авксеньтьев）为首的全俄临时政府——五人执政内阁。其中俄罗斯复兴联盟的领导人之一 В. Г. 博尔德列夫（Болдырев）中将则担任全俄临时政府总司令。他竭尽全力挽救前线的战局，将人民军的余部与临时西伯利亚政府的军队联合起来。① 此后，沃伊采霍夫斯基领导的捷克师和卡普尔领导的人民军在乌拉尔山前地带遏制住了红军东方面军先头部队的攻势，并且将1.5万余名沃特金斯克—伊热夫斯克的叛乱者从红军的后方挽救出来，组建为工人师。

由于前线的军事失利，后方的保守政治势力以及军人要求实施军事专政。1918年11月18日，鄂木斯克发动政变，执政内阁被废除，高尔察克被选举为最高执政和全俄军队总司令。他积极备战，准备在1919年春季向苏维埃红军发动新的攻势。

1918年8—10月，南俄地区的大顿河哥萨克军阿塔曼 П. Н. 克拉斯诺夫领导哥萨克军队向察里津和沃罗涅日方向发起攻击。邓尼金则领导志愿军向北高加索地区发起第二次库班进军，肃清了北高加索的红军，为南俄白卫军取得一块发展的基地。

1918年11月11日，德国与协约国签订《康边停战协定》，第一次世界大战结束。协约国领导人一方面为俄罗斯国内战争中的红军和白卫军双方进行调停，希望他们能够派出代表参加王子岛和谈；另一方面协约国政府出于自身利益的考量为白卫军提供军事物资援助，甚至是直接出兵干涉。1919年年初，法国和希腊军队登陆敖德萨，占领乌克兰南部地区和俄罗斯黑海沿岸的重要港口城市。

1919年发生在东线、南线和西北战线的战争是决定苏维埃红军和白卫军双方命运的事件。红军和白卫军都竭尽所能对其控制区域内的人力资源进行动员，组建庞大的军队，并且希望一举击败对方，赢得战争的

---

① В. Г. Болдырев Директория, Колчак, интервенты. Новониколаевск: Сибкрайиздат., 1926. С. 54 – 62.

最后胜利。

1919年春季，高尔察克不顾乌拉尔地区道路上的积雪未融，就下令于3月开始春季攻势。他的主要目标是夺取并巩固伏尔加河地区。其后，东方白卫军便可以从中部直指莫斯科，或者与阿尔汉格尔斯克的北方白卫军联合，采取中北战略，若能幸运地与南俄白卫军取得联系，就采取中南战略。

3月4日，高尔察克的东方白卫军以乌法—萨马拉一线为中心向东线的苏维埃红军发起全面进攻。盖达领导的西伯利亚集团军突破红军第2、第3集团军的结合部，相继夺取了沃特金斯克、萨拉布尔、伊热夫斯克等战略重镇。3月6日，汉任领导的西方集团军则向 M. H. 图哈切夫斯基（Тухачевский）统帅的遭到削弱的红军第5集团军发起进攻。3月14日，西方集团军夺取乌法，到4月中旬，相继夺取布古利马、别列别伊、布古鲁斯兰等地。4月12日，高尔察克发出了向"伏尔加河进军"的命令，① 白卫军向喀山、塞兹兰和辛比尔斯克地域发起进攻，夺取向伏尔加河渡河的桥头堡阵地。

由于高尔察克的东方白卫军有突破伏尔加河的趋势，东方战线如同1918年的夏秋之际一样，再次成为主要战线。布尔什维克党中央四月全会讨论了加强东线的具体措施。上万名来自俄欧中央地区的先进工人、共产党员被动员起来加入东方面军。东方面军被划分为南北两个集群，以 M. B. 伏龙芝（Фрунзе）领导的南方集群（第1、4、5和图尔克斯坦集团军）为主要反攻力量。② 南方集群从4月28日开始发动反攻，一直持续到7月24日。经过数次战役，红军相继攻占了乌拉尔山麓的叶卡捷琳堡和车里雅宾斯克。车里雅宾斯克战役使高尔察克的东方白卫军遭受重创，被赶出乌拉尔地区的高尔察克东方白卫军开始向西伯利亚地区和图尔克斯坦地区溃退。

1919年春夏之际苏维埃政府将主要的军事力量和物资集中于东方战线之时。南俄地区邓尼金领导的白卫军也于5月初向顿巴斯和察里津方

---

① Ходяков М. В. Новейшая история россии：1914－2002（Учебное пособие）. М., 2004. С. 115.

② 沈志华主编：《苏联历史档案选编》，社会科学文献出版社2002年版，第228—229页。

向发起进攻。6月24日，В. З. 迈—马耶夫斯基（Май-Маевский）将军领导的志愿军夺取哈尔科夫，6月29日夺取叶卡捷林诺夫拉夫。6月30日，弗兰格尔将军领导的高加索集团军夺取察里津。

7月3日，邓尼金在察里津发布"向莫斯科进军"法令。根据法令的内容，弗兰格尔领导的高加索集团军向东南方向经过奔萨—下诺夫哥罗德—弗拉基米尔，再向莫斯科发起进攻；В. И. 西多林（Сидорин）领导的顿河集团军则向沃罗涅日方向发起攻击；迈—马耶夫斯基统帅的志愿军则按照最短的路线向莫斯科进军。

邓尼金的南俄白卫军攻势发动之后，一度取得连续的战役胜利。布尔什维克中央委员会再次将南方战线视作主要战线。列宁也发出"大家都去同邓尼金作斗争"的号召，要求动员彼得格勒、莫斯科、叶卡捷琳诺斯拉夫等城市2万名工人加入南方战线，与邓尼金的白卫军作战。[①] 此后，根据南方方面军总司令 А. И. 叶戈罗夫（Егоров）的统计，在10月的前两个星期，莫斯科就动员了1.36万名工人加入军队，进入前线与南俄白卫军作战。[②] 不仅如此，随着 К. К. 马蒙托夫（Маонтов）领导的顿河军在苏维埃红军后方的奔袭，也对布尔什维克领导人造成巨大的震荡和恐慌，以至于托洛茨基都发出"无产阶级——请上马"的号召，扩建苏维埃红军的骑兵军，任命米罗诺夫为第二骑兵军指挥官，并多次在给总司令瓦采季斯的电报中，要求拦截马蒙托夫的白卫骑兵军。[③] 除此之外，还从图尔克斯坦方面军、东方面军抽调部队加入南方战线，大大增强了南方方面军的兵力。

9月20日，А. П. 库捷波夫（Кутепов）将军领导的志愿军第1军夺取库尔斯克，10月13日夺取奥廖尔。但是此时在图拉城已经聚集了数倍于白卫军先头部队的苏维埃红军精锐部队。10月20日，红军发起反攻，击败库捷波夫领导的志愿军第1军，重新夺回奥廖尔。与此同时，А. Г. 什库罗（Шкуро）和马蒙托夫领导的顿河骑兵军由于缺乏步兵的配合以

---

① Ленин. В. И. Неизвестные документы. 1891 – 1922 гг. М.：РОССПЭН.，2000. С. 286.；沈志华主编：《苏联历史档案选编》第三卷，社会科学文献出版社2002年版，第247—248页。

② Егоров А. Е. Разгром Деникина (Путь русского офицера). М.：Вече.，2012. С. 202

③ 沈志华主编：《苏联历史档案选编》第三卷，社会科学文献出版社2002年版，第391—392页。

及长期作战而劳累不堪，特别是捷列克哥萨克师调离前线去镇压马赫诺起义军，严重削弱了顿河骑兵军的力量，最终被布琼尼领导的红军第1骑兵军击败。① 10月24日，顿河军从沃罗涅日溃退。各条战线上的南俄白卫军开始后撤，夏秋之际攻占的地域全部丢失。

1920年年初，红军从东方战线调集兵力继续反攻，攻占顿河畔的罗斯托夫。此后三个月的战斗中，白卫军被俘4万余人，残部向新罗西斯克溃逃。3月下旬，图哈切夫斯基统帅的红军第5集团军攻入新罗西斯克，南俄白卫军3万余人残部在丢弃一切辎重之后匆忙撤入克里米亚半岛。② 邓尼金亦将南俄罗斯武装力量总司令的职位移交给弗兰格尔，自己乘坐军舰远赴英国。

当邓尼金在南俄取得军事胜利之时。尤登尼奇将军领导的西北白卫军1.5万余人也于1919年9月28日向彼得格勒发起进攻。在半个月的战斗中，西北白卫军连续攻克普斯科夫、扬堡等城，并于10月中旬攻占红村和加特契纳等战略要地。10月21日，红军第7集团军在新任集团军司令Д. Н. 纳杰日内（Надежный）的指挥下，经过5天准备，向停驻在彼得格勒附近的立古沃—红村—儿童村—科尔皮诺战线上的白卫军发起反攻。到11月中旬，西北白卫军连续丢失扬堡和格多夫，逃入爱沙尼亚境内。1920年年初，尤登尼奇下令解散西北白卫军。

经过1919年的决定性战斗，各支白卫军相继被击败，苏维埃政权进一步巩固。1920年4月至11月的苏波战争结束后，苏维埃红军开始调集兵力全面进攻弗兰格尔在克里米亚的白卫军。1920年9月21日，伏龙芝担任南方方面军总司令，制订全面向克里米亚进攻的战役计划。10月26日，南方方面军发起总攻，经过半个月的战斗，红军第一骑兵军、第二骑兵军于11月12日攻入克里米亚半岛。弗兰格尔率领近15万难民乘坐英法军舰撤离克里米亚半岛，逃亡西欧。国内战争结束。

总之，以红军和白卫军的军事行动为主线，俄罗斯国内战争的进程

---

① Егоров А. Е. Разгром Деникина（Путь русского офицера）. М.：Вече.，2012. С. 207；253 -277.

② Гончаренко О. Г. Тайны белого движения：побед и поражения（1918 - 1922года）. М.：вече.，2004. С. 222.

大体上可分为三个阶段：1918 年夏—1919 年夏，东方战线为主战场，南方战线为侧翼；1919 年夏—1920 年春，南方战线为主战场，西北战线为侧翼；1920 年春—1920 年冬，红军与波兰作战并肃清南俄白卫军。

第二章

东方白卫军

捷克军团叛乱之后，从伏尔加河地区到远东的广阔领土上一共成立了19个地方政权。① 这些政府的主要旗帜是"一切权力归立宪会议，废除《布列斯特和约》"，要求回到俄国二月革命的成果。因此，它们也被布尔什维克领袖列宁称为"民主反革命"。1918年秋季，随着红军在伏尔加河的军事胜利，俄罗斯东部的保守主义者和右翼立宪民主党以及部分军官团要求建立军人专政，将权力集中于一人之手，最终发生了11月18日的鄂木斯克政变，导致俄罗斯东部地区的权力落入高尔察克之手。

第一节 从执政内阁走向高尔察克的军事专政

一 乌法国务会议

1918年秋季，俄欧东部、西伯利亚和远东等地出现了19个地方政权。这些政府的主要领导力量是右翼社会革命党、孟什维克统一派、立宪民主党等。军官团在各地方政府的军队中发挥核心作用。这些地方政府不同程度地表现出分离趋势，都要求从以布尔什维克为首的俄欧中央地区脱离出来。面对俄欧东部地区四分五裂的局面，驻守车里雅宾斯克的捷克民族委员会在1918年夏季向各地方政府、政党发表了一份创建全

---

① ФилатьевВ. Катастрофа Белого движения в Сибири：1918 – 1922гг. Впечатления очевидца, сост. Квакин. А. В. Окрест Колчак：докумкнеы и материалы. М：АГРАФ., 2007. С. 189–190.

俄政府的呼吁书，号召"创建一个统一的中央政府，重建民主俄罗斯共和国，拯救俄国革命的成果和巩固人民权利"。① 呼吁书中同时也指出捷克军团奋战三个月，倍感疲惫，"尽到了斯拉夫兄弟的责任"，希望俄罗斯各地方政府团结一致，组建共同的军事力量与苏维埃红军作战。

克木齐政府和临时西伯利亚政府积极响应，他们都希望召开一次特别议会来解决建立统一政权的问题，以此继续领导全俄罗斯的反布尔什维克力量。1918年6月15—16日在车里雅宾斯克举行了第一次会议。英法军事使团、捷克民族委员会和"复兴联盟"都派出代表参加。与会者经过再三讨论和商量之后，要求召开一次新的国务会议来组建新的全俄政府。俄罗斯各地方政府、现有的立宪会议成员和各政党的中央委员会都可以派代表参加。国务会议被委托给立宪会议成员委员会（克木齐政府）和西伯利亚临时政府筹备和组织。对于国务会议的举办地址进行过几次公开讨论，鉴于车里雅宾斯克太过遥远，很多地方代表不能赶赴参加会议，特别是哥萨克军代表和一些边疆民族自治政府的代表难以赴会，最终会议的地址改在乌法，时间也重新定在9月。

1918年9月8日乌法国务会议召开。出席会议的代表有142人②，分别来自立宪会议成员委员会、临时西伯利亚政府和乌拉尔州政府、7支哥萨克军、右翼社会革命党、孟什维克统一派、民族自治人士、立宪民主党等。与会代表一共提交了12份宣言，表明自己的观点和立场。

与会代表对创建统一政府表现出两种不同的倾向：以右翼社会革命党和劳动人民—社会党（трудовая народно‐социалистическая партия,

---

① Докладная записка чехословацкого Национального Совета（отделения для России）по поводу вопроса о создании центрального всероссийского правительства. АОР, ф. XXIX, д. № 245, л. 104.：http：//scepsis. net/library/id_2896. html, 2013. 6. 10.

② 对于乌法国务会议的参加人数存有争论。会议的参加者 Л. А. 克罗尔教授在自己的回忆录中记载的是142名代表，其中70人是来自立宪会议代表，32人是地方政府和哥萨克代表，12人是政党代表，余下的是社会组织代表。而会议的另一出席者社会革命党人 А. 阿尔古诺夫记载人数超过200，中国学者解国良副教授采用的是142人数据。本书采用的是克罗尔教授记载的数据142人。参见 Кроль Л. А. За три года. Владивосток.，1921. с. 130；АргуновА. А. Между двумя большевизмами. Paris. 1919：http：//socialist. memo. ru/books/html/argunov/argunov. htm；解国良《俄国社会革命党研究（1901—1925）》，社会科学文献出版社2012年版，第292页。

简写为 энéсы）① 代表为主的多数人认为应该创建一个"责任政府"，即执行机关要对立法机关负责，政府要以立法机关的法律为准绳。换言之，即全俄临时政府应当遵守立法机构的法律原则，不能破坏立宪会议的权力和它所通过的立法决议。全俄临时政府是对立宪会议负责的政府。② 但是对制定法律的立法机构存在争论，穆斯林代表认为应该以旧有的立宪会议为准；孟什维克党人迈斯基则要求尽快重新进行立宪会议的选举，在此之前由1917年选举的立宪会议负责。③ "无限责任政府的方案"主要是由立宪民主党提出，它认为在国内战争的状态下，"政府的活动不应该受到立法机构的干涉"。④ 只有这样，才能迅速建立强力政权，集合人力、物力，创建一支纪律严明、具有战斗力的军队，战胜布尔什维克和继续反对德国的战争。

立宪民主党人的方案得到7支哥萨克军、俄罗斯复兴联盟、临时西伯利亚政府和工商业集团代表的认同。鄂木斯克立宪民主党领袖 B. A. 扎尔杰茨基（Жардецкий）在此次大会上表达了要求建立强力政府的心声，认为要从革命的幻觉中清醒过来，社会舆论得出的结论是国家不可避免地会走向专政，专政者的权力应不受任何代表的监督。专政者"既不是夸夸其谈的克伦斯基类型，也不是书呆子不沾权力的切尔诺夫类型"。⑤ 复兴联盟代表博尔德列夫则认为根据人民主权原则，召开立宪会议建立责任政府，这一目标在目前国内战争的形势下并不适宜。当下的主要任务是建立囊括各政党代表和军人代表在内的5—6人的执政内阁，只有这样才能实现建立强力政权，组建有战斗力的军队，将俄罗斯居民从饥荒

---

① 劳动人民—社会党（энéсы），1905年由俄国的城市知识分子所创建，政治倾向更接近于俄国的民粹派，但它拒绝在政治斗争中采用恐怖手段。1917年2月革命之后，支持临时政府。十月革命后，反对苏维埃政府。1918年高尔察克政变成功后，被解散。

② Уфимское Государственное Совещание. Протоколы заседаний. Русский Исторический Архив. Прага, 1929. С. 91 - 94；115.

③ Гинс Г. К. Сибирь, союзники и Колчак. Поворотный момент русской истории. 1918 - 1920 гг. （в 2 - х томах）. Том1. Пенкин, 1921г. с. 209 - 210.

④ Уфимское Государственное совещание. Протоколы заседаний. Русский исторический архив. Прага, 1929. с. 138.

⑤ Шеремеев Е. Е. Самарский Сфинкс при правительстве Колчака：А. К. Клафтон（1871 - 1920 гг.）：биография на фоне эпохи. Самара.，2011，с. 152.

和恐怖中拯救出来。①

临时西伯利亚政府保障部部长 И. И. 谢列布列尼科夫（Сереб-ренников）明确指出社会革命党的克木齐政府和临时西伯利亚政府之间的分歧，认为社会革命党人之所以主张创建"责任政府"，即新建立的执政内阁要对立宪会议负责。因为1917年立宪会议选举中社会革命党获得多数选票，尽管布尔什维克在1918年1月5日解散了立宪会议，但是立宪会议代表已经聚集到萨马拉的克木齐政府，故而社会革命党这一主张有垄断政权的嫌疑。② 同时，他也认为在战争的特殊时刻，应当建立一个不受立法机构约束、决策果断的全俄政府。

工商业阶级在会议上同样表达了建立强硬政府的诉求。9月7日全俄工商业代表大会在乌法召开，工商业集团呼吁各政党停止意识形态的争论，推荐最有名望的政治家参与行政工作。

经过5天的讨论之后，与会的左翼和右翼双方最终达成妥协，乌法国务会议决定：临时全俄罗斯政府在1919年1月1日之前是无限责任政府。如果获得全俄立宪会议代表400人（排除了布尔什维克和左派社会革命党人代表）中201人的支持，将于1月1日举行立宪会议。如果在此之间法定人数不足201人，那么会议在获得不少于1/3立宪会议代表的前提下，于1919年2月1日召开。③ 立宪会议的主要目标在于批准或创建新的全俄政府，制定新的立宪会议选举法。双方妥协的结果是社会革命党人保住了立宪会议，西伯利亚临时政府实现了建立无限责任的临时政府的目标。

1918年9月23日乌法国务会议通过了《组建全俄临时最高政权法令》，它明确写道："在全俄立宪会议召开前，全俄临时政府是全俄领土上最高政权唯一代表"，④ 布尔什维克的人民委员会是非法政府。对于执

---

① Уфимское Государственное Совещание. Протоколы заседаний. Русский Исторический Архив. Прага，1929. С. 118 – 121.

② СеребренниковИ. И. Гражданская война в России：Великий отход. М. ：АСТ；《Ермак》，2003. с. 392.

③ Головин Н. Н. Российская контрреволюция в 1917 – 1918 гг. （Т. 2.）. М. ：Майрис - Пресс. ，2011. С. 260 – 261.

④ Головин Н. Н. Российская контрреволюция в 1917 – 1918 гг. （Т. 1.）. М. ：Майрис - Пресс. ，2011. С. 273 – 274.

政内阁的人选，国务会议上亦产生激烈争论，右翼势力反对社会革命党人沃尔斯基加入执政内阁，而社会革命党代表则反对阿列克谢耶夫、邓尼金等加入。

各个政党和派系经过激烈的谈判，最终组成5人执政内阁。执政内阁主席是社会革命党领导人之一的 Н. Д. 阿夫克森齐耶夫，他的助手是社会革命党人 А. А. 阿尔古洛夫（Аргунов）、А. И. 阿斯特洛夫（Астров）以及立宪民主党中央委员会委员 В. А. 维诺格拉多夫（Виноградов）；其他内阁成员包括 В. Г. 博尔德列夫中将，他的副手是南俄志愿军最高领袖 М. В. 阿列克谢耶夫；П. В. 沃洛戈茨基（西伯利亚临时政府主席），他的副手是人民教育部部长 В. В. 萨博兹尼科夫（Сапожников）；Н. В. 柴可夫斯基（Чайко-вский），他的副手是社会革命党人 В. М. 津季诺夫。①这标志着国内战争时期不同的政党势力和地方政府终于在西伯利亚组建了一个联合政府。

由于柴可夫斯基在阿尔汉格尔斯克，沃洛戈茨基在海参崴，2人不能到任，而阿斯特洛夫在莫斯科，他拒绝加入执政内阁。因此，实际执政的是阿夫克森齐耶夫、博尔德列夫、维诺格拉多夫、津季诺夫、萨博兹尼科夫。9月24日，博尔德列夫被任命为全俄罗斯武装力量最高总司令。事实上，他能指挥和调动的只有伏尔加河战线上的人民军。

南俄志愿军和具有君主主义倾向的保守集团都没有派代表参加这次会议。邓尼金并不承认乌法国务会议上所建立的执政内阁是全俄最高政权。10月12日志愿军特别议会做出决议，"不承认乌法政府为全俄政府；与支持乌法政府的地方政权相处之时需要小心谨慎"。②

不少同时代的亲历者和参加者认为5人执政内阁组成的政府具有不确定性的特征，它只是右翼社会革命党和立宪民主党暂时的妥协。抛开亲历者各自的立场和观点，都可以归结为一点，乌法国务会议上有关国

---

① АОР, ф. XXIX. Подлип, акты Всероссийского Правительства, папка III док. № 279. 引自 Хроника Гражданской войны в Сибири（Документы），http://scepsis.ru/library/id_2822.html；Филатьев Д. В. Катастрофа Белого движения в Сибири: 1918 – 1922 гг.: Впечатления очевидца. Квакин А. В. Окрест Колчак: докумкней и материалы. М: АГРАФ., 2007. с. 190 – 191.

② ГА РФ. Ф. Р – 439. Оп. 1. Д. 86. Л. 7 – 8 об.

家管理形式问题的决定是力量对比的结果。

乌法国务会议是十月革命后，苏维埃俄国的反布尔什维克势力最后一次建立全俄政府的尝试。各政党、地方政府和哥萨克军代表希望通过采取折中的方式找到一条合适的建立全俄政权的道路。乌法国务会议的政权建设方案中融合了右翼社会革命党和立宪民主党各自的观点，这是参与会议的社会革命党和立宪民主党代表妥协的结果。但是相对于右翼政党而言，社会革命党代表做出了很大让步，它放弃了原本根据立宪会议属于自己的政权。社会革命党中央委员会斥责参与乌法国务会议的社会革命党成员，认为他们对立宪民主党做出过多让步：一是它放弃了立宪会议原则；二是建立的无限责任政府是对民主原则的践踏。① 此后社会革命党领导人切尔诺夫一针见血地指出："执政内阁由5个专政者组成，……背后隐藏着消除民主、走向军人专政的轨迹。"②

10月16日，孟什维克中央委员会在写给党组织所有成员的信中愤怒地批评了参与乌法国务会议的本党成员 И. М. 迈斯基，认为这个政府是在"外国的刺刀保护之下所建立"，迈斯基参加会议和全俄临时政府不能代表本党立场。③ 立宪民主党以及哥萨克军亦反对执政内阁的多头政治，主张军事专政。在会议上持反对立场的立宪民主党中央委员会成员 Л. А. 克罗尔（Кроль）简洁有力地表达了本党的意见："人民自由党（立宪民主党）中央委员会认为，现今实现政府最好的方式是创建一个临时统一的最高政权。"④ 博尔德列夫在自己的回忆录中也记载了自己是作为中立的调节者，调节不同的政治集团和政党之间的矛盾和分歧。⑤ 因此，乌法国务会议只是短暂呈现和解的趋向，掩盖了俄罗斯反布尔什维克运动的

---

① 解国良：《俄国社会革命党研究（1901—1925）》，社会科学文献出版社2012年版，第293页。

② Чернов В. М. Перед бурей: Воспоминания. Мемуары. Минск: Харвест., 2004. С. 374 – 376

③ Галили З., Ненароков А. Меньшевики в большевистокой россии. 1918 – 1924. Меньшевики в 1918 году. М.: РОССПЭН., 1999. с. 628 – 629.

④ Уфимское Государственное совещание. Протоколы заседаний. Русский исторический архив. Прага., 1929. С. 101.

⑤ Болдырев В. Г. Директория. Колчак. Интервенты. Воспоминания. Новониколаевск: Сибкрайиздат., 1925. С. 54.

内部矛盾，它并未从根本上解决左翼和右翼的分歧，特别是随着伏尔加河战线的崩溃，要求建立军人专政的呼声愈发高涨，政治领导权逐步转移到西伯利亚白卫军领导人手中。

事实上，乌法国务会议上所建立的全俄临时政府如同无根之木、无源之水，执政内阁既没有自己的军队，也没有自己的行政机构，它根本无力控制各地方政权和民族政权。① 执政内阁的创建只是反映出在国内战争特殊的态势下，俄国逐步由集体专政走向军事专政的趋势。实行专政，无论是无产阶级专政，还是军事专政，抑或形形色色的中间方案，都成为十月革命之后重建俄国社会的手段，乌法国务会议上所建立的集体执政便反映出这种趋势。会议上的激烈争论，与其说是阐释集体专政优于专政，不如说是在阐释集体专政的法律地位。右翼政党和军官组织之所以同意建立执政内阁，是在等待机会，寻找一个合适的军事专政人选，而海军上将 A. B. 高尔察克（A. B. Колчак）便是这个合适的候选人。

二 执政内阁东迁鄂木斯克

人民军和捷克军团在攻占喀山之后，产生分歧。原因在于捷克军团不愿过多干涉俄国事务，特别是与苏维埃红军继续作战，它的主要目标是远赴法国与德奥军队作战，以此求得祖国的解放。因此，士兵们拒绝进入战场，甚至要求主动撤往后方，声明他们不再会为自己的斯拉夫兄弟抛头颅、洒热血。10 月 15 日，全俄执政内阁最高总司令博尔德列夫在自己的日记中写道："通往乌法的道路畅通无阻，第一捷克师已经从前线撤离。"② 因此，从 10 月开始，捷克军团陆续离开伏尔加河前线，撤退到西伯利亚和远东地区，但是迫于英法政府的压力，继续驻守在西伯利亚大铁路的沿线城市。③

---

① ГоловинН. Н. Российская контрреволюция в 1917 – 1918гг. Т2. М. : айрис – Пресс. , 2011. С. 294.

② Петров П. П. От Волги до Тихого океана в рядах белых: воспоминания документы. М: Айрис – пресс. , 2011. С. 117 – 118. ; Болдырев В. Г. Директория. Колчак. Интервенты. Воспоминания. Новониколаевск: Сибкрайиздат. , 1925. С. 73.

③ Ефимов А. Г. Ижевцы и Воткинцы. Борьба с большевиками 1918—1920. М: Айрис – пресс. , 2008. С. 135.

当捷克军团撤离伏尔加河战线后，留在当地的仅有卡普尔上校领导的人民军以及少量的其他东斯拉夫族的混成军，他们不敌东方战线总司令 И. И. 瓦采季斯（Вацетис）领导的苏维埃红军。9月10日，红军占领喀山，12日攻陷辛比尔斯克，逼近塞兹兰，人民军在伏尔加河战线陷入不利的态势，由进攻转为防守。① 10月7日，苏维埃红军攻占萨马拉，这意味着人民军在伏尔加河遭遇重大挫折，失去了战略桥头堡。

人民军在伏尔加河战线上的失利迫使五人执政内阁不能停留在乌法，需要将政府向东迁移。执政内阁成员对于政府东迁之地有不同的看法，当时候选城市主要有三个：鄂木斯克、车里雅宾斯克和叶卡捷琳堡。社会革命党领导人 Н. Д. 阿夫克森齐耶夫和 В. М. 津季诺夫希望将政府迁往乌拉尔地区的叶卡捷琳堡，因为这里是立宪会议成员委员会的大本营，但是这一方案遭到其他政府成员的反对，因为该城过于靠近战线，安全系数太低。执政内阁成员、最高总司令博尔德列夫建议迁往鄂木斯克，他天真地认为可以依靠军队震慑鄂木斯克的保守势力，将自己的拥护者安插到政府的关键部门。② 执政内阁成员、右翼社会革命党领袖 Н. Д. 阿夫克森齐耶夫、В. М. 津季诺夫都拒绝将政府迁往鄂木斯克，认为该城是西伯利亚和远东地区反动派的大本营，特别是对9月发生的军队逮捕杜马代表中左翼成员的恶性事件深恶痛绝。对于车里雅宾斯克，无论是博尔德列夫还是 Н. Д. 阿夫克森齐耶夫，都一致认为这是捷克军团驻守地，不宜迁入该地区。③ 尽管执政内阁成员争论不断，但在最后的决议中，大多数成员仍然决定将政府迁往鄂木斯克。

10月13日，执政内阁成员抵达鄂木斯克，火车站没有盛大欢迎的人群，没有任何仪式和讲话，显而易见，他们在鄂木斯克遭到冷遇。内阁成员知道，西伯利亚临时政府不仅保守、反动，而且对执政内阁中的左翼政党抱一种敌视的态度。

---

① Петров П. П. От Волги до Тихого океана в рядах белых: воспоминания документы. М: Айрис - пресс., 2011. С. 106.

② Болдырев В. Г. Директория. Колчак. Интервенты. Воспоминания. Новониколаевск: Сибкрайиздат., 1925. С. 63 - 64.

③ Кроль Л. А. За три года: Воспоминания, впечатления и встречи. Владивосток: Свободная Россия, 1922. С. 144.

因此，与临时西伯利亚政府的谈判会是一件极其艰难的事情。

执政内阁中的右翼社会革命党领导人阿夫克森齐耶夫和津季诺夫认为根据乌法国务会议的条款，临时西伯利亚政府应该自动解散，但临时西伯利亚政府拒绝了他们的动议，认为需要满足以下三个条件才能解散政府：第一，解散政府和解散州杜马同时进行；第二，要求确保西伯利亚立法机构现有颁布的法律不得废除，而且政府允许西伯利亚地区继续保持自治；第三，要求新的全俄临时政府的行政机构与西伯利亚的行政机构重叠，不要发生大的人事变动。① 阿夫克森齐耶夫和津季诺夫同意西伯利亚州杜马自我解散，但是在政府的人事任命方面与西伯利亚临时政府产生严重的分歧。西伯利亚临时政府主席 П. В. 沃罗格茨基反对 Е. Ф. 罗格夫斯基（Роговский）担任内务部部长。在 П. В. 沃罗格茨看来，罗格夫斯基具有左倾色彩，是克木齐政府中社会革命党的忠实信徒。② 阿夫克森齐耶夫和津季诺夫则反对西伯利亚临时政府财政部部长米哈伊洛夫继续在全俄新政府的部长会议中任职。

经过三天的谈判，双方不可弥合的分歧最终在英国驻西伯利亚军事使团领导诺克斯将军和捷克民族委员会的压力之下达成妥协，③ 米哈伊洛夫担任新政府的财政部部长，罗格夫斯基则担任新政府内务部长的副手。虽然临时西伯利亚政府在名义上消亡，但在新政府部长会议的人事任命中，西伯利亚地方主义者是最大的胜利者。不仅新政府的主席继续由临时西伯利亚政府主席 П. В. 沃罗格茨基担任，而且14个部长中，有10个是临时西伯利亚政府的原部长。④ 右翼社会革命党人进一步被排挤出政府，双方的矛盾愈发难以弥合，最终为高尔察克的军事专政铺垫了道路。

---

① Гинс Г. К. Сибирь, союзники и Колчак. Поворотный момент русской истории. 1918 – 1920 гг. (в 2 – х томах). Том1. Пенкин., 1921г., с. 265 – 266；Кроль Л. А. За три года：Воспоминания, впечатления и встречи. Владивосток：Свободная Россия., 1922. С. 147.

② К образованию всероссиикои власти в сибири（из дневника П. В. Вологодского：8 сентября –4 ноября 1918 г.）. Отечественная история., 2001. №1, С. 142 – 144.

③ Болдырев В. Г. Директория. Колчак. Интервенты. Воспоминания. Новониколаевск：Сибкрайиздат, 1925. С. 82.

④ Павел. ЗыряновАдмирал Колчак, верховный правитель России. М. : Молодая гвардия., 2012. С. 406.

三 "11月18日政变"与高尔察克军事专政的建立

执政内阁东迁鄂木斯克后，一场有关政变的阴谋也在悄然进行。在乌法国务会议上，立宪民主党、鄂木斯克的工商业集团以及哥萨克军代表就要求俄国建立强力政府，认为只有如此，才能克服战争时期的混乱和政出多门，为军人专政营造社会舆论。10月15日，鄂木斯克的立宪民主党和工商业代表组成民族集团召开会议，核心论题就是讨论军事专政的人选问题。立宪民主党成员克罗尔教授在自己的回忆录中描述了与会者利用自己个人威望散播军事专政思想的概况。除了人民自由党之外，还有其他13个地方政党和社会集团要求实施军事专政，甚至还包括普列汉诺夫的"统一派"。① 军事专政的候选人主要有高尔察克将军和博尔德列夫将军两人。

А. В. 高尔察克（А. В. Колчак）1873年出生于圣彼得堡的军功贵族家庭。1894年，高尔察克从圣彼得堡海军学院毕业。在海军中，他的专长是海洋学和水文学，由于他在这方面出类拔萃的才能，俄罗斯著名极地考察家托尔男爵邀请他加入自己的北极探险队，参与一次北极圈内的海上探险。在1904—1905年的俄日战争中，他参与了旅顺港的阵地防御。日俄战争之后，他就职于海军总参谋部，鉴于日俄战争惨败的教训，他和部分具有革新意识的军官积极策划并推动俄国海军的重组计划，为即将爆发的对德战争培养俄国海军军官。在第一次世界大战中，他在波罗的海舰队服役，以其指挥才能和专业知识获得帝俄政府的认可。1916年7月，他因军功被提升为海军中将并担任俄罗斯黑海舰队总司令。② 此后，他根据博斯普鲁斯海峡土耳其方面舰队情况，准备一套预期作战行动方案，包括保卫俄国的黑海海岸线和使俄国的货运船只免遭土耳其战舰的袭击。另外，通过不间断地布雷，他成功地封锁了土耳其的海岸线。高尔察克在这一领域的战功和才智赢得了俄国社会舆论的普遍赞誉。

---

① Кроль Л. А. За три года: Воспоминания, впечатления и встречи. Владивосток: Свободная Россия., 1922. С. 144.

② Павел. ЗыряновАдмирал Колчак, верховный правитель России. М.: Молодая гвардия., 2012. С. 251–271.; Владимир К. Верховный правитель адмирал А. В. Колчак., 1919. С. 5–10.

对于高尔察克来说，1917年2月革命的发生出乎他的意料之外。虽然他曾经是一名保皇分子，但是沙皇的退位宣言和其弟米哈伊尔大公拒绝继位，使他从入伍时的宣誓词中解放出来。正如他后来坦言："服务的不是这种或者那种形式的政府，而是自己的祖国俄罗斯。祖国高于一切。""我们这个时代不会选择新的王朝统治"，需要"创建的是某种形式的共和制政体，共和政府才是国家迫切需要的"。① 他是高级军官中最早对临时政府表示效忠的成员之一，并且希望它能比帝俄政府更高效地领导俄国走向战争的胜利和国家的成功。

显而易见，高尔察克代表了沙俄旧式军官一种具有象征性的信仰。他们认为，当前所面临的危机，只要通过军官们忠诚而又体面加之一丝不苟地履行自己的职责，并在其中保持良好的判断，就可以被顺利地克服。② 高尔察克对俄国革命的认知过于浅薄，革命并非局限于政治领域，事实上这是涉及社会结构变动和财产再分配的大革命。

高尔察克在无力阻止黑海舰队的革命运动后，以海军军事代表团团长的身份去了美国，并且期望在那里找到他在祖国尝试寻找而未得的志同道合者，以与俄国的主要敌人——德国进行斗争。③ 1918年3月，高尔察克在赴日本横滨的途中得知苏维埃政府和德国签订《布列斯特和约》。后来他称这则消息是"他所承受的最大的打击——可能比他先前在黑海舰队收到解除武装的消息还要糟糕"。在经历一番内心挣扎之后，他感到自己的唯一使命就是"作为前俄罗斯政权的代表，继续履行自己对同盟所承担的战争义务"。④ 于是他和英国驻日大使取得了联络，并表示无条件志愿加入英国军队继续作战。但是，很快他就收到了英国大使的答复，英国人建议他回到俄国的远东地区。

---

① ЦА ФСБ России. Арх. № Н–501. Д. 1. Л. 11–12 об：http：//istmat.info/node/29766，2013年12月6日.

② ЦА ФСБ России. Арх. № Н–501. Д. 1. Л. 12 об.–15.：http：//istmat.info/node/29767，2013年12月8日.

③ ЦА ФСБ России. Арх. № Н–501. Д. 1. Л. 20–21 об.：http：//istmat.info/node/29770，2013年12月13日.

④ Допрос Колчака. Протоколы заседаний Чрезвычайной Следственной Комиссии. Ленинград, Государственное издательство, 1925. с. 106–108.；ЦА ФСБ России. Арх. № Н–501. Д. 1. Л. 22–24 об.：http：//istmat.info/node/29775，2013年12月10日.

1918年4月，高尔察克转道奔赴北京，与前政府（帝俄）驻北京的库达舍夫大使会晤，并听取了他的意见。库达舍夫公爵建议他以专业知识和个人声望为自己的祖国服务，可以与中东铁路管理局局长 Д. Л. 霍尔瓦特（Д. Л. Хорват）建立的俄侨政府合作。① 因此，他毫不犹豫地加入了正在积蓄力量准备武装与苏维埃俄国继续作战的霍尔瓦特政府。很快，他被任命为中东路地区各股反布尔什维克力量的协调人，而这个职务并不受人待见。高尔察克发现自己对远东的地方势力毫无节制之权，而且也得不到霍尔瓦特将军的支持。特别是与取得日本支持的阿塔曼谢苗诺夫发生冲突后，高尔察克提出辞职，希望能够远赴南俄，加入阿列克谢耶夫的志愿军。

从远东到南俄顿河地区要跨越半个地球，困难重重。1918年8月高尔察克还在海参崴等待的时候，英国军事使团的负责人诺克斯将军建议他留在西伯利亚。他的旧部马尔季亚诺夫（Мартьянов）将军亦希望他能够组织散落在西伯利亚的海军军官，以海参崴为基地，重建俄国的太平洋舰队。

高尔察克理解旧部的好意，却有自知之明，了解在当时的格局下，这一宏愿是不可能实现的。海参崴已经成为他国的军港，远东地区都有可能会落入日本之手。作为一个俄罗斯的民族主义者，高尔察克认为外国干涉给俄罗斯人民和政府带来的是耻辱：他们并不是帮助俄罗斯，他们的所作所为都暴露出只是帮助捷克人，让他们安全回家。这对俄罗斯而言，是一种"难以言喻的侮辱"。② 事实上，由于苏维埃俄国陷入内战，外国干涉军都是他国政府在远东地区施加自己影响的不二手段。

形势瞬息万变。10月高尔察克得知阿列克谢耶夫病逝，邓尼金已经接替他的职位，担任南俄志愿军最高总司令。他开始转变自己的态度，并与西伯利亚的军官阶层、工商业集团以及西伯利亚政府中的高级行政官员进行广泛接触。10月14日他在会晤鄂木斯克的军官以及工商业代表

---

① Плотников И. Ф. Александр Васильевич Колчак. Исследователь, адмирал, Верховный правитель России. Центрполиграф. , 2002. C. 251.

② Допрос Колчака. Протоколы заседаний Чрезвычайной Следственной Комиссии. Ленинград, Государственное издательство. , 1925. c. 145 – 146.

时，发现他们对执政内阁持否定的态度。代表们普遍认为，"执政内阁不过是再次重复克伦斯基的历史，而 Н. Д. 阿夫克森齐耶夫则是缩小版的克伦斯基"，俄罗斯已经走过相似的道路，社会革命党人掌权不可避免地会导致布尔什维克主义的胜利。高尔察克在与哥萨克人的谈话中也了解到，他们对执政内阁持一种非常消极的态度。① 哥萨克认为，由不同政党代表组成的政府将会与布尔什维克党达成妥协，最终会导致俄罗斯的死亡。经过与鄂木斯克社会各界的会晤，高尔察克已经认识到，执政内阁与临时西伯利亚政府之间存在不可克服的矛盾，这些矛盾不仅涉及党派之争，还关乎对俄国未来社会发展道路的取向差异。因此，需要一个有威望的领袖来统合社会的裂痕，领导军队继续与苏维埃红军作战。

此外，他对军队中因为党派分歧而出现的政争感到深恶痛绝。军队中以白—绿为旗帜的西伯利亚军队和以红旗为标志的在伏尔加河地区组建的人民军之间已经表现出公开的敌意，高尔察克为此感到非常难过。军官之间亦发生了许多冲突。他将军队的分裂归咎于"切尔诺夫等社会革命党人对于军官的指责和影射"，"所有这些流言蜚语，都旨在摧毁军官们创建一支强有力的武装力量的努力和劳动"。② 两天之后，他再次拜会了全俄临时政府最高总司令博尔德列夫，答应他担任全俄临时政府部长会议的陆海军部长之职。

执政内阁亦想把富有声望的高尔察克吸纳到自己一边，11 月 4 日任命他为临时全俄政府部长会议的陆海军部长之职。立宪民主党也对高尔察克寄予厚望。次日，立宪民主党中央委员会成员、民族中心成员 В. Н. 佩佩利耶夫（В. Н. Пепеляев）同他会面。在交谈过程中，他们两人都不约而同地谈到专政，并且认为最适合的专政者是阿列克谢耶夫。但阿列克谢耶夫在 10 月 8 日已经病逝。因此，专政者的重任落到高尔察克身上。佩佩利耶夫以"民族中心"的名义邀请他担任全权执政官一职（专政者）

---

① Допрос Колчака. Протоколы заседаний Чрезвычайной Следственной Комиссии. Ленинград, Государственное издательство. , 1925. с. 155 – 156.；ЦА ФСБ России. Арх. № Н – 501. Д. 1. Л. 25 – 28 об. http：//istmat. info/node/30269.

② Допрос Колчака. Протоколы заседаний Чрезвычайной Следственной Комиссии. Ленинград, Государственное издательство. , 1925. с. 159 – 160.

（диктатор）。高尔察克欣然同意接受这一职位。① 担任临时西伯利亚政府办公厅主任的金斯也记下了同佩佩利耶夫的谈话，也认为佩佩利耶夫是政变的积极参与者。

在与佩佩利耶夫交流之后，高尔察克与博尔德列夫就要求扩大自己的军事权力发生了冲突。11 月 7 日他以陆海军部部长的身份访问了乌拉尔山麓下的叶卡捷琳堡的第二捷克师。次日还与叶卡捷琳堡集群的司令盖达（Гайда）进行了会晤。高尔察克告诉盖达，他对现今的局势非常忧心，因为西伯利亚政府虽然和执政内阁暂时达成了妥协，但潜在的冲突几乎不可避免，并且已经公开化。盖达则向高尔察克表明心迹，认为"残存的机会，唯一的补救措施就是建立专政统治"。② 高尔察克对此答道："专政只能依靠军队进行，而专政者，他需要创建军队并掌控军队，只有如此，才能谈论专政。"余下的对话中，他反问盖达："按照目前的格局，谁可以担任专政者的大任？有哪一个军人在前线无人不知？如果没有可以依靠的武力，那怎样实现专政？"盖达对高尔察克的上述发问没有做出任何回答，他只是表达了自己的意见，认为专政是不可避免的，毋庸置疑，会有人采取这样的措施。盖达告诉高尔察克，他知道哥萨克已经在进行这项工作。他们已经提出了自己的候选人。③ 除此之外，盖达还表达了自己的个人喜好，他不希望伊万诺夫—里诺夫（Иванов - Ринов）将军担任专政者。

从上述对话可以看出，高尔察克理解的军事专政是建立在完全统一的军事权力——直属于总司令之下。专政者依靠军队而拥有至高无上的权力。简单来讲，就是军队作为唯一的权威，它应接管民政机构的所有权力，民政机构应当完全服从于军事政权。专政者在军事行动和战役中拥有全权，不受其他人的掣肘。高尔察克在 1920 年西伯利亚革命军事委

---

① Красные зори. 1923. № 4. С. 84 - 85.；ДневникаП. В. Вологодский（из хроники антибольшевистского движения в Сибири）. 1923 г.；Трукан Г. А. Россия антибольшевисткая: из эмигрантских и белогвардейских архивов. М.: Институтроссийской истории РАН., 1995. С. 123.

② Архив русской революции. Т. 10., 1923. С. 289.

③ Допрос Колчака. Протоколы заседаний Чрезвычайной Следственной Комиссии. Ленинград, Государственное издательство, 1925. с. 166.；ЦА ФСБ России. Арх. N° Н - 501. Д. 1. Л. 29 - 32. http://istmat.info/node/30270.

员会特别法庭上坦然承认，他的这些思想和观念是来自国外，"主要是来自德国、英国、法国的作品"。"军事专政是一种非常手段，只能短时使用。"① 特别是对于英国革命时期的克伦威尔和法国革命时期的拿破仑，都是他所推崇的"专政者"。高尔察克也认识到自己的弱点，他的名望主要是在南俄的黑海舰队，影响力也是在南俄地区。他在西伯利亚没有自己的军队，如同无源之水，无本之木，要对西伯利亚地区广泛的"阿塔曼"势力和行政官员施加自己的影响力非常困难。

到 11 月中旬，有关即将会发生政变的各种流言满天飞。博尔德列夫告诉高尔察克，鄂木斯克的状况非常糟糕，毫无疑问，城市中有关政变的传闻主要是由哥萨克人散布的。② 随着苏维埃红军夺取乌法，捷克军队继续后撤，前线的战局日益恶化。因此，博尔德列夫将军对政变的谣言没有予以应有的关注，而是去了前线视察。16 日，博尔德列夫与高尔察克在火车车厢进行了一次长谈，陪同的还有英国的军事顾问沃德将军。在与高尔察克的谈话中，博尔德列夫感受到了他要求扩大陆海军部部长权力的强烈意愿。博尔德列夫在自己的日记中写道："毫无疑问，他受到周边其他人的影响。"③ 尽管如此，博尔德列夫仍然建议高尔察克返回鄂木斯克，他自己亲赴车里雅宾斯克督战。

16 日晚上，高尔察克抵达鄂木斯克，来自大本营的军官和哥萨克代表告诉他，应当废除执政内阁的多头执政制度，创建一个暂时权力统一的专政体制，以此来克服前线与后方的混乱，集中所有人力、物力与苏维埃红军作战。根据这些代表的转述，军官和哥萨克都认为高尔察克是建立军事专政体制的最佳人选。高尔察克则婉拒了这一提议，他向代表澄清自己不担任这一角色的理由，因为"他手中没有任何军队和武装力量"。④ 尽管如

---

① Допрос Колчака. Протоколы заседаний Чрезвычайной Следственной Комиссии. Ленинград, Государственное издательство. , 1925. с. 151.

② Допрос Колчака. Протоколы заседаний Чрезвычайной Следственной Комиссии. Ленинград, Государственное издательство. , 1925. с. 166.

③ БолдыревВ. Г. Директория. Колчак. Интервенты. Воспоминания. Новониколаевск: Сибкрайиздат, 1925. С. 105.

④ Допрос Колчака. Протоколы заседаний Чрезвычайной Следственной Комиссии. Ленинград, Государственное издательство. , 1925. с. 166.；ЦА ФСБ России. Арх. N° Н－501. Д. 1. Л. 29－32. http：//istmat.info/node/30270；Новый журнал. №072. 1963. С. 203－205.

此，但他仍然向军官们表达了军人有服从命令的天职。他在服役，会服从政府安排的意愿。这也是在向军官们暗示，如果有机会，他会承担起专政者的职责。

高尔察克抵达鄂木斯克的当天，西伯利亚的立宪民主党人正在召开会议，中央委员会成员 B. H. 佩佩利耶夫做了对当时俄国社会形势分析的报告，他在报告中指出："俄罗斯需要从德国及其代理人的统治之下解放出来，需要重建俄罗斯的法制和秩序，有两条可以实现的道路：'一条是军事的道路，组建军队并且与那些有威望的专政者以及将领合作；第二条道路是和平的道路，主要通过谈判与联合。'"第二条道路已经失败了，因此短暂的军事专政是改变现今局势的最佳方式。① 政变一触即发。社会舆论和大众也早已见怪不怪。

执政内阁中的社会革命党成员也知道政变的谣言，他们需要采取相关的预防措施，以防止政变的发生。当时在鄂木斯克，他们唯一可以依靠的是内务部长助理 E. Ф. 罗格夫斯基领导的警察队伍。17日晚上，社会革命党的部分成员在罗格夫斯基家中聚会，商议对策。但是社会革命党人聚会的消息被西伯利亚白卫军大本营的反间谍机构侦知，他们已经做好了相关准备，并弄清楚了阿夫克森齐耶夫、津季诺夫、阿尔古诺夫等人的行踪和住所。

午夜时分，西伯利亚卫戍部队哥萨克百人队队长 И. Н. 克拉西利尼科夫（Красильников）带领一队哥萨克包围了罗格夫斯基的寓所。紧随其后，沃尔科夫等军官也进入房间，对寓所进行了搜索，逮捕了阿夫克森齐耶夫、津季诺夫和罗格夫斯基等人。半小时后，阿尔古诺夫也在饭店被捕。所有被捕成员都被关押在哥萨克百人队驻地的房间。②

18日凌晨4点，值班的警卫告诉高尔察克，鄂木斯克发生了政变。他马上给部长会议主席 П. В. 沃洛格茨基打电话，从沃洛格茨基那了解到，午夜时分大本营的部分军官和哥萨克已经逮捕了执政内阁的左翼成

---

① Правительственный Вестник, №2, от 20 ноября 1918 г.

② Мельгунов С. П. Трагедия адмирала Колчака. Т. 1. М: Айрис - пресс., 2004. C. 461 - 462; Зензинов В. Государственный переворот адмирала Колчака в Омске 18 ноября 1918 года. Сборник документов. Париж. : Типография И. Рираховского, 1919. С. 161.

员。沃洛格茨基在电话中告诉高尔察克，马上要召开部长会议的紧急会议，并要求他出席。

清晨6点，部长会议召开紧急会议。当部长会议主席 П. В. 沃洛格茨基就被抓捕的执政内阁左翼成员向与会者做说明的时候，与会的大部分部长们显得非常震惊。显而易见，紧急会议的大部分参加者是偶然撞见政变的，并且谁也不知道，在这样极端事件发生之后该怎么办。会议的氛围令人感到压抑、沉闷。最终，粮食部部长 Н. С. 泽菲洛夫（Н. С. Зефиров）打破了沉默，提议弄清楚"现在政权属于谁"。① 在讨论过程中，执政内阁已被推翻这一事实得到了承认。此后经过激烈的争辩，部长会议成员几乎得出一致结论，即部长会议"首先应把政权完全掌握在自己的手中，然后把它交给被选出来的那个人——'全权执政官'（专政者），但是应该提出一个关乎命运的决定性问题，即谁能成为掌权人？"高尔察克、博尔德列夫两人上了候选名单。当日总计有26人参加会议，其中参与投票的有15名部长会议成员。高尔察克和维诺格拉多夫未参与投票。高尔察克得14票，博尔德列夫得1票。② 高尔察克被选为"全俄罗斯最高执政"。

为了让政变显得具有"合法性"，部长会议在决议中阐释了政变的理由，指出"临时全俄政府（执政内阁）从成立开始就没有统一的意志和行动，在居民和军队的心目中没有威望；它既不能最低限度地恢复社会秩序和重建国家，反而因为党派之争导致了更大的混乱，让重建俄罗斯国家的伟业走向凋零。因此，临时全俄政府停止存在，部长会议接管国家的最高权力"。③ 鉴于国家处于危急时刻，需要集中最高权力于一人之

---

① Архив русской революции, т. 10, 1923. С. 293; Дневник П. В. Вологодский（из хроники антибольшевистского движения в Сибири）. 1923 г. Трукан Г. А. Россия антибольшевиствкая: из эмигрантских и белогвардейских архивов. М.: Институтроссийской истории РАН, 1995. С. 121 – 122.

② Процесс над колчаковскими министрами（Россия XX век. Документы）2003. С. 533; Дневника П. В. Вологодский（из хроники антибольшевистского движения в Сибири）. 1923 г.; Трукан Г. А. Россия антибольшевиствкая: из эмигрантских и белогвардейских архивов. М.: Институтроссийской истории РАН, 1995. С. 124.

③ Чеховских К. А. Сборник документов по истории революций и Гражданской войны в Западной Сибири 1917 – 1921 гг по дисциплине "Отечественная история". Томск: Изд – во ТПУ., 2010. С. 119 – 120.

手，故而"临时授予海军上将高尔察克最高权力，赋予他最高执政的称号"。① 当天的会议中，部长会议颁布了《俄罗斯国家政权建设临时条例》②，条例对国家的最高权力、武装力量的隶属、最高执政与部长会议的关系都做了详细规定。

第一，国家最高权力临时属于最高执政。

第二，俄罗斯国家所有武装力量服从最高执政。

第三，管理权完全属于最高执政。下属的管理事务方面，按照法律规定赋予地方与个人特定的权力。尤其是为保证军队的配套供给和民众秩序与法律秩序的稳定而采取紧急措施的权力属于最高执政。

第四，部长会议讨论的所有法律和命令草案，都需要经过最高执政的认可和批准。

第五，最高执政的所有法令都需要经过部长会议主席或者隶属部门主要领导签字盖章；最高执政颁布的所有任命或者解除部长会议主席以及部长的命令都需要与部长会议的相关部门衔接起来。

第六，最高执政由于身体不适或者死亡以及长时间内不能理政的情况下，国家最高权力转移给部长会议。

所谓名不正而言不顺。政变的参与者们希望从法律角度来巩固高尔察克的军事专政，让其统治建立在法理基础上，并非他强行利用军队驱散执政内阁，而是部长会议通过选举的方式将其送上"最高执政"的位置，以此规避俄国社会舆论的抨击。从上述条例可以看出，最高执政是俄罗斯国家元首和俄罗斯国家所有武装力量的最高统帅。他有权采取特别措施来恢复俄国的社会秩序、法律以及保障军队的供给。所有的法律草案经部长会议审查后，最终要最高执政签字确认。只有在最高执政的行为与部长会议主席以及各部部长相冲突的时候，他的专政才会受到限制。当最高执政逝世或重病之时，头衔取消，专政权力又重新回归部长会议。显而易见，条例的第五款对最高执政的权力进行了约束，他的行为如果没有部长会议主席或是政府部长的授权就无力实施。故而著名

---

① Правительственный Вестник, № 1. от 19 ноября 1918 г.
② Русская Армия. № 2. от 20 ноября 1918 г.

的侨民历史学家梅里古诺夫称之为"宪法专政"（Каституцищнная диктатура）。①

被选举为最高执政之后，高尔察克发表感言声明：他接受部长会议选举他为最高执政的结果；在政治上不会考虑任何的党派性，也不会走上任何反动之路；他的主要任务是为国家工作，并与部长会议紧密结合在一起，采取措施组建军队，恢复国家的法律和秩序，并捍卫民主制度。②

政变完成之后，高尔察克从海军中将擢升为海军上将。很快，这位最高执政就制定了管理俄国的几个决议和条例。西伯利亚的右翼报刊对政变表示欢迎，并呼吁"俄国的工商界人士给予新政府以最大的支持，参与到新政府的工作中来，消除俄国的混乱和建设一个经济强国"。③ 政变的执行者在装模作样的裁判和辩白后，被高尔察克升了官，沃尔科夫被擢升为少将，哥萨克百人队队长克拉西利尼克夫和卡塔纳耶夫被提升为上校。唯一一个背弃自己对内阁的信仰、在政变的关键时刻起决定性作用、以个人名义批准政变的执政内阁成员——沃洛戈茨基得到了慷慨的嘉奖。他成为西伯利亚的荣誉公民，被授予一等文官官阶，即最高文官，这是俄国历史上任何一个总理都未得到过的待遇。④

而执政内阁中的左翼成员阿夫克森齐耶夫和津季诺夫则被贬黜出国，但每人获得 2.5 万法郎的经费，阿尔古诺夫一家获得 4.7 万法郎。在离开俄国之前，他们发表了一份联合声明，共同抗议 11 月 18 日政变。值得一提的是这份声明中没有针对高尔察克的个人抗议，他们将主要抨击对象放在部长会议主席 П. В. 沃洛格茨基以及哥萨克军官身上。⑤ 此后，他们转道日本抵达西欧，在欧洲的社会舆论中对高尔察克政府进行批评。

博尔德列夫，是执政内阁中另一个较具影响力的成员，他手握军队，

---

① Мельгунов С. П. Трагедия адмирала Колчака. Т. 2. М：Айрис－пресс., 2004. С. 5.
② РГВА. Ф. 176. Оп. 5. Д. 245. Лл. 1－4.
③ Правительственный Вестник. № 4. от 22 ноября 1918 г.
④ Трукан Г. А. Антибольшевистские правительства России. М. : Институт истории РАН., 2000. С. 76.
⑤ Зензинов В. Государственный переворот адмирала Колчака в Омске 18 ноября 1918 года. Сборник документов. Париж.：Типография И. Рираховского., 1919. С. 161－67.

并拒绝参与政变。政变当天，他在乌法设宴招待贵宾，白天接到了高尔察克的电话，通知他执政内阁的左翼成员已经被逮捕，以及部长会议选举他为最高执政的事情。在通话末尾，海军上将没等博尔德列夫的回复，便要求他尽快回到鄂木斯克。博尔德列夫不仅拒绝批准政变，并且指责海军上将高尔察克，认为政变会导致俄国的灾难，影响到前线。总的来说，政变影响到了同布尔什维克斗争的事业。他作为执政内阁的一员抗议自己同僚的这种活动。他在日记中写道："我一直沉思，希望事件尽快过去，我的最终决定是不削弱军队。"①

三天之后，博尔德列夫冷静下来，再次乘坐军列返回鄂木斯克，与高尔察克进行了一次平静的谈话。高尔察克建议博尔德列夫依据自己的意愿选择一个新的职位，但是博尔德列夫的个性和耿直的脾气难以接受这一建议，他决意离开西伯利亚。11月28日，他在获得高尔察克政府资助的5万法郎之后离开海参崴，与一个秘书和两名助手抵达日本。离开之前，他在政府公报上发表了一份宣言，"呼吁所有的军官、士兵和哥萨克为俄罗斯的荣耀而奋斗"。② 同时恳请赛洛夫将军转达他对捷克军团的问候，因为捷克军队给予俄罗斯人的帮助令他终生难忘。

社会革命党和立宪会议成员委员会也曾尝试反抗高尔察克的专政统治，他们在叶卡捷琳堡召开联合代表会议，抨击11月18日鄂木斯克的军事政变，提出将"竭尽全力与这种夺取政权的犯罪行为斗争"的口号。代表大会做出决议：将从代表大会中组建新的委员会，为了消除阴谋、惩罚犯罪和恢复从布尔什维克解放的领土上的法律和秩序，授权采取一切必要措施。大会选举切尔诺夫为新委员会主席。③ 除此之外，在叶卡捷琳堡的管理委员会（Совет управляющих）给高尔察克和沃罗格茨基也下了最后通牒，要求他们释放被捕的执政内阁成员，并恢复执政内阁的政权。管理委员会还建议博尔德列夫不要承认既成的政变，继续留在车里雅宾斯克，担任最高总司令。委员会还向他提议共同采取行动并许诺人

---

① Болдырев В. Г. Директория. Колчак. Интервенты. Воспоминания. Новониколаевск: Сибкрайиздат., 1925. С. 110.

② Правительственный Вестник, № 6. от 24 ноября 1918 г.

③ Постановление Съезда членов Учредительного Собрания, принятое после обсуждения омских событий 17 – 18 ноября: http://scepsis.net/library/id_2931.html, 2013.6.10

民军和捷克军团会支持他。但是回到克木齐政府的建议没有得到博尔德列夫的认可,他主张出国。

此外,车里雅宾斯克的捷克民族委员会也对政变不满,发表了一份声明,认为政变"与我们认可的民主原则相违背"。它"破坏了俄罗斯的国家基本法和整个俄罗斯国家。……捷克民族委员会认为被逮捕的全俄罗斯临时政府成员仍然是合法的,因此危机并没有结束",甚至要对鄂木斯克的军事政变发动示威。① 但是在遭到英法军事顾问团的劝说之后,捷克人服从了盟军的决议。因为英国人一开始就了解政变的各种幕后情形,并支持高尔察克。英国军事顾问沃德将军告诉捷克民族委员会,鄂木斯克有一个英国营为高尔察克提供保护,他们已经承认他为全俄最高执政。②

鄂木斯克的胜利者们欢欣鼓舞。部长会议主席沃罗格茨基在12月21日的日记中娓娓地描述了笼罩在鄂木斯克的欢乐气氛,他在午饭时分与 П. П. 伊万诺夫—里诺夫(Иванов - Ринов)将军在"欧洲饭店"的谈话中表达了自己的希望:"这不是我们最后一次会面和洽谈,也许,在不久的将来,我们会相聚在神圣的克里姆林宫的城墙内,相聚在钟王和炮王广场上,相聚在这些强大俄国的历史象征物前,在欢快的莫斯科的'雅路'(Яру)品尝油煎薄饼。我的讲话伴随着雷声一样的掌声和'乌啦'的高呼声。"③ 人们认为,用军事专政取代社会革命党人的执政内阁会使俄国战胜国内外的敌人。

然而,生活很快就显示出这类算计的轻率性。政变的发生标志着反布尔什维克运动的政治力量开始分裂,重要的是,国内战争开始进一步发展。政变首先导致了反布尔什维克战线的大分裂,过去的盟友——社会革命党人转移到布尔什维克阵营。1919年1月初,以沃尔斯基为首的克木齐老兵——一群孟什维克社会革命党人发表声明:"社会革命党成员代表团和全俄立宪会议主席团号召全体人民军队的士兵停止同苏维埃政

---

① Армия и Народ. № 66. от 23 ноября 1918 г.

② Зензинов В. Государственный переворот адмирала Колчака в Омске 18 ноября 1918 года. Сборник документов. Париж.:Типография И. Рираховского., 1919. С. 49.

③ Трукан Г. А. Россия антибольшевистская:Из белогвадейских и эмигрантских архивов. М.:Институт российской истории., 1995. С. 129.

权的内战……把武器调转朝向高尔察克的专政专制。"① 在与苏维埃政权结盟后,沃尔斯基和代表团一同离开前往莫斯科。高尔察克,像其他地区的白卫军领导人一样,要面对在立宪会议选举中得票率将近90%的布尔什维克和社会革命党人组成的社会统一战线。这个政治晴雨表清楚地展示了在国内战争中的获胜者将会是谁。

第二节　高尔察克政府的政治举措与1919年春季攻势

一　高尔察克政府的政治措施

1919年1月1日,政府公报上刊登了一份带有"最高执政"高尔察克海军上将签名的政府宣言。宣言简洁而论证有力,它呼吁人民与政府团结一致,共同反抗布尔什维克主义。"政府的主要任务是确保前线和后方的军队有充足的物资供应。"这份宣言同时向立宪主义者提出建议,"为了拯救祖国和自由,现阶段应该限制民主"。另外,这份宣言也抨击了分离主义势力,要求捍卫"统一不可分割的神圣俄罗斯"。与此同时,要求那些在军队和民政机关服务的公职人员完全服从最高执政的命令。最后,政府宣布自己的目标是"把祖国从布尔什维克的枷锁之中解放出来,恢复社会秩序、法律和国家制度",并以此为基础重振俄罗斯的国民经济。② 政府同时许诺在最短的时间内创建一个全俄罗斯国民会议来进行选举的准备工作。

显而易见,这份政府宣言与1918年11月18日高尔察克颁布的《向俄罗斯居民呼吁书》中宣扬的精神是一致的。在"呼吁书"中,高尔察克表明了自己的政治意愿,他宣称:"不会走向反动之路,也不会走向党派的死亡之路。他的主要目的是创建一支强有力的军队,战胜布尔什维克,重建法治和秩序,人民可以依据自己的意愿选择适合自己的政治制

---

① Спирин Л. М. Классы и партии в гражданской войне в России. М.：Мысль., 1968. С. 300.

② Правительственный Вестник. №43., 1. январь1919. г.

度，它依据的是全世界所赞誉的伟大的自由思想。"①

政府宣言的起草者之一、高尔察克政府办公厅主任金斯在自己的回忆录中承认，这份宣言的主要目的是争取立宪主义者支持高尔察克政权，以防止他们站在布尔什维克的立场。非常明显，宣言继承了二月革命之后立宪主义者提倡的"预先不确立原则"，对于俄国革命过程中大众最为关心的土地问题、边疆民族自治（独立）问题、国家制度问题都推迟到立宪会议来解决。宣言的发表，标志着无论是鄂木斯克政府，还是高尔察克本人，都站在了这一立场上。② 事实上，高尔察克本人也认为，自己的权力是临时的，他不能预先解决那些需要人民意志才能确定的土地、私有财产和国家制度等问题。他在与来访的美国特使哈里斯的会谈中，坦承自己的心迹，他只是暂时的专政，不会与任何党派结盟，也不会寻求复辟旧秩序，"但我会努力创建一支新型军队，因为我相信，只有一支新型军队才会取得胜利"。③

金斯在自己的回忆录中写道，高尔察克是个保守主义分子。他没有政治经验，同时，作为一名军人，他厌恶议会的程序和民主主义价值观。他承认，他既不相信代表大会，也不相信协商会议，"而法律什么的都是胡说八道。如果我们遭受新的失败，那么任何改革都无济于事，如果我们能一开始就获胜，那么立刻就会得到各方的支持"。④

高尔察克在鄂木斯克建立了具有集权主义特征的管理机关，他借助这些机关进行管理。在他手下还设有委员会（Совет），它是由部长会议主席、外交部部长、内务部部长、财政部部长和军事部部长组成。这是国家管理方面的最高行政机关，在这里讨论的是获取国外援助、在国外进行有利于鄂木斯克政府的宣传工作等事关外交以及军事方面的问题。国家监察 Г. А. 克拉斯诺夫承认那些最为重要的问题，"最高级别的管理

---

① Трукан Г. А. Россия антибольшевистская: Из белогвадейских и эмигрантских архивов. М.: Институт российской истории., 1995. С. 117.

② Гинс Г. К. Сибирь, союзники и Колчак. Поворотный момент русской истории. 1918 – 1920 гг. (в 2 - х томах). Т. Ⅱ. Ч. Ⅱ, Ⅲ. Пенкин., 1921г. С. 104 – 06.

③ Допрос Колчака. Протоколы заседаний Чрезвычайной Следственной Комиссии. Ленинград, Государственное издательство., 1925. с. 189.

④ Гинс Г. К. Сибирь, союзники и Колчак. Поворотный момент русской истории. 1918 – 1920 гг. (в 2 - х томах). Т. Ⅱ. Ч. Ⅱ, Ⅲ. Пенкин., 1921г. С. 350.

都是由委员会实现的，而非通过部长会议"。① 显而易见，高尔察克要求打破 11 月 18 日部长会议颁布的《俄罗斯国家政权建设临时条例》第五条的限制，以此削弱部长会议的职权。

事实上，新的部长会议组建之初就与最高执政存在严重的内部矛盾。部长会议中大多数成员是要求实施立宪主义的温和社会党人，是西伯利亚的地方主义者。② 金斯写信给在英国伦敦的俄国大使 С. Д. 萨扎诺夫（Сазонов），告诉他部长会议中成员的政治倾向和所属派别。П. В. 沃罗格茨基和 С. С. 斯塔伦克维奇（Старынкевич）是社会革命党人，Л. И. 舒米洛夫斯基（Шумиловский）、Н. И. 彼得罗夫（Петров）和 А. А. 格兰采阿诺夫（Грацианов）是社会民主党人，Н. С. 泽菲罗夫（Зефиров）是人民社会党人，И. А. 米哈尔洛夫（Михайлов）是社会党人。③ 他们都是立宪主义者，并且要求西伯利亚自治。1919 年政府的新年宣言中所表达的立宪主义观点正是他们意志的表达。大多数的部长一辈子生活在西伯利亚，是省内的社会活动家，他们希望西伯利亚进行有限的自治，以此与被布尔什维克控制俄欧中央地区隔离开来。④ 为了实现隔离主义思想就需要制定相应的免疫措施，并需要反对在西伯利亚建立向俄国中央地区有计划进军的基地的打算，以及反对高尔察克恢复统一的、不可分割的俄国的计划。

不仅如此，部长会议的成员们很快就被旧有的官僚习气所沾染，部长们根据自己的政治观点、地方利益进行内斗。1919 年 1 月 1 日，部长会议主席 П. В. 沃洛格茨基在日记中记载了和交通部部长 Л. А. 乌斯特鲁戈夫（Устругов）的谈话："我们两个都得承认，部长会议没有一个统一的导向，很明显现在已经出现了分帮分派的现象，这对部长会议活动的协调性和工作的高效性都是有害的。因为这种情势，以至于部长岗位上

---

① ЦА ФСБ России. Арх. № Н - 501. Д. 5. Л. 178 - 210. Машинопись. http：//istmat.info/node/30394

② Новый журнал. №073，1963. С. 216.

③ Иоффе Г. З. Колчаковщина и ее крах. М. : Мысль. ，1986. С. 201.

④ Трукан Г. А. Антибольшевистские правительства России. М. : Институт истории РАН. ，2000. С. 83. ；С. В. Волков Восточный фронт адмирала Колчака（Россия забытая и неизвестная. Белое движение. ）. М. : Центрполиграф. ，2004. С. 331 - 332.

出现了像 И. И. 谢列布里亚科夫（Серебренников）这样的人。"① 他甚至得出部长会议出现解体迹象的结论。很快，粮食部部长 И. И. 谢列布里亚科夫被排挤出部长会议。谢列布里亚科夫是一个温和的立宪主义者，勤勉的工作人员。此后他在自己的回忆录中遗憾地指出，接替他部长职位的 Н. С. 泽菲洛夫（Зефиров）改变了粮食部与私人企业合作的趋向。②

外交部部长则由 С. Д. 萨扎诺夫担任。萨扎诺夫在欧洲享有盛誉，他在 1910—1916 年一直担任俄罗斯帝国政府的外交部部长，坚定地站在协约国盟国立场，并且对第一次世界大战结束之后的欧洲局势以及盟国对俄罗斯的外交政策有独到的见解。他没有返回鄂木斯克亲任这一职位，而是留在巴黎，参加了凡尔赛会议，多次为俄罗斯的利益奔走呼吁。在鄂木斯克担负其职责的则是高尔察克政府外交部副部长 И. И. 苏京（Сукин）。

在高尔察克的训示下，海军部单独从陆军部中独立出来。担任这一职位的是最高执政的助手 М. И. 斯米尔诺夫（Смирнов）少将。陆军部部长则由斯捷潘诺夫（Степанов）担任，但是他缺乏实权。因为军事问题都直接由最高执政、军队最高总司令高尔察克负责，他为了实现自己的意志通过一个庞大的机构——大本营来控制前线和后方的所有军务，大到指挥官的任命和军事战役的部署，小到后方的铁路运输等。这些军务并非由军事部部长管理，而是直属于大本营的总参谋长负责。③ 事实上，高尔察克的这一举措架空了陆军部长的权力，为以后军事部门的内部纷争埋下伏笔。年轻的总参谋长 Д. А. 列别捷夫（Лебедев）上校受邓尼金将军的派遣回到自己的故乡西伯利亚，尽管他毕业于西伯利亚武备学校，熟悉西伯利亚的风土人情，但他热衷于政治，积极参与后方的派系活动。此外，他所领导的大本营，远在后方的鄂木斯克，而不是在前

---

① Трукан Г. А. Россия антибольшевистская：Из белогвардейских и эмигрантских архивов. М. ：Институт российской истории. ，1995. С. 135.

② СеребренниковИ. И. Гражданская война в России：Великий отход. . М：АСТ；《Ермак》，2003. С. 233.

③ ЦА ФСБ. Следственное дело Н‐501. Т. 5. Л Д. 279‐310. http：//istmat. info/node/30396；2014. 2. 10

线，也为他卷入后方的各种政治阴谋提供便利。

显而易见，部长会议在将高尔察克选举为最高执政后，它在政治上的地位开始下降。高尔察克每逢周三和周六就在自己的家中召见部长会议的成员，商讨政治事务，对事关俄国前途的重大事务做出决定，而此间经常出席的主要有部长会议主席、内务部部长、财政部部长等。部长会议的决策权力逐渐被剥夺，它的主要活动领域转移到立法方面。① 此外，高尔察克还对部长会议的各部权力进行分割，组建由副部长以及部里主要成员组成的小部长会议（малый совет министров），专门负责部长们给出了原则性解决方案的次要问题。1920 年，交通部副部长 A. H. 拉里奥诺夫（А. Н. Ларионов）在西伯利亚革命军事委员会的特别革命法庭的陈词中指出，"部长会议都是召开闭门会议，讨论的问题和发布的官方信息都是内部知晓，不可以告诉其他人。这些信息只有部长才能得到。即使是部长们的亲密伙伴都无法知晓。大多数人和我一样，只能通过官方的新闻得知这些信息"。②

为了对政府和所有的行政官员进行合法监督，高尔察克决定重建政府参政院（Правительствующий сенат）。1919 年 1 月 29 日举行了盛大的仪式，高尔察克在开幕式上进行了演讲，他向参政院宣誓，要"奋不顾身地为俄罗斯国家服务，念念不忘国家的复兴与成功，而且按照国家法律履行最高权力，直到国家的统治方式体现人民的自由意志"。③ 高尔察克的呼吁面对当时的社会现实处境显得相当苍白无力。因为鄂木斯克城中聚集的主要是从俄欧地区逃亡俄罗斯东部的行政官员、地主和贵族，参议院中混杂的是各种军头、省长，他们在参议院中占据上风，排挤那些具有良知以及通晓法律的知识分子，以至于使参政院沦落为一个批评政府的花瓶，仅此而已。

非常明显，高尔察克无法摆脱那种旧式的、在他之前已经建立的国家管理体系。这也没什么奇怪的，因为高尔察克周围的大部分官员是原

---

① Гинс Г. К. Сибирь, союзники и Колчак. Поворотный момент русской истории. 1918 – 1920 гг. (в 2 - х томах). Т. Ⅱ. Ч. Ⅱ, Ⅲ. Пенкин. , 1921. С. 24 – 25.

② ЦА ФСБ. Следственное дело Н – 501. Т. 5. Л Л. 279 – 310. http：//istmat. info/node/30396；2014. 2. 10

③ Гинс Г. К. Сибирь, союзники и Колчак. Поворотный момент русской истории. 1918 – 1920 гг. (в 2 - х томах). Т. Ⅱ. Ч. Ⅱ, Ⅲ. Пенкин. , 1921. С. 113.

来的县级和省级官吏，因此，除了集权—官僚主义的管理方法以外，就不知道其他的管理方法了。和革命前一样，国家的秩序是被一群非军人团体、文官团体统治的。东方白卫军的积极参与者 И. К. 奥库利奇（Окулич）对此评论道："高尔察克海军上将的政府按照其结构来说，它是君主制俄国的翻版，它是一个集权的、不信任地方的政府。"① 他们完全不关注，也不考虑人民大众的情绪和动向。

与此同时，高尔察克与西伯利亚、远东地区的哥萨克首领阿塔曼之间的关系也一直是龃龉不断。他在登上"最高执政"之位后，奥伦堡哥萨克阿塔曼杜托夫和乌拉尔哥萨克都发电报表示欢迎高尔察克执政，但是外贝加尔哥萨克阿塔曼 Г. М. 谢苗诺夫（Семёнов）则拒绝承认。② 此后两人的冲突一直存在，哪怕是高尔察克颁布 61 号命令剥夺谢苗诺夫的军衔、荣誉，也没有改变他对高尔察克政府的态度。③ 数年后，谢苗诺夫在自己的回忆录中为自己与鄂木斯克的冲突做出辩解，认为"高尔察克的性格过于软弱"，不熟悉西伯利亚的军务，更重要的是，他们双方之间在对外政策的重点不一样。④ 高尔察克希望利用英美的力量来遏制日本，而谢苗诺夫则认为需要借助日本的兵力才能击败苏维埃政府。

军政合一的哥萨克军首领们破坏了政局的稳定，高尔察克在 1920 年 2 月西伯利亚革命军事委员会特别革命法庭的审讯中毫不忌讳这一点。他坦承在当时的格局下，无力解决得到日本支持的谢苗诺夫与他之间的冲突。⑤ Н. Н. 利沃夫（Львов）在 1925 年于布拉格召开的白俄侨民会议上，痛斥国内战争时期西伯利亚白卫军中将军以及哥萨克阿塔曼之间的争权夺利行为。"他们甚至认为海军上将只是个小卒子，他们瓜分了整个

---

① Трукан Г. А. Антибольшевистские правительства России. М. : Институт истории РАН. , 2000, С. 88.

② Допрос Колчака. Протоколы заседаний Чрезвычайной Следственной Комиссии. Ленинград, Государственное издательство. , 1925. с. 168. ; С. В. Волков Восточный фронт адмирала Колчака（Россия забытая и неизвестная. Белое движение. ）. М. : Центрполиграф. , 2004. С. 230 – 231.

③ Допрос Колчака. Протоколы заседаний Чрезвычайной Следственной Комиссии. Ленинград, Государственное издательство, 1925. с. 194 – 195.

④ Г. М. Семенов О себе. Воспоминания, мысли и выводы. М. : АСТ. , 2002. С. 213 – 220.

⑤ ЦА ФСБ России. Арх. №Н – 501. Д. 1. Л. 33 – 36 об. http: //istmat. info/node/30271

西伯利亚，各自为政，并互相为敌。"他在题为《白卫运动》的报告中指出，"高尔察克无法应对"，"无论是反革命匪帮暴乱，还是那些粗暴军阀的野蛮表现，抑或是省长们的专横"。① 侨民伊里因也在美国的俄侨杂志《新杂志》上撰文指出，谢苗诺夫和安尼科夫的背后有日本的支持。② 这两者都描述了一个事实，即高尔察克没有能力控制哥萨克长官谢苗诺夫、卡尔梅科夫、安尼科夫和其他将领的为所欲为，这就使他的政府在西伯利亚乃至国外的名声都受到动摇。哥萨克首领们的持续抢劫和针对政府统治下和平居民的强盗行为，高谈其政府的软弱和混乱，同时用暴力镇压的方法来治国而败坏了高尔察克政府的威望。

二 1919 年的春季攻势

俄罗斯国内战争时期，红军和白卫军将领都不约而同地以军事进攻为主的战略思想优先。交战的双方，都希望能够在最短的时间内击败对方。当 А. Н. 佩佩利耶夫（Пепеляев）③ 在 1918 年 12 月的战役中夺取工业重镇彼尔姆城之后，进一步奠定了白卫军先发制人的战略进攻思想。高尔察克政府对于在 1919 年早春就发动攻击并无异议，将军和他的顾问们一致同意只有尽早发动攻击，取得军事上的成功，才能在时间方面削弱苏维埃政府对俄欧中央地区丰富的人力资源和工业资源的动员，以时间换取空间。④ 另外一个考量则是，只有迅速地击败苏维埃红军，他的政

---

① Львов Н. Н. Белое движение. Доклад. Прага. , 1925. С. 9.

② Новый журнал. №. 072. , 1963. С. 213.

③ А. Н. 佩佩利耶夫（Пепеляев），高尔察克政府内阁总理 В. Н. 佩佩利耶夫的弟弟，1891 年出生于托木斯克的世袭贵族家庭，1902 年考入鄂木斯克武备学校，1908 年毕业之后升入圣彼得堡的巴甫洛夫军校，军校毕业之后，授予中尉军衔。此后参加第一次世界大战，多次获得圣乔治勋章。十月革命后，组织托木斯克的军官团从事反苏维埃活动，后加入高尔察克的白卫军政府，担任西伯利亚方面军北方集群司令。1918 年 12 月 25 日夺取苏维埃红军的工业重镇彼尔姆城，一战成名。东方白卫军被击溃之后，于 1920 年 4 月举家迁移哈尔滨。

④ 到 1919 年 1 月，根据统计数据，苏维埃政府控制的俄欧中央地区有 7200 万人，白卫军控制的人口是 3400 万，苏维埃政府控制的人力资源是白卫军的 2.1 倍；苏维埃政府控制的俄欧中央地区是俄国的主要工业区，而白卫军主要控制的是以农业为主、工业薄弱的俄国边疆地区，例如库班、顿河、西伯利亚、北俄以及北高加索。参见 Павел Зырянов. Адмирал Колчак, верховный правитель России. М. : Молодая гвардия. , 2006. С. 441; История гражданской войны в СССР. Т. 3. М. , 1957. С. 342 – 343, 392 – 398.

府才会在国际社会享有盛誉，得到协约国盟国政府的外交认可，参与凡尔赛会议的"分赃游戏"。高尔察克相信，军事上的胜利不仅可以巩固他的执政地位，而且也会提振军队的士气和后方的民心。

尽管在主张进攻优先的战略方面没有分歧，但在战术和时间方面意见不一。以卡普尔、沃伊采霍夫斯基为首的部分年轻将领主张先实施游击战，破坏苏维埃红军的征兵活动，打击红军的士气，然后再发动大规模的进攻战役。1918年夏季以来，这些年轻将领在伏尔加河地区、乌拉尔地区与苏维埃红军作战，积累了一定的经验。除此之外，他们都在第一次世界大战时期加入军或师参谋部作战，认识到发动大规模的进攻战役需要有数倍于敌人的兵力，并且需要协同作战。[1] 但是高尔察克和他的顾问们不想在时间上拖延太久，特别是出于政治上的考量，希望能够尽快取得军事上的成功，因而不顾这些年轻将领的建议，决定发动全面进攻。

第二个困扰高尔察克和他的军事顾问的战术问题是向莫斯科进军的路线问题。1918年秋季当捷克人在离开乌拉尔前线之后，他们向俄罗斯军队提出一个新的战略观念，不直接向莫斯科进攻，而是转向西北方向的沃洛格达，这样就可以与阿尔汉格尔斯克的白卫军集群联合起来，并且还可以轻易获得来自盟军通过阿尔汉格尔斯克和摩尔曼斯克的军事援助。尽管这一战略思想具有独创性，却有极大的风险，那就是苏维埃红军经过伏尔加河的突击，可以切断前线进攻军队与后方乌拉尔——西伯利亚基地的联系。[2] 人民军总司令博尔德列夫将军赞同这一战略思想，并且还得到了诺克斯将军的大力支持。人民军总参谋部正是依据这一战略思想来制定自己的战术方针。第二个进军路线则是向南攻入伏尔加河地区，占领萨马拉之后，与邓尼金的志愿军联合起来，再沿伏尔加河右岸前进，夺取莫斯科。[3] 这两个不同进军的战略方案，此后成为高尔察克以及前线将军们进行战役指挥的内在隐忧。同时它也反映了高尔察克政府内部军人的不同利益倾向。

---

[1] Эйхе Г. Х. Опрокинутый тыл. М.：Военное Издательство МО СССР. , 1966. С. 143.

[2] С. В. Волков Восточный фронт адмирала Колчака（Россия забытая и неизвестная. Белое движение.）. М.：Центрполиграф. , 2004. С. 251－252.

[3] Черкасов－Георгиевский В. Г. Вожди Белых армий. Смоленск. , 2003. 62.

1918年年底，高尔察克开始对东方白卫军北至彼尔姆南到奥伦堡长达1100千米战线上的兵力进行调整：他任命捷克人盖达担任西伯利亚集团军总司令，司令部设在乌拉尔山麓的叶卡捷琳堡，大约有5万名步骑兵，主要进攻方向是向北突击到维特卡—沃洛格达一线，与北方白卫军联合起来；中部是M. B. 汉任（Ханжин）① 指挥的西方集团军，主要由人民军的余部以及沃特金斯克工人师组成，分布在伏尔加河到乌拉山的广阔地域，大约有4.7万人，它的司令部设在车里雅宾斯克，主要是向伏尔加河地域进攻；此后于5月组建了П. А. 别洛夫（Белов）② 指挥的南方集团军，大约有1.4万人，下辖乌拉尔和奥伦堡哥萨克军，他们则前出乌拉尔山，以截断西伯利亚苏维埃红军与图尔克斯坦的通道。

东方白卫军向西进攻路线呈现出月牙形态势。根据东方战线最高总司令瓦采季斯年初给列宁的报告，东方白卫军的人数为14.3万人，东方战线红军的人数为11.76万人。白卫军在兵力上稍占优势，③ 但双方在武器和军事技术方面大抵平等。因为交战的双方都没有重型火炮、坦克和空中力量的支援。大规模的杀伤性武器主要是依靠三英寸的榴弹炮和机关枪，同时利用装甲列车渗入对方的占领区，摧毁铁路线的居民点、征兵站等。

1919年2月11日，高尔察克和总参部的军官们在车里雅宾斯克召开军事会议，会议的核心议题是解决有关战略进攻的方向问题。西伯利亚集团军总司令盖达仍然坚持战略主攻方向是以彼尔姆为基地，向北突击，攻占维特卡，向沃洛格达突进，与驻阿尔汉格尔斯克米列尔将军领导的北方白卫军联合起来，再进攻莫斯科。而阿塔曼杜托夫从自己的地方利益出发，主张向南进攻，以奥伦堡哥萨克为突击集群，再通过奥伦堡与

---

① M. B. 汉任（Ханжин），1871年出生于撒马尔罕，后考入奥伦堡哥萨克武备学校，参加日俄战争和第一次世界大战。十月革命之后，奔赴西伯利亚组织反苏维埃的秘密军官团。1919年1月被高尔察克任命为西方集团军司令，取得春季战役的胜利。西伯利亚白卫军失败后，侨居国外。

② П. А. 别洛夫（Белов），1881年出生于俄罗斯帝国的库尔兰省，1902年考入维尔纳士官生学校，1913年毕业于总参学院，参加第一次世界大战。苏俄国内战争时期，担任高尔察克白卫军南方集团军司令。

③ Эйхе Г. Х. Уфимская авантюра Колчака（март – апрель 1919 г.）. Почему Колчаку не удалось прорваться к Волге на соединение с Деникиным. М. : Воениздат. , 1960. C. 274.

莫斯科之间的铁路线，运送兵力。① 阿塔曼杜托夫的战役计划被高尔察克将军否决，他决心接受大本营总参谋长列别捷夫制订的战役计划：盖达将军向维特卡进攻，Г. А. 韦尔日比茨基（Вержбицкий）中将向喀山突击，汉任将军向萨马拉进攻。

2月16日，总参谋长列别捷夫发布了海军上将高尔察克签名的在各条战线上开展总攻的命令。接到电报之后，西方集团军总司令汉任将军也颁布了第688号作战训令。他在命令中明确写道："最高执政与最高总司令希望我们能够到4月初的春季攻势中占据有利的态势，为我们的反布尔什维克事业取得决定性的胜利打下基础。"② 西方集团军4.7万余人的步骑兵很快对 Ж. К. 布柳姆贝格（Блюмберг）统帅的1.1万人的苏维埃红军第5集团军发动进攻。西方集团军的主要作战目标是攻占红军所防守的比尔斯克—别列别伊—乌法等城，巩固伏尔加河中部地区的战略要地，实现上述战略目标之后，从后方突袭红军第1集团军，为奥伦堡哥萨克提供援助。③ 盖达将军指挥的西伯利亚集团军主要是向西北方向的萨拉布尔—伊热夫斯克—沃特金斯克方向进攻，击溃苏维埃红军第2、3集团军。别洛夫将军指挥的南方集团军2万—3万人和阿塔曼杜托夫指挥的奥伦堡哥萨克集群主要是夺取奥伦堡，牵制苏维埃红军第1集团军，保护汉任将军的侧翼。④

经过半个月的苦战，向维特卡方向进攻的盖达将军指挥的西伯利亚集团军在3月7日攻占了奥汉斯克，此后每天以40—50俄里的速度向西北方向突进，4月11日攻下卡马河流域的重镇萨拉布尔。汉任将军领导的西方集团军在3月8日攻占比尔斯克之后，渡过白河，向乌法发起攻击。以布柳姆贝格为首的苏维埃红军第5集团军的革命军事委员会见到大势已去，3月11日从乌法城中撤出。两天之后，白卫军攻

---

① Павел. ЗыряновАдмирал Колчак, верховный правитель России. М. : Молодая гвардия. , 2006. С. 451.

② Эйхе Г. Х. Уфимская авантюра Колчака（март – апрель 1919 г.）. Почему Колчаку не удалось прорваться к Волге на соединение с Деникиным. М. : Воениздат. , 1960. С. 80.

③ Эйхе. Уфимская авантюра Колчака. С. 79 – 80. ; Петров П. П. От Волги до Тихого океана в рядах белых: воспоминания документы. М : Айрис – пресс, 2011. С. 378 – 379.

④ Сахаров К. Белая Сибирь: Внутренняя война, 1918 – 1920. Мюнхен. , 1923. с. 49

占乌法。① 4月6日攻占科斯特里特马克。杜托夫的哥萨克白卫军于4月9日重新夺回战略要地奥尔斯克，向奥伦堡方向推进。

乌法战役结束之后，东方战线的苏维埃红军无力阻挡白卫军向西的攻势，在各条战线上开始了大撤退。到4月中旬，高尔察克的白卫军已经取得重大军事胜利，夺取了布古尔玛和布古鲁斯兰，打通了通向萨马拉和辛比尔斯克的道路。西方集团军的先头部队已经位于离伏尔加河地域中心城市萨马拉、辛比尔斯克、喀山200千米处，这正是6个月之前人民军和捷克军团作战的位置。

尽管困难重重，但是东方白卫军仍然在短短的6个星期之内向乌拉尔山地域突进了350千米。整个鄂木斯克欢欣鼓舞，以前的地主、贵族、旧官僚们都沉浸在这巨大的胜利中。西伯利亚立宪民主党领导人 B. A. 扎尔杰茨基（Жардецкий）等都在考虑未来的全俄立宪会议选举方案，认为它绝不能再犯1917年第一次立宪会议选举的错误，导致清一色的社会主义政党执政。②

事实上，这也是1918年夏季以来白卫军取得巨大的军事成就时期。南俄罗斯武装力量邓尼金的军队已经攻占顿巴斯，决定向莫斯科进军；在俄罗斯和爱沙尼亚边境上的尤登尼奇将军领导的西北白卫军已经攻占普斯科夫，开始向彼得格勒发动进攻。

4月15日，高尔察克将军发布命令，要求西方集团军追击在伏尔加河地域辛比尔斯克—塞兹兰一线的红军第1、5集团军。南方集团军的主要目标是夺取奥伦堡。不少前线将领怀疑这一命令是否明智，但速胜的前景促使即使是谨慎的汉任将军也发出了"击溃东南部草原的敌人，抢先攻占伏尔加河渡口"的命令。③ 高尔察克白卫军在缺乏足够的预备役部队以及军事物资补给的情况下，继续向西进攻。

军事胜利的消息传遍整个西伯利亚，高尔察克政府的威望空前高涨。即使是一直敌视高尔察克的外贝加尔哥萨克阿塔曼谢苗诺夫，也在伊万

---

① Гончаренко О. Г. Тайны Белого движения. М. : Вече. , 2004. С. 107 – 108. ; Петров П. П. От Волги до Тихого океана в рядах белых: воспоминания документы. М : Айрис – пресс. , 2011. С. 106.

② Новый журнал. №. 073. 1963. С. 211 –212.

③ Петров. Роковые годы. С. 171.

诺夫—里诺夫的劝解下，发表了与高尔察克和解的宣言。他承认高尔察克政权，并且愿意派自己的外贝加尔哥萨克军与东西伯利亚的红军游击队作战。乌苏里哥萨克阿塔曼 И. М. 卡尔梅科夫（Калмыков）也做出了类似的宣言，愿意派遣自己的哥萨克团赴前线作战，不再干涉西伯利亚铁路线的军用物资运输。①5月30日，南俄罗斯武装力量最高总司令邓尼金也颁布了145号命令，承认高尔察克是俄罗斯国家最高执政和军队的最高总司令。6月10日，北方白卫军领导人米列尔将军和西北白卫军领导人尤登尼奇将军都承认高尔察克政府为合法统一的政府，他们此后分别被任命为北方白卫军和西北白卫军总司令。6月25日，高尔察克任命邓尼金为南俄罗斯武装力量总司令和自己的副手。②三天后，他在写给顿河阿塔曼博加耶夫斯基的信中阐明了任命邓尼金为最高总司令继承人的理由，主要是为保持政权的连续性。③

三　东方白卫军的社会经济与外交政策

3—4月是高尔察克东方白卫军取得军事胜利时期，但随着它向伏尔加河地域的推进，一些社会经济问题迫在眉睫，需要高尔察克政府解决。

首要问题就是农民的土地问题。根据1897年俄罗斯的人口统计数据。欧俄地区是每平方千米22人，而乌拉尔山以东地区的人口分布则是每平方千米0.5人。19世纪末到20世纪初，整个西伯利亚地区有900万—1000万人，其中工人30万—40万人。由于西伯利亚地区地广人稀，人均耕地面积多，因此，农奴制没有在西伯利亚地区推广，与此同时，农民在生活水准上也高于欧俄地区的农民。④随着20世纪初的斯托雷平土地改革以及俄欧中央地区居民向俄罗斯帝国边疆地区移民运动的开展，大量的外来移民迁入西伯利亚地区。它导致了新移民（外乡人）与本地农民（土著）的矛盾。俄国著名的侨民史学家戈洛文将军在自己的著作

---

① Гинс Г. К. Сибирь, союзники и Колчак. Поворотный момент русской истории. 1918 - 1920 гг. (в 2 - х томах). Т. II. Ч. II, III. Пенкин., 1921г. С. 113.

② РГВА, ф. 106, оп. 3, д. 668, л. 4 и об.

③ Белый архив. Т. 1. Париж., 1926. С. 137.

④ Фефелов С. В. Сибирское крестьянство и режим адмирала А. В. Колчака. История и Современность. 2013. № 1. С. 192.

《俄罗斯反革命》中，再三将西伯利亚的土地问题主要归结为占有大量土地的富裕农民和赤贫的新移民之间的矛盾，"新移民在短时间未能恢复自己的经济，也没有获得足够的土地份地"。① 此外，他们还表现出强烈的无政府主义特征，不愿意受政府的约束，喜欢过自由自在的生活。

当苏维埃政府对伏尔加、乌拉尔地区的农民实施粮食征集制后，农民对这一政策不满。② 然而高尔察克和他的政府没有抓住这一机会。农业政策更多考虑的是富农的利益，并希望将他们培植为私人农场主，为俄国农业资本主义发展提供空间。这一农业方案继承了斯托雷平农业改革的遗产。主张实施"斯托雷平"方案，即"以私有制为本，在付费转让的基础上进行土地改革"，发展农业资本主义。

尽管高尔察克保护富农的利益，但富农并未成为其壮大的社会基础。乌拉尔和西伯利亚地区的富农，虽然面对布尔什维克的征粮压力，但他们更多是表现出一种保守的倾向，尽量不参与红军与白卫军的事务，以免惹祸上身。1919年7月，一位高尔察克政府的内阁成员发现，在距离中央政府所在地仅几小时车程外的地方，一位当地的富农似乎从来没有听说过高尔察克这一人物，并且相信（即使有的话）他还是一个英国人。③

高尔察克政府宣布保护土地私有，要求贫农将在1917—1918年春季的土地革命过程中夺取的土地归还给原先的所有者。此后，1919年3月18日又将临时西伯利亚政府颁布的"1918年7月6号法令"④ 扩展到从苏维埃政权统治之下夺取的俄欧地区。在实践中，这意味着重新恢复私有制，土地、工厂都要归还给原先的地主、富农和资本家。西伯利亚的富农和庄户们愿意接受，但它唤起了乌拉尔和伏尔加河地域农民的不满，更不用提俄罗斯中央地带的农民。特维尔省祖布佐夫区的农民相信，随

---

① Головин Н. Н. Российская контрреволюция в 1917 – 1918 гг. Т. 2. М. : Майрис - Пресс. , 2011. C. 315.

② Осипова Т. В. Крестьянский фронт в гражданской войне. Судьбы российского крестьянства. М. , 1996. C. 123 – 125.

③ David Footman, *CivilWarinRussia*, London：Faber And Faber, 1961, p. 220.

④ 这个条例规定侵占他人的房屋、土地、粮食、牲畜必须返还给原来的业主，其间所产生的全部费用都要重新补交。

着高尔察克的到来，"将不会再有秩序，一切都会恶化"。① 类似的情绪不仅在农村居民中成为一种普遍现象，而且出现在工厂的工人中。不少工人认为随着高尔察克军队的进攻，工人们将会失去对工厂的监督和财产。② 他们普遍对苏维埃政府持同情的态度，更愿意帮助苏维埃红军与白卫军作战，此后1919年夏季的车里雅宾斯克战役中，城中的工人主动帮助红军第5集团军守城，便是最好的证明。

俄国有数百年的农村公社传统，土地私有制有违它的"土地共有，定期平分"原则，而且也破坏了苏维埃政府1917年"土地法令"所赋予的权利。高尔察克政府尝试对"1918年7月6号法令"进行纠正。4月18日，政府颁布了"最高执政有关土地文献"提纲，它确定的原则是只有将俄罗斯从布尔什维克主义统治之下解放后，才能确定俄罗斯未来的土地政策。政府宣布："现在被耕作的一切土地属于所有人，人人都可以种植和耕作，不管他是土地所有者还是租户，都有收获庄稼和粮食的权利。"谈到未来的土地分配，宣言中保证政府将采取措施，从私人土地和公共土地当中划拨土地给无地和少地的农民，保障他们拥有一定数量的土地。再次强调土地是私有财产，受法律保护，并声明无论是庄户、中农还是地主，他们都是土地的合法拥有者。这是对1917—1918年农村贫农夺取地主、富农土地的既成事实的让步。"土地文献"再一次警告那些新的非法夺取土地的"掠夺者"，"从今以后，任何个人随心所欲地夺取私人和公共土地都是禁止、非法的"。对于土地政策的前景，则向农民们做出如下的承诺："将非劳动居民的土地转交给劳动农民，不加区分地广泛发展和推广小农经济，不管他们是基于私人占有原则还是土地集体所有原则。"③ 此外，1919年3月14日，全俄政府部长会议还颁布新的条例，政府收购部分私人土地，再依据军功原则划拨给俄罗斯军队的陆海军官兵们，以鼓励军队与苏维埃红军作战。

---

① Частные письма эпохи Гражданской войны. По материалам военной цензуры. Неизвестная Россия. XX век. Вып. 2. М., 1992. С. 234.

② Частные письма эпохи Гражданской войны. По материалам военной цензуры. Неизвестная Россия. XX век. Вып. 2. М., 1992. С. 234.

③ ГА РФ. Ф. 7042. Оп. 1. Д. 39. Л. 5–6; Трукан Г. А. Антибольшевистские правительства России. М., Институт истории РАН., 2000. С. 92.

"土地条例"的颁布是对1918年土地法令的调整。它目的就在于避免人民的质疑，他所建立的是一个"不民主"的政权。通过立法的手段对农民在1917—1918年所夺取的土地从法律上予以确认，并在此基础上形成了鄂木斯克政府的农业政策。但政权中的地主、行政官员、独立农户反对这一方案，政府面临强大的压力。高尔察克在9月给邓尼金的有关土地问题电报中向其抱怨："明白了土地问题的复杂性之后，不可能在国内战争结束前解决它。"[①] 金斯也指出："俄罗斯当局周围环绕着太多旧政权的因素，旨在落实其诺言的政府举措过于胆小和不明确。"[②] 事实上，高尔察克政府实施的诸多社会改革举措，都遭到了守旧势力和既得利益集团的反对。特别是在涉及土地等事关农民和地主切身利益问题上的改革，更是举步维艰。

为了安抚地主、庄户和富农，满足他们的诉求。高尔察克政府在5月颁布了新的农业法令，规定租户若是剥夺原业主的房屋，必须到县土地委员会登记在案，对它的使用情况进行监管。夺取私人农场和村社的土地则需要归还给原来的业主。这一法案事实上是对"土地文献"的否定。因此，对解决土地问题采取的保守政策导致高尔察克政府很快在农民中失去了政治优势。乌拉尔和伏尔加河地区的农夫们开始调转枪头，组织农民起义军，袭扰高尔察克前线的白卫军。

除此之外，远在后方西伯利亚地区的农民在高尔察克政府的统治之下生活并没有得到改善。在战时经济的背景下，政府开始实行严厉的举措——强制征调农夫入伍作战，征用粮食，遇到阻碍就对农村进行远征围剿，这也导致了农民的起义运动。根据苏联历史学家的统计，整个1919年，西伯利亚夏秋之际活跃的农民起义军人数高达14万人。[③] 他们活跃在阿尔泰、叶尼塞等地区，破坏西伯利亚大铁路，袭击政府机关，吸引了大量的白卫军与之作战，从而削弱了前线白卫军的军事力量。

第二个问题则是财政问题。军队军饷开支、武器购置费用、公共支

[①] Деникин А. И. Очерки русской смуты. Т. 4 Берлин. , 1925. С. 224
[②] Гинс Г. К. Сибирь, союзники и Колчак. Поворотный момент русской истории. 1918 - 1920 гг. (в 2 - х томах). Том. 1. Пенкин, 1921г, С. 573 - 574.
[③] Азовцев Н. Н. Гражданская война в СССР (Т2.). Институт Военной Истории Министерства Обороны СССР. , 1986. С. 94.

出等都需要大量的资金。高尔察克政府所控制的西伯利亚地区主要是农业区，工商业落后，故而从居民身上获得税收等财政收入较少，而政府的各项支出款项远远超过财政收入，故而俄罗斯卢布在外汇市场上贬值严重。1919年4月19日召开的部长会议上，财政部部长米哈伊洛夫的报告中就指出，"外汇问题现在非常严重，未能提高卢布的黄金储备，导致了卢布的大幅贬值，给国库带来巨大的损失。卢布贬值的原因在于我们的对外贸易和国际收支不平衡。简单来讲，最近几个月，我们每月购买的物品是1亿卢布，而每月输出的产品是250万卢布。这种巨大的贸易逆差在战争时期都是非常少见的，不利的进出口贸易差额在1919年达到了顶峰"。[1] 他在报告中建议政府采取以下措施，解决贸易不平衡问题：一是政府要对市场进行监管，对外贸易中成立专门的政府采购机构，消除私商小贩；二是采取必要的措施，提高西伯利亚的对外贸易数额，提升外汇收入，平衡贸易逆差，改善俄罗斯的外汇状况。

与此同时，由于各个地方政府争取发行货币，外加沙皇时期的罗曼诺夫币和克伦斯基币，货币市场混乱。其中最常见的是面值20卢布和40卢布的克伦斯基币。苏维埃政府大量地印刷克伦斯基币，不仅弥补了苏维埃政府的财政赤字，而且破坏了白卫军所控制地区的经济。1919年西伯利亚出现传言，一辆可以印刷克伦斯基版本纸币的专列进入到西伯利亚地区，而且还有红军士兵守卫。要重新考证这一事实非常困难，但是在货币市场流通的纸币或许可以印证这一传言。因为仅1919年西伯利亚地区人均纸币流通增长了十倍以上。[2] 根据高尔察克政府办公厅主任金斯的观察，苏维埃政府到1919年4月之前发行了900亿卢布的货币，其中800亿卢布的克伦斯基币流入白卫军控制的地区。[3]

高尔察克政府决心颁布法令来解决金融领域的货币流通问题。4月16日财政部部长米哈伊洛夫颁布法令，宣布从5月15日开始，市场流通的面值20卢布和40卢布的克伦斯基币禁止使用。居民可以用一个月的时间

---

[1] ГА РФ. Ф. Р-176. Оп. 5. Д. 103. Л. 73-75 об.

[2] БЕЛАЯ СИБИРЬ: ДЕМОГРАФИЧЕСКИЕ ФАКТОРЫ ОБОСТРЕНИЯ ЭКОНОМИЧЕСКОГО КРИЗИСА: http://www.antibr.ru/studies/ao_sibek_k.html. 2012.8.10

[3] Гинс Г. К. Сибирь, союзники и Колчак. Поворотный момент русской истории. 1918-1920 гг. (в 2-х томах). Том. 1. Пенкин., 1921. С. 161.

将这两种货币去银行换取票据。其中一半可以换为西伯利亚的货币，另一半则要20年之后再兑换。这一法令的出台如同晴天霹雳，给西伯利亚居民和外国商人带来巨大的损失，引起他们的巨大不满。原因在于克伦斯基币是西伯利亚地区最受欢迎的货币，中国商人和日本商人在与俄国的商业贸易中，持有大量的克伦斯基币。① 货币改革引起他们的抗议，但米哈伊洛夫仍然不为所动，仍然坚持自己的立场。货币改革的结果是卢布的信用一落千丈，米哈伊洛夫备受指责。

1918年8月卡普尔支队在攻占喀山之后，夺取了俄罗斯帝国在此地的黄金和白银储备，价值约7亿金卢布，此后黄金储备又转移到高尔察克政府手中。这些黄金储备为高尔察克政府在1919年的货币政策中实施金本位制度提供了基础。部长会议中以财政部部长米哈伊洛夫为首的部分成员主张利用上述黄金储备对新货币实施金本位制度。但是另外一些资深的财政专家以及帝俄时期的财政部部长В. Н. 科科夫佐夫（Коковцев）认为在西伯利亚政治、经济仍然不稳定的情况下不易实施金本位制度。争论持续了数月，最终高尔察克一锤定音，发表了一份声明："黄金储备是所有俄罗斯人民的财产，它被妥善保管于鄂木斯克，因此，神圣不可侵犯。"②

此外，为了消除国内的财政赤字，高尔察克政府试图提高烟草和伏特加的价格，对食糖和酒精实施国家垄断，但这些举措都没有奏效。政府努力想实现的财政预算平衡和减少贸易赤字的意图没有成功。原因主要有以下三个方面。一是无序的货币供应问题影响了整个俄罗斯东部以及西伯利亚的社会经济生活。由于西伯利亚政府货币信用度低，人们在日常生活中仍然大量使用克伦斯基币，大量的货币从布尔什维克控制的俄欧中央地区流入西伯利亚。二是金融投机非常普遍，几乎所有人，甚至包括外国的代理商、军火商都从事金融投机活动，利用不断波动的汇率攫取俄罗斯国家财富。三是没有实施坚定的金融改革，实施金本位制

---

① Павел. ЗыряновАдмирал Колчак, верховный правитель России. М.：Молодая гвардия., 2006. С. 473.

② Трукан Г. А. Антибольшевистские правительства России. М., Институт истории РАН., 2000. С. 96.

度，稳定西伯利亚货币的汇率。

金融改革的失败，导致俄罗斯卢布的汇率暴跌。6月的时候，日元与卢布的汇率为1∶16，7月转变为1∶29，8月转变为1∶40，到10月转变为1∶74。在城市中白面包已经消失了，黄油和鲜肉也经常断供。但是如果有日元和美元，这一切都可以获得，并且是上等品。① 通货膨胀恶性发展，一俄磅面包在1917年12月之前是4—5戈比，1918年5月，在叶卡捷琳堡的市场上是80—85戈比，糖和茶叶的价格在这段时期内增长了6—7倍。1919年1月到1920年4月这段时间内，基本的日常生活用品非常匮乏，人民普遍生活在饥饿线上，伏尔加河和乌克兰以及西伯利亚地区，许多居民连种子都吃掉了，它最终引起了1920年秋季和1921年的大饥荒。同时，战火所及，也关涉城市居民的日常生活。大量的城市居民因为饥饿不得不去农村寻找垦荒之地，俄罗斯东部不少城市凋敝残破。严重的通货膨胀较之布尔什维克的宣传，成为反政府活动的强劲动力。面对日益高涨的食品价格，居民对高尔察克政府日益充满憎恨的情绪。

第三个问题是与协约国盟友的关系问题。前线的军事胜利助长了高尔察克政府的民族主义情绪，它坚信自己军事上的成功，可以击败布尔什维克，盟国对俄国事务的干预，应该是有限度的，特别是不能在政治上对俄国事务指手画脚。1919年春季，高尔察克政府傲慢地拒绝了美国总统威尔逊提出的俄国国内各方交战力量在马尔马拉海王子岛举行和平会谈的提议。他在给西欧的马克拉科夫和萨扎诺夫的外交电报中，要求他们向社会舆论说明："白卫军与布尔什维克的斗争，这不是两个不同政党夺权的宿怨，而是与文明的敌人的斗争。我们与他们没有任何共同的语言，不会做出任何的妥协与让步。对他们没有任何的法律法规或者合同能够签订，会谈不能进行。"② 王子岛谈判未能举行。

5月26日，协约国盟国五人委员会（美国总统威尔逊、英国首相劳合·乔治、法国总理克里孟梭、日本首相西园寺、意大利总理奥兰多）向高尔察克政府发出照会，提出五点要求。6月4日高尔察克政府对照会做出答复：对盟国提出的在俄罗斯建立民主制度，重新选举召开立宪会

---

① ГАРФ. Ф. 5881. Оп. 2. Д. 141. Л. 71, 109, 113.
② ГАРФ, ф. 1700, оп. 7, д. 38, л. 201.

议,实施地方自治的三点要求做出承诺。声明一旦击败布尔什维克,将重新选举立宪会议,并由它确定俄国的国家体制,此后高尔察克将权力移交给民选政府。但是对盟军提出的波兰和芬兰等边疆国家独立问题,照会提出异议。高尔察克政府"承认波兰独立,但是与波兰的领土划分问题、芬兰的独立问题以及比萨拉比亚的归属问题都须提交未来的立宪会议解决。对于波罗的海、高加索、图尔克斯坦(Туркестан)等,它们的地位应该限制在'自治框架内',不承认它们独立"。①

事实上,这份照会并非高尔察克政府对盟军的搪塞,而是对自己的内政外交政策的概括和严肃表达。它对盟国要求承认俄罗斯帝国边疆民族独立建国的事实表达了不满,认为这是对大俄罗斯的污蔑。凡尔赛会议上对俄国问题的处理也刺激了白卫军政府的民族自尊心,认为它损害了俄罗斯的尊严和利益。金斯写道:"最高执政经常挂在嘴边的话是我们必须摆脱凡尔赛……,当我们强大后,将不会对和约担负任何的义务。"②由于存在这种内在的冲突,盟军对高尔察克政府的军事援助始终谨慎小心,克伦斯基所签订的金融合同美国政府亦没有兑现支付。

除此之外,高尔察克和法国代表热南(Жанен)将军的关系很糟,甚至多次发生冲突。1918年年底,根据法国总理克里孟梭和英国首相劳合·乔治的决定,热南将军是俄罗斯东部、西伯利亚的俄国军队和盟国军队的最高指挥官。高尔察克并不承认这一协议,认为盟国军队可以与捷克军队一起离开前线,只留下俄国军队战斗。在获得来自巴黎新的训示之后,热南将军被任命为盟军在俄罗斯西伯利亚和东部地区的总司令,与俄罗斯军队在战役方面开展共同行动。热南将军与诺克斯将军开展合作,承认保护俄罗斯军队的后方和后勤保障。③ 高尔察克则保住了西伯利亚军最高统帅的头衔,并且拥有军事战略行动自主权力,无须和任何盟

---

① Плотников И. Ф. Александр Васильевич Колчак. Исследователь, адмирал, Верховный правитель России. М, 2002. С. 378 – 380.

② Гинс Г. К. Сибирь, союзники и Колчак. Поворотный момент русской истории. 1918 – 1920 гг. (в 2 - х томах). Т. Ⅱ. Ч. Ⅱ, Ⅲ. Пенкин. , 1921г. С. 289 – 291.

③ Новый журнал. №. 072, 1963. С. 214 – 215. ; С. В. Волков Восточный фронт адмирала Колчака (Россия забытая и неизвестная. Белое движение.). М. ; Центрполиграф. , 2004. С. 250 – 251.

国协商。

热南、诺克斯和高尔察克有意增扩在西伯利亚相对不多的盟军力量。但是，这需要美国总统威尔逊的认可与支持。威尔逊总统只同意斯蒂文斯委员会操控西伯利亚大铁路的计划，通过这个计划规定了以俄罗斯为首的，包括美国、大不列颠、中国、法国、日本、捷克斯洛伐克在内的盟国铁路委员会的建立。① 事实证明，该铁路是掌握在外国人手中的，他们将其划分成段并隶属于这些国家。美国掌控着符拉迪沃斯托克地区，日本得到了上乌金斯克至赤塔一线和哈巴罗夫斯克地区，捷克将伊尔库茨克到鄂木斯克这一段纳入囊中。整个西伯利亚和远东地区，自贝加尔湖以西是法国领导的捷克军团控制，从贝加尔湖到远东地区则是美日军队。这样划分破坏了俄罗斯的主权，高尔察克从未赞同过盟国的这些行为，即使他被迫要与他们虚与委蛇。

总而言之，高尔察克和协约国盟军的关系是复杂且矛盾的，他并未在其同盟军那得到过官方认可。美国、英国、法国、捷克斯洛伐克、日本在远东和西伯利亚都有着不同的利益，他们凭此实行自己相应的政策。这使高尔察克政府的立场很为难。外国军队并不主导前线的战争，而捷克斯洛伐克的部队守护着西伯利亚大铁路，且金融和外交战也并未平息。

第四个问题则是俄罗斯帝国崩溃之后，怎样处理与帝国边疆的民族关系。高尔察克在民族问题上一直奉行"统一、不可分割的俄罗斯政策"。这项政策的提出表明他相当缺乏对现实政治的理解，甚至可以说它违背了第一次世界大战之后整个欧洲地区高涨的民族主义情绪以及当时

---

① 这个铁路委员会的全名叫作"恢复中东铁路和西伯利亚铁路国际委员会"（Междусоюзный железнодорожный комитет по восстановлению деятельности железнодорожного транспорта Китайско - Восточной и Сибирской железных дорог）。1919 年 3 月 5 日组建，主要参加者是英国、法国、美国、日本和中国。高尔察克的俄罗斯政府交通部部长 Л. А. 乌斯特鲁格夫（Устругов）被推选为委员会主席。1919 年 3 月 16 日第 32 期的政府公报刊登了俄罗斯政府借助于盟国的援助恢复和加强铁路运输的声明。根据这份文件：1. 国际委员会共同担负监督铁路运输安全的责任，所有的盟国，包括俄罗斯，都派出一个代表参加此委员会。2. 运用盟军的军事力量保护铁路安全。3. 铁路的各部主要行政长官由俄罗斯人担任。4. 铁路技术委员会由斯蒂文斯主持。5. 协议终止外国势力从西伯利亚撤出。宣言于 1919 年 3 月 14 日在海参崴签订。该委员会在 1919 年 4 月底从鄂木斯克迁移到海参崴，此后俄罗斯政府的最高全权代表是远东的霍尔瓦特将军。1919 年 8 月 22 日部长委员会做出决议，任命外交事务官 B. O. 克列姆（Клемм）担任该委员会主席之职。

美国总统威尔逊和列宁等提出的在社会舆论中备受欢迎的"民族自决"的口号。从某种意义来说，这项政策对白卫军而言是一项自杀性质的政策。随着俄罗斯帝国的解体，帝国的边疆民族从中央政权的统治之下脱离出来，它们纷纷寻求独立。1919年在法国巴黎举行的凡尔赛会议上，波罗的海三国、北高加索、格鲁吉亚、库班拉达都派出自己的外交代表团赴会，它们都希望能够得到列强的外交承认。

针对上述外交代表团提出的给予他们独立性的要求，高尔察克建议推迟到立宪会议解决。显而易见，高尔察克在拒绝从布尔什维克手中夺取的地区建立反布尔什维克同盟，迫使帝国边疆地区倾向于列宁领导的苏维埃政府提出的民族自决口号。"我们的不幸就在于"，菲拉季耶夫将军后来写道，"最高执政完全缺乏现实感"。一次，就拉脱维亚、立陶宛、爱沙尼亚的命运问题，高尔察克给了法国总理克里孟梭一个十分模糊的答案，菲拉季耶夫问他，为什么不更加具体地回答克里孟梭，高尔察克"一下就火了，他（高尔察克）提高了音量说：'我不能糟蹋了彼得大帝的基业。'""我无法告诉他说他不是彼得大帝的继承者，波罗的海沿岸的国家迟早都要独立。"[1]

不仅如此，当1919年5月 H. H. 尤登尼奇将军拍电报给高尔察克，告诉他自己在组建西北白卫军，打算对彼得格勒发动进攻。只要承认芬兰独立，同时对卡累利阿的领土做出让步，芬兰军队愿意与西北白卫军一起共同进攻彼得格勒。[2] 但高尔察克拒绝了尤登尼奇将军的这一战略建议，他认为芬兰的独立问题要推迟到将来的立宪会议予以解决，同时出于对北方首都地缘安全的考量，他断然拒绝了割让卡累利阿地峡的建议。[3] 当 H. H. 尤登尼奇将军在准备第二次彼得格勒战役之时，芬兰临时总统 К. Г. 曼纳林告知高尔察克他准备调动自己的军队对抗布尔什维克。他提出的唯一条件是要求最高执政发出一份官方声明，从外交上正式承认芬兰独立。但是高尔察克再一次拒绝了曼纳林的要求，他在给尤登尼

---

[1] Филатьев Д. В. Катастрофа белого движения в Сибири. 1918 – 1919 Впечатления очевидца. Париж, 1985. С. 188 – 189.

[2] Красный архив. 1940. № 1. С. 62.

[3] Красный архив 1929 № 2. С. 119 – 121.

奇将军的电报中仍然秉持了统一不可分割的大俄罗斯观念，指出不会"承认独立的芬兰"，并且邓尼金也同意他的意见。① 他的政府只同意在俄罗斯领土上实施人民内部自治，如雅库特人、巴什基尔人和鞑靼人。然而，直到内战结束，高尔察克政府在民族政策上也没有提出合适的具体步骤。即使在覆灭前夕，他也没有放弃自己的帝国梦。

Н. В. 乌斯特里亚洛夫（Устрялов）——高尔察克的一位同事——10月18日在《俄罗斯事务》报中写道："是时候意识到俄罗斯革命早就结束了。新俄罗斯在等待自己的伊凡一世（金袋），民族复兴可以在国家联盟的旗帜下进行。自然，这面旗帜将在最高执政的住处上空飘扬。但高尔察克是成不了伊凡四世的。他，就好像是尼古拉二世，不能缔结单方和约、不能献出国家的部分历史疆域，即使是吞下战败的苦果。战略上，对分离主义者的让步——用给予乌克兰、波兰、波罗的海沿岸国家独立来换取他们在与布尔什维克战争中的帮助——并不容易，但也不是无利可图。"②

最高执政的大国野心不仅让他失去了对东方白卫军政府非常有益的潜在盟友，而且推开了同盟的积极帮助。最典型的是巴什基尔的民族军队，起初他们积极反抗布尔什维克主义，甚至加入东方白卫军与苏维埃红军作战。但因高尔察克政府对巴什基尔民族主义者独立诉求的轻视而使他们转向苏维埃政府。巴什基尔民族主义领导人带着他的2000士兵转投了布尔什维克一方，他们于1919年2月被允许创建巴什基尔共和国。分离主义者成为布尔什维克的同盟军。

第三节 东方白卫军的失败

一 1919年夏秋之际的军事失败

由于春季攻势中东方白卫军取得胜利，东方白卫军大本营洋溢着乐观的情绪，相信夏秋之际会攻入莫斯科，而忽视了前线军队需要解决的

---

① Красный архив. 1940. № 1. С. 67.

② Трукан Г. А. Антибольшевистские правительства России. М., Институт истории РАН., 2000. С. 95 – 96.

以下问题。

一是盖达领导的西伯利亚集团军和汉任将军领导的西方集团军分别向西北方向和西南方向进军过远，两军之间已经拉开一个危险的空隙地带，但不能彼此保护，反而非常容易被苏维埃红军各个击破。而在乌拉尔地区新组建的卡普尔军团，大多数是强制征召的农夫，他们心怀不满，没有忠诚度。

二是前线军队经过两个月的连续作战，尽管取得战争的胜利，但损失严重，单是西方集团军就损失了 2.5 万人，士兵的精神状态和作战训练开始大幅下滑。[1] 西方集团军最具作战能力的沃特金斯克工人组成的师团在攻克沃特金斯克工厂之后，绝大多数士兵返回了自己的家中。

三是前线军队的军备物资补给困难。由于西伯利亚地区工业落后，东方白卫军的主要军备物资都要从美国和日本获得，这就要借助西伯利亚大铁路。铁路的运输繁忙和游击队的活动，导致铁路经常被破坏和效率低下，大量的军用物资堆积在海参崴港口而不能抵达前线。例如，西方集团军到 1919 年 6 月 10 日，仍然还有 1714 名士兵没有武器，而南线军团是 7089 名。[2] 因此，前线军队在缺乏物资的情况下，军官和士兵们普遍劫掠当地城市居民和农夫的粮食，强制征用他们的大车和马匹，导致民怨沸腾，农夫们纷纷起来反抗白卫军。随军牧师谢列布里亚科夫（Серебряков）就在写给上级的书信中记载了乌拉尔地区兹拉托乌斯特县农民情绪的转变，他们不堪军纪败坏白卫军士兵的劫掠而起来反抗。[3] 金斯在自己的日记中也承认军队抢劫了沙德林斯克县和卡梅什洛夫县 5000 匹马车，这是让农夫们成为"布尔什维克的最好动力"。[4]

从 4 月下旬开始，西伯利亚和乌拉尔地区出现春汛，冰雪消融，往日的皑皑白雪和涓涓细流都转化为洪水泛滥的河流，道路亦变得泥泞不堪，对军队的行动造成极大不便。这对军队的行军作战而言，是比敌人更难以逾越的障碍。B. M. 莫尔恰诺夫（Молчанов）描述了他自己领导

---

[1] Петров. Роковые годы. С. 164 – 167.
[2] РГВА, ф. 39499, оп. 1, д. 64, л. 1 – 6.
[3] ГАРФ. Ф. Р – 147. Оп. 15. Д. 25. Л. 15.
[4] Гинс Г. К. Сибирь, союзники и Колчак. Поворотный момент русской истории. 1918 – 1920 гг. (в 2 – х томах). Т. II. Ч. II, III. Пекнин., 1921г. С. 307

的部队跨越乌拉尔山时期的艰辛,士兵们疲惫不堪,大车陷入泥泞而不能前行,反而成为累赘。① 而此时像往常一样,夏天作战的军靴延迟交付,士兵和军官们都脱下冬日的毛靴,穿着破旧不堪的鞋或者赤脚行军。火炮深陷泥淖中,无法跟上前线的作战部队。К. В. 萨哈罗夫(Сахаров)将军在自己的回忆录中写道:"俄罗斯军团的外观……好像这不是军队,是东正教教堂面前成千的乞丐。他们的着装各式各样,最多的,还是农民的妆饰……由于持续性的行军和战斗,他们的靴子都破了,很多连鞋底都没有。裤子上都是窟窿,透过它可以看到士兵们赤露无遮蔽的躯体。……军官和士兵们的着装并没有太大的差别,他们站在队列中,双腿弯曲,肩膀下垂——这一切都显示他们厌倦了长期的战争和最近的战斗。"②

此外,因为与大本营联系的破坏,作战部队各自在荒野中寻找他们的待命地点,尽管还有电报可以联系,但也仅仅局限于铁路沿线。进攻急剧放缓,在有的地方甚至完全停下来。红军的处境不见得比白军更好。但是,自然状况的恶劣延迟了白卫军的进攻,给红军以休整的时间,可以从其他战线调配兵力,恢复军队的战斗力,但是当白卫军队涌向伏尔加河地区时,他们陷入泥淖之中,并且在关键时刻也失去了自己的粮食、服装、弹药、大炮并且倍感疲劳。1919年4月西方集团军就面临这种情况,这为红军的反攻提供了机会。

东方白卫军在春季攻势中取得的军事胜利让列宁领导的俄罗斯政府处于危急状态。如果东方白卫军渡过伏尔加河,继续朝俄欧中央地区前进,这不仅会隔断国家水路交通命脉伏尔加河的运输,而且会丢失乌拉尔和伏尔加河地域的产粮基地。东线如同1918年夏季一样,成为俄罗斯国内战争时期的主要战线。1919年4月7日联共布中央委员会宣布东方战线为主要战线的决议,同时任命伏龙芝为东方战线南方集群总司令,下辖第一、第四、第五和图尔克斯坦集团军,兵力总数达到8万,是汉

---

① Молчанов В. М. Последний белый генерал. М. : АЙРИС‐Пресс. , 2012. C. 118 – 125.
② Сахаров К. В. Белая Сибирь(Внутренняя война 1918 – 1920 гг.). Мюнхен. , 1923. C. 102.

任将军统帅的西方集团军兵力总数的 2 倍。① 图哈切夫斯基替换布柳姆贝格，担任红军第 5 集团军总司令。邵林担任北方集群总司令，下辖第 2、第 3 集团军。

4 月 10 日，军事革命委员会主席托洛茨基在车里雅宾斯克举行了东方战线的高级指挥官会议，改变了俄国东方战线的作战计划，决定由伏龙芝指挥在白卫军后方的车里雅宾斯克的南方集群向西南方向进攻奥伦堡，再从侧翼攻击在萨马拉的西方集团军余部。

4 月 12 日，列宁发表了《俄共布中央关于东线局势的提纲》，深刻地分析了国内的形势，提出鉴于"高尔察克在东线的胜利给苏维埃共和国造成了非常严重的威胁。必须竭尽全力粉碎高尔察克"。② 党中央四月全会讨论了加强东线的具体措施，对俄欧中央地区的工人、共产党员和共青团员进行动员，给东方战线苏维埃红军输送了 2.5 万名工人、1.5 万名共产党员、3000 名共青团员。③ 4—6 月的两个月时间内，东线的红军再次动员了近 10 万工农入伍。较之白军，伏龙芝指挥的南方方面军的骨干是由萨马拉、萨拉托夫等省具有布尔什维克主义信仰的先进工人组成，具有比白卫军更强的凝聚力和战斗力。

4 月 28 日，伏龙芝指挥的东方战线南方集群发动反攻，充分利用白卫军由于受解冻和春汛的影响，行军不便，指挥、控制虚弱的形势，进行布古鲁斯兰战役。经过一周的激战，图哈切夫斯基指挥的第 5 集团军于 5 月 4 日击溃汉任将军的第三、第六军团，攻占布古鲁斯兰镇，此后又攻占布顾利姆，迫使汉任将军将自己的部队收缩到乌法和别列别伊一线。

5 月 25 日，苏维埃红军南方集群开始乌法战役。

6 月 7 日，第 5 集团军的先头部队、恰巴耶夫领导的著名的红 25 师渡过白河，兵锋直指乌法城下，建立桥头阵地，两个星期后攻克乌法。汉任将军领导的西方集团军余部开始向乌拉尔山麓撤退。

在北方，邵林统帅的北方集群在依靠装备了重火力的伏尔加河舰队

---

① Гончаренко О. Г. Тайны белого движения: побед и поражения (1918 – 1922года).：М. вече.，2004. С. 111.

② Правда№ 79，1919 年 4 月 12 日。

③ Веллер М.，Буровский А. Гражданская история безумной войны. М. : АСТ, Астрель.，2010. С. 377.

的配合下于7月1日夺取了彼尔姆。盖达领导的西伯利亚集团军一路溃败，到7月15日，已经撤退到叶卡捷琳堡。新继任的军事部部长布德别尔格建议高尔察克将政府迁移到伊尔库茨克，同时将白卫军后撤到伊希姆河组建防御阵地，以此求得军队的休养和整训，高尔察克同意了这一建议①。但这一方案在部长会议讨论的时候，遭到部长们的反对，在他们看来，迁都意味着承认局势完全恶化，不仅会丧失人心，而且也会导致数月来一直寻求盟国外交认可的努力失败。

前线的军事失利也导致了东方白卫军高级将领之间的矛盾公开化。西伯利亚集团军总司令盖达指责大本营总参谋长列别捷夫缺乏制定军事战略的才能，而是陷入了统治集团内部政治斗争的诸多阴谋中，他无力有效地对前线军队管理做出决议并调整他们的战斗行动。不少前线军队的指挥官都认可这一观点，认为大本营过分干预政治活动而较少关心前线的战事。为此，盖达公开地、不顾任何从属关系地将上述问题抛了出来。1919年5月26日，他向部长会议主席 П. В. 沃罗格茨基发了封电报，要求"尽快采取措施撤销列别捷夫将军对指挥的任何参与权，进行军队司令部管理重组"，并声明"他从5月26日起不再听任参谋长列别捷夫的任何命令，并请求向部长会议汇报，以取得它对他的要求的支持"。② П. В. 沃罗格茨基在自己的日记中也记载了这一事件，尽管盖达希望高尔察克撤职列别捷夫少将，但这一请求没有实现。高尔察克并不想辞退自己的参谋长，在与盖达试图找寻一个折中办法的长时间会谈后，他最终贬谪了盖达。③ 盖达的离职，也进一步恶化了鄂木斯克政府与捷克人的关系，为此后捷克军团支持社会革命党埋下伏笔。

为了应对前线日益恶化的战局，高尔察克下令对前线军队进行关键的人事和组织变动。М. К. 季杰里赫斯（Дитерихс）得到擢升，在高尔察克看来，以他的威望和以往的军功，应该能够带领前线军队走出危局。6月20日，高尔察克擢升他为前线军队总司令，统帅西伯利亚集团军、

---

① Филатьев В. Катастрофа Белого движения в Сибири: 1918 – 1922ГГ. Впечатления очевидца. Квакин А. В. Окрест Колчак: докумкнеы и материалы. М: АГРАФ., 2007. С. 226.

② РГВА. 39483. Оп. 1. Д. 3. Л. 10.

③ Трукан Г. А. Россия антибольшевистская: Из белогвадейских и эмигрантских архивов. М.: Институт российской истории., 1995. С. 180 – 188.

西方集团军。① 两天之后，萨哈罗夫取代汉任将军，担任西方集团军司令。② 7月14日，高尔察克下令对军队的架构进行改革，西伯利亚集团军和西方集团军被整合为三个非独立的集团军。即 А. Н. 佩佩利耶夫领导的第1西伯利亚集团军、Н. А. 洛赫维茨基（Лохвицкий）领导的第2西伯利亚集团军和萨哈罗夫领导的第3集团军。这三个集团军统一由东方战线的总司令季杰里赫斯领导。③ 对军队进行改组的同时，也撤销了军队指挥官对部队及兵团供给和装备配备的职权。军队的保障由战线司令部来解决。显而易见，改组的目标旨在减轻前线指挥官的负担，将他们从繁重的军队保障工作中解放出来，可以全身心投入战役指挥工作中。

与此同时，为了补充东方战线军队，季杰里赫斯6月28日下令强制征兵。在彼尔姆、乌法州以及西伯利亚等军区，征召所有1902—1913年服役期的男性居民。不仅如此，7月8日，部长会议亦下令宣布，在俄罗斯政府治下的所有地域，包括战区，提前征召生于1901年4—12月（也就是1922年服役期）的新兵。凡是逃避兵役和"开小差"逃跑的士兵被宣布为敌人，没收财产和剥夺选举权。④ 在高尔察克军队撤退的形势下，征召第一次世界大战老兵完全是得不偿失。Г. А. 韦尔日比茨基将军证实，"近前线地带的应征入伍者是不可靠的，甚至是危害元素。7月27日至8月5日的战斗期间，军官层和旧部表现得超乎赞誉，而应征入伍者一个也不留的全消失了：大部分投降了红军，小部分跑到森林里了……7月27日，第4西伯利亚步兵师成员有4400名步兵，到8月5日仅剩下1655名步兵。突击旅原有1200名步兵，仅剩下315名。因而，乌拉尔之战后军团甚至减弱了，因为补充的人员随身带走了所有的东西，包括步枪"。⑤ 正出于以上所述原因，韦尔日比茨基请求派遣远离前线区域的年轻士兵来补充自己的部队。

随着红军的持续进攻，到1919年7月，高尔察克东方白卫军相继丢

---

① Голос Сибирской армии（Екатеринбург）. 1919. 26 июня.

② РГВА. Ф. 39483. Оп. 1. Д. 3. Л. 1.

③ Павел. ЗыряновАдмирал Колчак, верховный правитель России. М.：Молодая гвардия.，2006. С. 507.

④ Цветков В. Ж. Генерал Дитерихс（Белые воины）. М.："Посев".，2004. С. 259–260.

⑤ РГВА. Ф. 40835. Оп. 1. Д. 1. Л. 39.

失了彼尔姆、昆古尔、叶卡捷琳堡等重要战略据点。为了扭转前线失败的局面，将战线维持在东乌拉尔山麓，白军司令部决心采取行动，对车里雅宾斯克地区图哈切夫斯基领导的红军第 5 集团军进行精心设局，意图将其诱至城内，然后围歼，从而向西开辟与邓尼金的南俄白卫军联合的道路。其战役计划是萨哈罗夫的第 3 集团军用后卫力量遏制红军，集结自己的力量攻向车里雅宾斯克，同时集中两个战斗群：一个是沃伊采霍夫斯基将军向北攻，另一个是卡普尔将军向城南攻。预设，当红军退入车里雅宾斯克时，他们将从北和南两个方向进攻，形成夹攻并将红军包围。① 应当注意到，这个由萨哈罗夫制定和列别捷夫支持的非常冒险的方案与东方战线第 3 集团军的整体任务不相矛盾。行动前夕，这个集团军的力量得到了加强，补充了从鄂木斯克军区调来的三个师——第 11、12、13 步兵师。

战斗从 7 月 23 日打响，到 8 月 1 日结束，持续 8 天，这是国内战争时期东方战线最为残酷的一场战役。白卫军的攻势使红军伤亡高达 1.1 万余人，但自身也付出了伤亡 5000 余人的代价，卡普尔将军领导的伏尔加河军团有数千名春季被征入伍的农夫逃亡，再次证明了春季动员征召的士兵是不可靠的。② 更为致命的是，由于红军第 5 集团军顽强作战，外加城市 1.2 万余名工人加入守城的战斗中，白卫军的作战计划没有实现，遭遇了重大失败，致使与南俄邓尼金在秋季向俄欧中央地区共同进攻的战略计划化为泡影。

红军在车里雅宾斯克城东击退了白卫军第 3 集团军，并攻占了特罗伊茨克（Троицк）城，结果导致别洛夫将军的南方集群脱离了白军的主力部队，被孤立。③ 这种情况下，最佳决定就是南方集群向东面撤退，与第 3 集团军左翼保持紧密接触。然而，南方集群没有接到明确的指示，事实上它已被弃之不顾。集团军司令别洛夫亦摇摆不定，并放弃了军队

---

① ВолковС. В. Восточный фронт адмирала Колчака（Россия забытая и неизвестная. Белое движение）. М. : Центрполиграф. , 2004. С. 163.

② Спирин Л. М. Разгром армии Колчака. М. : Госполитиздат. , 1957. С. 220；Петров. Роковые годы. С. 197.

③ Павел. ЗыряновАдмирал Колчак, верховный правитель России. М. : Молодая гвардия. , 2006. С. 508.

的领导权。他向图尔克斯坦撤退的不适宜决定导致了军队在阿克纠宾城下的重大损失，也造成了东方白卫军战斗成员的实质性缩减。

车里雅宾斯克战役的失败，导致社会舆论纷纷抨击大本营总参谋长列别捷夫，认为他是战役失败的罪魁祸首。8月12日，高尔察克将其撤职，擢升 Н. Н. 戈洛文（Головин）为大本营总参谋长，А. П. 布德别尔格（Будберг）为军事部长。

东方白卫军丢失车里雅宾斯克，意味着他们彻底失去了在乌拉尔山麓的立足点，退回到西伯利亚地区。新任军事部长布德别尔格在自己的日记中记载了高尔察克的忧郁情绪，与部长会议的成员开始讨论将部分行政机关和非战斗的军事部门迁移到更后方的城市。① 他明白，自己的任何决定都是在刀尖上跳舞，如果不迁移，鄂木斯克过于靠近前线，会面临红军进攻的危险，一旦迁徙离开，也就意味着政府的灭亡。经过长时间的考量之后，组建了一个迁移委员会，做好前期准备。

红军第3、第5集团军继续向东进攻，越过巨大的西西伯利亚平原，兵锋直达托博尔河。8月16日，苏维埃红军东方战线指挥官 В. А. 奥尔德罗格（Ольдерогге）命令第3、第5集团军部队在彼得罗巴甫洛夫斯克和伊希姆斯克方向追击敌人，强渡托博尔河并攻占右岸最重要的交通要道。为了保障战线主力的两翼，命令攻占库斯塔奈和托博尔斯克地区，还有塔夫达（Тавда）河口。此时红军拥有55700名步兵、5500名骑兵、1225挺机枪和220门火炮，对抗白军的40500名步兵、6100名骑兵、239门火炮和660挺机枪。苏维埃红军部队相对白卫军有较大优势，步兵人数是后者的1.4倍，机枪为1.9倍，在骑兵和火炮上也毫不逊色。② 9月初，红军第3集团军强渡托博尔河成功，攻克托博尔斯克。

高尔察克领导的东方白卫军亦决定进行反击，以支援俄国南部和西北部白卫军正在进行或筹划的攻势。他的第一目标是稳住托波尔防线，更重要的目标则是恢复乌拉尔战线。季杰里赫斯成功地集结了后备部队，补充并重组了军团，在9月初开始转为积极的军事行动。9月1日，他下

---

① Будберг А. П. Дневник белогвардейца. М., 2001. с. 173 – 174.

② Азовцев Н. Н. Гражданская война в СССР（Т2.）. Институт Военной Истории Министерства Обороны СССР., 1986. С. 224 – 225.

达反攻命令。通过展开残酷的遭遇战,白军第1集团军和第2集团军把红军第5集团军压迫到彼得罗巴甫洛夫斯克车站,建立了包围之势。白军第3集团军在攻占伊希姆斯克车站后,成功突破了红军第3集团军阵线,逼迫它后撤。9月27日红军第3集团军放弃托博尔斯克。白卫军第3集团军沿着伊希姆河将战线推进350千米,先头军队已经抵达托博尔河东岸。托博尔战役的胜利让高尔察克的东方白卫军将领们相信,他们仍然有机会战胜苏维埃红军,尤其是考虑到邓尼金在俄欧中央地区取得的巨大军事成功。高尔察克乘坐火车视察了前线,金斯在回忆录中记载了高尔察克对前线胜利所流露的巨大满足感。① 鄂木斯克的达官贵人们沉浸在前线战争的胜利喜悦之中,高尔察克给参与作战的萨哈罗夫等指挥官授予圣乔治三级勋章,以表彰他们的战功。

事实上,东方白卫军在托博尔斯克所取得的战争胜利只是昙花一现。由于白卫军第2集团军的延误和伊万—里诺夫领导的哥萨克军抗命,没有及时渡过托博尔河,深入红军第5集团军的背后,因而没有实现围歼图哈切夫斯基领导的红军第5集团军的计划。结果是白卫军第1、第2、第3集团军都没有渡过托博尔河,错失了一个非常好的战略机会,最终双方以托博尔河为界进行对峙。

尽管苏维埃红军遭受了惨重的伤亡,但第3集团军和第5集团军仍从新近攻占的乌拉尔地区征召了4.4万人的新兵,恢复了元气,军事装备也得到了加强。② 到10月中旬,东方战线的红军人数增加了1倍,达到10万余人,而与之对抗的白卫军第2、第3集团军人数下降到5万余人。10月14—18日,苏维埃红军第3、第5集团军再次发动反攻,两个星期之内重新攻占托博尔斯克,把东线白卫军赶回到伊希姆河的据点。③

红军的反攻胜利,意味着季杰里赫斯想在南鄂木斯克建立稳固防御战线的意图失败。车里雅宾斯克和彼得罗巴夫斯克铁路线的失守,使别洛夫将军领导的南方集群和杜托夫领导的奥伦堡哥萨克军队与东方白卫

---

① Гинс Г. К. Сибирь, союзники и Колчак. Поворотный момент русской истории. 1918 - 1920 гг. (в 2 - х томах). Т. Ⅱ. Ч. Ⅱ, Ⅲ. Пенкин., 1921. С. 361.
② Спирин Л. М. Разгром армии Колчака. М.: Госполитиздат., 1957. С. 240.
③ Гражданская война в СССР. Т. 2. М., 1986. С. 226.

军主力部队之间的联系完全被切断，他们失去补给来源，此后相继被苏维埃红军击溃。夏秋之际决定性的战役失败，也意味着政府即将垮台这一事实变得越来越明晰。最高执政高尔察克的个人威望在自己的追随者和在西伯利亚的盟国代表之间日益下跌。同样，在高层领导之间爆发了一场激烈的斗争，政府内部的革新派要求政府进行改革，以解决日益恶化的政治格局和社会问题，这种内部的争吵和外部的军事失利加速了高尔察克政府的倒台。

二 东方白卫军之灭亡

到 1919 年 10 月底，高尔察克政府面临巨大的困难，以下重要的议题开始被提上议事日程：第一，政府是否迁移到伊尔库茨克或者其他远东地区的城市；第二，是否防守鄂木斯克；第三，高尔察克是否离开首都。① 在金斯看来，10 月最后一周对这些议题的讨论如同暴风雨般激烈。М. К. 季杰里赫斯力主放弃对鄂木斯克城的防守，在他看来，额尔齐斯河很快就会因为西伯利亚寒流而冻结，鄂木斯克无险可守。萨哈罗夫则主张防守鄂木斯克，认为它是政权的象征，如果首都迁移到远东地区的其他城市，这就意味着政府已经完全失去了对西伯利亚地区的控制。高尔察克本人则犹疑不决，部长会议的大多数部长亦主张放弃鄂木斯克，最终高尔察克听取了萨哈罗夫的建议，继续防守鄂木斯克，但部长会议可以先迁移到伊尔库茨克。② 出于对 М. К. 季杰里赫斯的信任，高尔察克也听从了他的推荐，任用极具军事指挥才能的卡普尔将军取代萨哈罗夫担任第 3 集团军司令，沃伊采霍夫斯基将军取代韦尔日比茨基将军担任第 2 集团军总司令。但这一决策姗姗来迟，已经不能改变白卫军前线的窘迫格局。

11 月初，气温急剧下降，如同季杰里赫斯将军的预警，额尔齐斯河结冰。天然的障碍变通途，无论是对于白卫军还是红军，都可以渡河对

---

① Гинс Г. К. Сибирь, союзники и Колчак. Поворотный момент русской истории. 1918 – 1920 гг. (в 2 - х томах). Т. II. Ч. II, III. Пенкин., 1921. С. 408.

② Гинс Г. К. Сибирь, союзники и Колчак. Поворотный момент русской истории. 1918 – 1920 гг. (в 2 - х томах). Т. II. Ч. II, III. Пенкин., 1921. С. 408 – 410.

对方发起攻击。但是对高尔察克的东方白卫军政府而言,这意味着所有的政府机构都需要马上迁移到伊尔库茨克,庞大的搬迁工作让西伯利亚大铁路拥挤不堪。11月12日,高尔察克作为最后的见证者在战斗军列的护送下离开自己的首都鄂木斯克。12个小时之后,红军第27师没有遇到任何的武装抵抗入城。红军在城市中缴获了数量巨大的装备,包括3辆装甲列车,41门火炮,超过100挺机枪,200辆机车头以及大量的冬装。

早在鄂木斯克陷落之前,西伯利亚的政治氛围已经发生转变。城市杜马、地方自治局以及合作社都开始倾向于与社会革命党合作。社会革命党人亦开始在高尔察克政府和军队中积极进行秘密活动,煽动社会舆论反对高尔察克的专政统治,他们甚至得到了被贬斥的捷克人盖达的支持。11月中旬,海参崴的社会革命党人在得到部分捷克士兵的支持下发动起义。起义者由于计划不周,起义被罗扎诺夫将军率领的部队平定,盖达本人也被逮捕,但很快在捷克民族委员会和盟军的压力之下,被释放回国。尽管如此,捷克民族委员会对罗扎诺夫镇压起义感到极为不满,13日向协约国盟国发表了一封公开信,表达了他们对高尔察克政府的愤怒之情,谴责他的恐怖统治,并要求尽快让他们返回自己的祖国。①

紧随海参崴事件之后,新尼古拉耶夫斯克的军官们也要求与苏维埃俄罗斯政府停战,在西伯利亚召开立宪会议解决俄罗斯的国家前途问题。沃伊采霍夫斯基将军领军逮捕了这些反政府抗议活动的首要分子。这些事件表明,高尔察克政府的统治已经岌岌可危。除此之外,民间也出现了大量对最高执政高尔察克本人的嘲讽歌谣,择其中一首,叙述如下:俄罗斯的肩章,英国人的制服,日本人的靴子,鄂木斯克的最高执政……②由此可见,到1919年秋冬之际,高尔察克政府的威望降到最低点,完全不得人心。

11月19日,部长会议抵达伊尔库茨克,部长们从各处得到的电报知晓,政府的处境艰难,需要做出改变。当天的会议上,与会的部长们得

---

① Kolchak I Sibir. Documenty I Issledovanna. 1919 – 1926. Volume 1. New York, 1988, pp. 448 –449.

② Павел. ЗыряновАдмирал Колчак, верховный правитель России: М.: Молодая гвардия., 2006. C. 539.

出一致结论，认为政府需要获得更广泛的支持，需要与社会开展合作，要考虑到公众的情绪，吸引更多的左翼政党代表参与政府组成。

第二天，部长会议给高尔察克拍了一封由内阁总理沃罗格茨基署名的电报，描述了国家处于灾难性的境地，需要改组政府，吸纳反对派代表入阁。在没有得到任何回应的情况下，部长会议授权内阁总理沃罗格茨基针对上述政府改组问题直接与最高执政进行谈判。① 在谈判过程中，高尔察克拒绝了由沃罗格茨基代表部长会议提出的政权民主化的建议。他向沃罗格茨基申明，他已经成立了最高执政领导下的最高会议，主要由军官组成，事实上这是高尔察克在进一步集中权力，部长会议被弃之不顾。与此同时，高尔察克宣布，他已决定委托组建 В. Н. 佩佩利亚耶夫（Пепеляев）新内阁。

毫无疑问，高尔察克的这一决议是对部长会议提出的政策的一个毫不掩饰的打击。В. Н. 佩佩利亚耶夫作为右翼立宪民主党人，一直缺乏应变能力。他盲目仇恨布尔什维克，蔑视那些他认为可能通过暴力和专政手段执政的群众。佩佩利亚耶夫的同事和同为民族中心成员的 А. А. 切尔文－瓦达里（Червен－Водали）反对他担任内阁总理。在切尔文－瓦达里看来，佩佩利亚耶夫虽然不完全是一个反动分子，但是作为内务部长需要对西伯利亚的混乱负责，"社会舆论多次指责他为所欲为"。② 而由政府自由派推举的候选人特列季亚科夫（Третьяков）被海军上将所拒绝，因为他对西伯利亚的局势并不了解，从而不适合作为政府的代表。

11月22日，В. Н. 佩佩利亚耶夫受命组建新的内阁。出乎意料的是，他决心改变高尔察克的政策，希望能够改变政治体制走向民主化。他在自己的施政纲要中描述了自己的计划："要洞察人民的需求，与国家的健康力量联合起来；决定性的步骤是要遵守法律反抗暴政，裁汰臃肿的政府机构；扩大国务会议和地方自治局的权限；与捷克人和解。"③ 除此之

---

① Трукан Г. А. Россия антибольшевистская：Из белогвардейских и эмигрантских архивов. М.：Институт российской истории.，1995. С. 242－244.

② ЦА ФСБ России. Арх. № Н－501. Д. 7. Л. 18－19. http：//istmat.info/node/30273；2013. 6. 8

③ Павел. Зырянов Адмирал Колчак, верховный правитель России：М.：Молодая гвардия.，2006. С. 544.

外，他还将反对派代表纳入政府。特列季亚科夫成为副总理，切尔文－瓦达里担任内务部部长。

A. A. 切尔文－瓦达里1873年出生，1900年毕业于圣彼得堡大学。1902年移居特维尔省，在地方自治局从事社会工作。第一次世界大战时期担任军事工业委员会和城市联盟委员会特维尔分会主席。1918年参加邓尼金政府的特别议会，1919年2月抵达西伯利亚，此后在高尔察克政府部长会议中工作。他是一个民主主义者，支持在民主制度的基础上实行代议制。他认为东方白卫军失败的原因在于高尔察克身边是一群具有反动倾向的军官，所有的行政权力都集中在军官手中，特别是大本营手中，忽视了与城市杜马、地方自治局等机构的合作。① 他在与佩佩利亚耶夫等交流意见之后，提出四点改组政府的要求，以此为担任内务部长的条件。具体如下：第一，地方自治局和城市杜马代表具有立法权，他们有权力决定西伯利亚的政府；第二，迅速改变对地方自治局和城市杜马的政策，发挥着两者的积极作用，让它们与政府密切联合起来；第三，军权服从于行政权，内务部负责社会秩序；第四，废除保障部，居民的粮食供应问题交付给地方自治局和城市杜马等。军队的物资供给问题，则由专门的军事部门负责。② 显而易见，这个方案的主要目标就是限制军人的权力，扩大地方自治局和城市杜马的权力，以此扩大西伯利亚政府的社会基础。

但此时进行改革极为困难，В. Н. 佩佩利亚耶夫会见了社会革命党、孟什维克党、地方自治机关以及市议会的代表。他提出，他所创建的政府并不是为了同布尔什维克和解，而是为了同布尔什维克斗争，而且他反对让高尔察克从最高执政职位退位。佩佩利亚耶夫向所有参加会议的代表们承诺将会消除军事专政体制并向新的公民管理制度过渡。但社会革命党人科洛索夫的回复表明，左翼社会主义反对党旨在推翻新政府，

---

① ЦА ФСБ России. Арх. № Н－501. Д. 6. Л. 211－278. http：//istmat. info/node/30395；2013. 7. 5

② ЦА ФСБ России. Арх. № Н－501. Д. 6. Л. 211－278. http：//istmat. info/node/30395；2013. 7. 5

而不是与它讲和。① 而此时在伊尔库茨克已经出现一个秘密地下政府——政治中心（ПолитическийЦентр）。这个组织由社会革命党代表、孟什维克代表、西伯利亚劳动农民联合中央委员代表等左翼革命者组成。政治中心在自己的决议中决定采取措施与高尔察克政府进行积极的斗争，为创建一个"民主的西伯利亚政府"以及结束国内战争与布尔什维克订立和约而奋斗。② 11月25日，在伊尔库茨克市杜马会议上，政治中心的成员公开发表了反对高尔察克政府的言论。杜马也通过了对高尔察克政府不信任的决议。

与此同时，高尔察克的西方盟国已经意识到，海军上将的失败是不可避免的，于是在谈判过程中支持政治中心提出的要求高尔察克退位，革职谢苗诺夫，清理部长会议的建议。政治中心向西方保证，将会继续同布尔什维克主义斗争。在众叛亲离的情况下，1920年1月4日高尔察克在下乌金斯克的火车上发出决定辞职的正式声明，交出其权力，任命邓尼金为最高执政。作为回应，政治中心停止了与部长会议的谈判，于1月5日早晨宣布掌握政权，相继逮捕了以A.A.切尔文－瓦达里为首的高尔察克政府的18名部长和副部长。

高尔察克宣布退位之后，他所乘坐的专列受困于下乌金斯克车站。他的一个助手提出建议，抛弃火车，向南步行250千米逃亡蒙古。但在讨论的时候，知晓附近有红军游击队活动，并且高尔察克得到盟国保护的承诺，因此还是乘坐火车直抵伊尔库茨克。③ 载着由捷克人保护的高尔察克和佩佩利亚耶夫的52号列车，在1月15日抵达伊尔库茨克。盟国无视保障最高执政的个人安全的庄严承诺，根据热南将军的命令，捷克指挥官将高尔察克移交给了政治中心。

1920年1月19日，政治中心的代表团抵达托木斯克与布尔什维克的西伯利亚军事革命委员会主席斯米尔诺夫进行谈判。政治中心提议东西伯利亚作为缓冲国，首都设在伊尔库茨克。政治中心作为政府，苏维埃

---

① Трукан Г. А. Антибольшевистские правительства России. М., Институт истории РАН. 2000，С. 110.

② ред. Яковлев А. Н. Процесс над колчаковскими министрами：май 1920. МФД., 2003. С. 451.

③ David Footman, *Civil War in Russia*, London：Faber And Faber, 1961, p. 234.

政府可以长派一名代表，掌握特别权力；高尔察克和黄金储备将被转移到莫斯科。这个建议被斯米尔诺夫提交到克里姆林宫，托木斯克在21日接收到列宁和托洛茨基的同意电报。① 革命军事委员会发表一号命令，任命布尔什维克党人丘德诺夫斯基担任由政治中心创建的特别调查委员会主席，对高尔察克进行审问，并向他提出12大类问题。② 这些问题涉及高尔察克的人生经历、政治取向以及他在鄂木斯克政府的各种活动。

2月4日，由沃伊采霍夫斯基将军领导的白卫军第2集团军余部靠近伊尔库茨克，城内的布尔什维克处境极其艰难，西伯利亚军事革命委员会决定枪毙高尔察克。在克拉斯诺亚尔斯克的斯米尔诺夫向莫斯科的列宁请求自由裁量权，他认为伊尔库茨克的情况非常危急，必须就地枪毙高尔察克。6日傍晚，斯米尔诺夫得到来莫斯科的指示，同意他的请求。2月7日凌晨，高尔察克和内阁总理佩佩利亚耶夫被枪毙，尸体被抛入安加拉河。

最高执政高尔察克的死亡标志着全国范围内有组织的反布尔什维克斗争的结束。高尔察克东方白卫军失败后，他的部下沃伊采霍夫斯基将军领导白卫军第2、第3集团军的余部2.5万余人穿过西伯利亚的冰雪，撤向外贝加尔地区，被喻为"冰雪进军"。③ 但他们无力扭转格局，只是活跃在苏维埃俄罗斯边界地带，基本上对国内战争的结果不造成任何影响。

---

① 《列宁全集》第49卷，人民出版社1988年版，第652页。

② Подлинные протоколы допросв адмирала А. В. Колчак и А. В. Тимиревой. Отечественные архивы. , 1994. № 5. С. 88 – 89.

③ Волков С. В. Великий Сибирский 《Ледяной поход》(Россия забытая и неизвестная). М. : ЦЕНТРПОЛГРАФ. , 2004. С. 3 – 4.

第 三 章

南俄白卫军

以顿河、库班河流域为中心的南俄地区是俄罗斯国内战争时期白卫军的又一个主要活动区域。国内战争初期在该地区活动的反布尔什维克政权的武装力量有阿列克谢耶夫、邓尼金等帝俄军官组织的南俄志愿军，也有当地的哥萨克军队。

1918年11月，随着德国的战败，第一次世界大战结束，南俄的政治和社会格局亦发生变化。大顿河哥萨克军克拉斯诺夫由于向坦波夫和沃罗涅日进军失败，面对来自邓尼金的志愿军以及协约国盟国的压力。除此之外，随着德国军队撤出乌克兰，顿河军还面临来自哈尔科夫方向的苏维埃红军的威胁。克拉斯诺夫不得不向邓尼金的志愿军寻求帮助。11月8日，克拉斯诺夫开始与邓尼金就建立统一的政府和统一的军事领导权问题进行谈判。经过数次激烈交锋，邓尼金与克拉斯诺夫于12月26日达成协议，顿河军隶属邓尼金指挥，由此顿河军和志愿军合并为"南俄罗斯武装力量"（Вооруженныесилы Юга России，缩写为ВСЮР）。[①] 邓尼金担任南俄罗斯武装力量总司令，并组建了南俄白卫军政府。

第一节 南俄志愿军的形成与两次库班进军

一 南俄志愿军的组建

南俄志愿军由第一次世界大战时期俄国最高司令部总参谋长 М. В. 阿

---

① ДеникинА. И. Очерки руской смуты. Т. 4. Минск. ： ХАРВЕСТ.，2002. С. 130－131.

列克谢耶夫将军（Алексеев，1857—1918）创建。阿列克谢耶夫参加过俄土战争、日俄战争和第一次世界大战。1915年8月到1917年9月，阿列克谢耶夫一直担任俄军最高司令部总参谋长。他参与了俄国的二月革命，逼迫沙皇退位，但他又反对临时政府实行的最终破坏军队的改革行为。① 当布尔什维克夺取政权之后，阿列克谢耶夫在10月30日号召所有的军官和士官生与布尔什维克的夺权行动做斗争。考虑到彼得格勒零落、涣散的现役军官以及士官生无力对抗苏维埃工人赤卫队，阿列克谢耶夫认识到白卫军在彼得格勒已无力回天，但在顿河流域完全有一争之力——他觉得，该区域可以成为未来白卫军的主要基地。

选择顿河流域作为反布尔什维克运动的基地，并非偶然。阿列克谢耶夫青睐顿河的区域和地理优势，认为这是哥萨克的边疆区，有丰富人力资源，能组建足够强大的骑兵部队。"尽管哥萨克不愿意向莫斯科进军，但是他们会捍卫自己的生活方式和土地。"② 正因如此，阿列克谢耶夫对哥萨克寄予厚望，希望他们能够再次拯救大俄罗斯。于是，他装扮成为一个文职人员，携带一个不大的皮箱，赶往顿河地区。11月2日早上，阿列克谢耶夫从罗斯托夫乘坐火车抵达新切尔卡斯克，随即在该地区组建了一支小规模的武装力量——"阿列克谢耶夫组织"。③ "阿列克谢耶夫组织"主要由依据志愿原则征募的军官、士官生以及军校学员等前俄军队中的军事服役人员组成。在此基础之上，阿列克谢耶夫通过不断的扩建最终组成了南俄志愿军，而"阿列克谢耶夫组织"后来成为南俄白卫军的核心。

与此同时，靠近俄国中央地区的南俄罗斯在1917年"二月革命"之后，社会矛盾也不断激化。南俄罗斯范围包括顿河、库班、捷列克地区，这是俄罗斯帝国哥萨克活动的主要区域。几个世纪以来，哥萨克骑兵是俄罗斯帝国陆军的主力部队之一，他们为沙皇政府征战戍边，开疆拓土，建立赫赫军功。哥萨克以为帝国服役换取军功和获得土地，并享有免税

---

① Кирилин Ф. Основатель и Верховный Руководитель Добровольческой армии генерал М. В. Алексеев. Ростов н/Д, 1919.

② Деникин А. И. Очерки русской смуты. Т. 2. Минск. , 2002. С. 63.

③ Волков С. В. Белое движение в России: организационная структура. М. , 2000. с. 119 - 120.

特权及半自治的地位。1917年，俄国境内共有11支哥萨克军，总计440万人，其中有48万人服军役。哥萨克有自己独特的传统和生活习惯，与当地的其他社会阶层有显著的差异。整个南俄哥萨克地区，可以划分为以下几个社会阶层，分别为：哥萨克、农民、工人、外乡人、知识分子和小资产阶级。

表3-1　　　　　　　1917年南俄哥萨克地区各阶层人口

哥萨克地区居民社会分层	1917年总人数	哥萨克	本地农民	工人	外乡人	知识分子和小资产阶级
顿河地区	4013000	1870000	802600	220000	1163770	321040
库班地区	3051000	1403460	457650	100000	1189890	151412
捷列克地区	1314900	260000	394500	60000	302450	289300

资料来源：В. В. Кулаков, Е. И Каширина. Белый режим юга россии. (1917－1920 гг.). Краснодар., 2007. С. 62.

从表3-1中可以看出：首先，顿河地区、库班地区、捷列克地区由于远离俄欧中央工业区，主要是以传统耕作方式为主的农业区，工商业不发达。当地的农业居民主要是由哥萨克、本地农民和外乡人（иногородн）组成，他们占据当地居民人口的绝大多数，工人阶级以及资产阶级在总人口中人数过少，处于被动和消极状态，无力主导顿河地区的社会发展态势。其次，从人口数量上来看，哥萨克的总人数与本地农民和外乡人的总和差距不大，这也就决定了在革命的进程中，双方可以动员的人力资源势均力敌。

另外，南俄哥萨克地区土地所有权极其不平衡。哥萨克阶层依靠军功占有大量的土地，而自亚历山大二世大改革之后从欧俄中央地区大规模迁移到此地的外乡人（иногородн）大多缺乏土地，多数以为哥萨克打工或者租种哥萨克的土地谋生。1917年顿河地区社会阶层和土地占有数量如表3-2所示。

表3-2　　　　　1917年顿河地区社会阶层和土地占有数量

顿河地区农村居民社会分层	人口（万）	土地（俄亩）
哥萨克	150.0	7800.00万
本地农民	91.1	56.51
外乡人	72.1	
总数	313.2	

资料来源：Данилов В.，Шанин Т. Филипп Миронов. Тихий Дон в 1917 – 1921 гг. М.，1997. с. 6 – 7。

由表3-2中可以看出，顿河地区哥萨克人均土地52俄亩，本地农民人均土地0.62俄亩，外乡人无权占有土地。显而易见，土地占有的不平等隐藏着巨大的矛盾，它导致顿河哥萨克地区社会阶层的分裂和对立，尤其是在哥萨克和外乡人之间。库班地区的情况也好不到哪里去。根据历史学家波克罗夫斯基的统计，库班地区的1339430名哥萨克占有60%的可耕地，而1646901名外来移民和本地农民仅仅占有37%的可耕地，[①]他们不得不支付高额的租金，以租种哥萨克的土地为生。

在1917年俄国社会秩序崩溃之后，顿河地区和库班地区的哥萨克与外来移民的冲突更加尖锐，正如戈洛文所描述："他们划分成为两个敌对的阵营：哥萨克人认为有史以来自己就是边疆区的主人，而外来移民，则认为自己遭受了不公正的对待。"[②] 不难想象，1917年夏季俄欧中央地区农民夺取地主土地的革命运动也刺激了南俄哥萨克地区的外乡人和本地农民想夺取哥萨克土地的欲望。他们希望能够剥夺哥萨克地主和富农的土地。因此，本地农民和外乡人更倾向于革命，站在许诺将土地分给贫苦农民的布尔什维克的立场，此后他们成为当地苏维埃政府的支柱。富裕哥萨克也意识到，他们要保持自己的土地和特权，就要防止布尔什维克革命在顿河地区的发展，以避免它煽动外乡人平分自己的土地。这也就决定了具有较高军事素养和大量土地的哥萨克阶层会成为俄国革命

---

① Покровский Г. Деникинщина. Год политики и экономики на Кубани：1918 – 1919 г. Берлин.：ИздательствоЗ. И. Гржебина.，1923. C. 11 – 12.

② Головин Н. Н. Российская контрреволюция в 1917 – 1918 гг. （Т. 1.）.：Айрис – Пресс.，2011. C. 373.

的"旺代",他们为捍卫自己的土地和特权而与苏维埃政府作战。

事实上,顿河地区的哥萨克阶层也并非铁板一块,他们内部的社会分化十分明显,其中贫农占24.6%,中农占51.6%,富农占23.8%。① 布尔什维克亦观察到哥萨克的内部分化,将贫农哥萨克称为劳动哥萨克,并呼吁其为苏维埃红军作战。同时,顿河哥萨克的内部矛盾不仅体现在内部的社会分层,还出现了地域矛盾。由于上顿河地区多丘陵山地,耕地较少,哥萨克和本地农民一样,大多数是中农和贫农,比较贫穷。下顿河地区有广阔的草原,可开垦地多,工商业也较之上顿河发达,地主和富农占比大,哥萨克普遍比较富裕。② 上顿河地区贫苦哥萨克普遍憎恨下顿河地区的富人,他们在Ф. К. 米罗诺夫(Миронов)③ 的领导之下,为苏维埃政府作战。

不仅如此,哥萨克之间的代际亦出现分歧。从前线返回的年轻哥萨克受革命思想的影响,他们愿意放弃哥萨克的特权以及在土地问题上对外乡人做出让步,允许本地农民和外乡人获得哥萨克军政府的土地。而年老的哥萨克则固守传统,不愿意放弃自己的特权和土地,准备与布尔什维克决一死战。④ 著名的俄罗斯记者、第一次库班进军参与者Б. А. 苏沃林(Суворин)⑤ 在自己的回忆录中描述了这种深刻的内在分裂——父子之间的代际冲突。他写道:"年轻的哥萨克,在前线上待了三年。他们非常疲惫,参与革命,想把自己从繁重的义务中解放出来。……那些留守、没有履行军职的哥萨克,被称为老人,他们对这种心理持反对意见,

---

① ДаниловВ. , ШанинТ. Филипп Миронов. Тихий Дон в 1917 – 1921 гг. М. , 1997. с. 7.
② 沈志华主编:《苏联历史档案选编》第一卷,社会科学文献出版社2002年版,第348—349页。
③ Ф. К. 米罗诺夫(Миронов),1872年出生于顿河乌斯季—梅德韦茨卡亚镇,参加日俄战争和第一次世界大战,多次荣获圣乔治奖章。1917年十月革命后,加入布尔什维克。国内战争时期,领导顿河地区的贫苦哥萨克为苏维埃政府作战,曾指挥苏维埃红军第二骑兵军。
④ 沈志华主编:《苏联历史档案选编》第一卷,社会科学文献出版社2002年版,第349页。
⑤ Б. А. 苏沃林(1879—1940):俄罗斯记者、出版人,俄罗斯著名的出版人А. 苏沃林之子。国内战争时期受阿列克谢耶夫将军的邀请加入志愿军,主持志愿军反布尔什维克刊物的出版工作,参加第一次库班进军,此后主编、出版《晚报》(Вечернее время)、《新时报》(Нового времени)等,主要作品有《捍卫祖国:志愿军的英雄时代(1917—1918)》,1922年于巴黎出版。

这也是哥萨克悲剧的开始。上过前线的年轻哥萨克不想与布尔什维克继续作战，而留守的哥萨克老人则站在旧秩序的一方，与布尔什维克做斗争。"①

十月革命的发生，让顿河军政府②阿塔曼卡列金感到十分震惊，10月25日当天他召开了大顿河军政府的紧急会议，抨击布尔什维克在首都的夺权行动，认为布尔什维克推翻临时政府是不能容忍的，各哥萨克军应当支持临时政府并紧密团结在它的周围。会议结束之后政府发表的声明宣称："顿河军政府暂时中止与中央政府的联系，直到恢复临时政府和重建俄国社会秩序，平息10月25日布尔什维克的叛乱之后，中央政府才能完全在顿河地区执行各项权力。"③ 卡列金宣布顿河地区处于军管状态，并派遣哥萨克卫队破坏当地的苏维埃，逮捕参加第二次全俄苏维埃代表大会的布尔什维克代表。

虽然卡列金名义上是大顿河哥萨克军区的阿塔曼，但他能控制的军队寥寥无几。城市的卫戍部队几乎都是布尔什维克主义的同情者，士兵们深受革命思想的影响，对顿河哥萨克军政府持一种敌视的态度。而从前线返回的年轻哥萨克，已经连续作战2—3年，厌倦了战争，普遍具有和平主义情绪，他们只想保持中立，不再干预大俄罗斯的事务。志愿军的最初参与者、骑兵上尉C. 诺维科夫描述自己在顿河地区遇到的、从前线返回的哥萨克的情形："他们没有表现出任何想继续战斗的意志，都想尽快返回顿河家中。沿着铁路线和其他的交通干道，从前线逃回来的数以千计的士兵们无精打采，拖沓前行。"④ 因此，对大顿河哥萨克军政府阿塔曼卡列金而言，抵达顿河流域的具有反布尔什维克主义情绪的将军们成为他选择的合作伙伴。

---

① Суворин Б. А. За Родиной. Героическая эпоха Добровольческой армiи. 1917 – 1918 г. Париж, 1922. С. 20 – 21.

② 顿河军政府是哥萨克的自治机构，是在新切尔卡斯克召开的大哥萨克军人会议（俄历1917年5月26日至6月18日）上建立的，由卡列金将军领导。它支持临时政府"把战争进行到最后的胜利"，当科尔尼洛夫将军叛乱时，它也站在他一边。

③ Кириенко Ю. К. Исторические портреты. Алексей МаксимовичКаледин. Вопросы истории. , 2001. No 3. С. 70.

④ Волков С. В. Зарождение добровольческой армии (Россия забытая и неизвестная.). М. , 2001. с. 23.

追随阿列克谢耶夫抵达新切尔卡斯克的第一批志愿军有6—12人。第二天又有几名军官抵达，到11月4日，志愿军人数总计25人。当天大约还有40名志愿者来探访，阿列克谢耶夫组编了第一个连队——混成军官连。11月19日，又有100余名来自彼得格勒康斯坦丁诺夫斯基骑兵军校和米哈伊洛夫斯基军校的士官生抵达，阿列克谢耶夫遂以第二排为基础组建了混成米哈伊洛夫—康斯坦丁炮兵连，此后连扩充为营。① 到11月中下旬，根据统计数据，"阿列克谢耶夫组织"正式登记的志愿者人数为180名。所有正式注册的志愿者都需要签名，并做特别说明，他们是自愿加入并且服役期限为四个月。由于缺乏足够的资金，志愿者加入"阿里克谢耶夫组织"后，没有薪金，仅得到口粮。② 直到1918年年初，志愿军的财政状况有所改善后，开始发放每人每月100—250卢布不等的生活补贴。

彼得格勒士官生之所以能够顺利抵达顿河，主要得益于B. M. 普里什凯维奇（Пуришкевич）所领导的军官组织，他向士官生提供了哥萨克委员会伪造的通行证，并且让他们装扮成返乡的哥萨克，躲过红军赤卫队的搜查。他在写给卡列金的信中承认"他主持的组织不遗余力地把军官以及军校一切残存的力量团结在一起"。③ 该军校的士官生Л. И. 埃拉斯托维奇亦记载了面对革命剧变之后前线和后方的俄罗斯军队都陷入混乱之中的局势，内心忧愤。他写道："士官生学校的每一个人，都希望能够战胜外部的敌人，拯救和复兴伟大的祖国。"这个士官生学校11年级毕业生有300人，其中50%是1917年毕业的士官生，另外50%是高等学校毕业的大学生。"尽管所有人的情绪和观点都各不相同，但所有人都有一个共同的希望，就是恢复国家的秩序和纪律，并且希望这一行动能够获得人民的支持。"④ 他们认识到要与布尔什维克开展斗争，需要组建一支

---

① Павлов В. Е. Марковцы в боях и походах за Россию в освободительной войне 1917 – 1920 годов. (т. 1.) Париж. , 1962. с. 51.

② Павлов В. Е. Марковцы в боях и походах за Россию в освободительной войне 1917 – 1920 годов. (т. 1.) Париж. , 1962. с. 46 – 48.

③ ДаниловВ. , ШанинТ. Филипп Миронов. Тихий Дон в 1917 – 1921 гг. М. , 1997. с. 30.

④ Волков С. В. Зарождение добровольческой армии (Россия забытая и неизвестная.). М. , 2001. с. 64.

强大的军队,需要秩序和法治,服从将领的权威和命令。

11月中旬,曾作为"贝霍夫囚徒"①的邓尼金、С. Л. 马尔科夫(Мрков)、А. С. 卢科姆斯基(Лукомский)、И. П. 罗曼诺夫斯基(Романовский)等将领通过化装成普通士兵的模样分别抵达新切尔卡斯克。12月6日,Л. Г. 科尔尼洛夫(Корнилов)将军亦到达此地。尽管科尔尼洛夫与阿列克谢耶夫存在矛盾,但他们都认为俄国最主要的敌人是布尔什维克,因此需要"粉碎布尔什维克专政,更替其政权,确保俄罗斯国家秩序"。②与布尔什维克主义开展斗争乃至彻底消灭它,成为志愿军对外宣传口号,也是联系志愿者加入军队的纽带。

听闻阿列克谢耶夫在顿河地区组建反布尔什维克的志愿军后,从彼得格勒逃出的右翼政党、温和社会主义政党的领袖们也聚集顿河地区,商讨对付布尔什维克之策。例如立宪民主党人 П. Н. 米留可夫(Милюков)、М. М. 费德罗夫(Федоров)、П. Б. 司徒卢威(Струве)、社会革命党人 Б. В. 萨文柯夫(Савинков)以及稍后抵达此地的 Г. Н. 特鲁别茨柯伊(Трубецкой)大公等。他们建议阿列克谢耶夫联系莫斯科和俄罗斯其他地方的政党成员,利用他们自身的知识、经验和广泛的国外联系帮助他建立共同的反布尔什维克战线。除此之外,他们还积极组织莫斯科的工商业资本家和银行家为志愿军筹款数百万卢布。因此,从12月起,志愿军中的军官每月可以领取100卢布的薪金,1月增加到150卢布,2月增加到270卢布。

任何政治军事组织都需要有自己的指导思想,志愿军亦不例外。12月27日,科尔尼洛夫将军颁布了经过米留可夫润色的《科尔尼洛夫将军政治纲要》(Политическая программа ген. Корнилова)。它是南俄志愿军

---

① 贝霍夫囚徒(Быховское сидение),是指科尔尼洛夫将军叛乱失败之后,主要参加者都被关押在莫吉廖夫。旧历1917年9月13日,被关押的兵变将领被押往白俄罗斯的老城贝霍夫,囚禁在女子古典中学校内。9月24日邓尼金将军及其同谋者亦从别尔基切夫押送到贝霍夫。至此,贝霍夫关押了包括邓尼金将军、科尔尼洛夫将军、卢克姆斯基将军、罗曼诺夫斯基将军在内的高级军官30余人,其中6人在1917年10月1日之前被释放,余下数人在1917年11月被释放。贝霍夫被关押的将领在国内战争时期成为南俄白卫军的主要领导者。

② Архив русской революции. Т. 9., 1923. С. 285–286.

的纲领性文件。具体内容如下：①

1. 恢复公民权利。所有公民不分种族、性别在法律面前平等，消除阶级特权，捍卫个体权利，迁徙自由等。

2. 恢复言论和出版自由。

3. 恢复工业生产和商业贸易自由，废除私人金融业的国有化措施。

4. 恢复公民的私有财产权利。

5. 恢复俄国军队的纪律，军队在志愿的基础上形成，主要依据英国军队原则，废除委员会、政委以及军队中的选举原则。

6. 全面履行俄罗斯与盟国的国际条约，战争必须与盟友紧密结合在一起直到取得最后的胜利。依据普遍和民主的原则签订和约，被奴役的民族享有民族自治的权利。

7. 立宪会议应当再次召开，立宪会议的选择应当是自由的，不受来自国家中的任何集团和个人的压力。人民的选举权神圣不可侵犯。

8. 立宪会议是俄罗斯大地的唯一主人，它应当制定俄罗斯的宪法和确立俄罗斯的国家体制。

9. 正教在宗教事务方面获得完全自治，废除国家宗教事务管理局。信教自由。

10. 复杂的农业问题最终由立宪会议解决。立宪会议采取何种方式最终解决土地问题，当由其制定相关的法律规范。一切夺取公民土地的无政府主义行动都是不允许的。

11. 在法庭上所有的公民平等，死刑仍然有效，但只适用于对国家犯有滔天罪行的案件。

12. 工人保留所有自身在革命中获得的政治、经济权利，享有组建工会、集会和罢工的权利，但是不能以暴力的手段实现企业的社会化和工人监督，因为这会导致国家工业的崩溃。

13. 承认俄罗斯的其他民族在维护国家统一的前提下，享有广泛的自治权。波兰、乌克兰、芬兰这些独立的民族国家，应当全面支持俄罗斯国家复兴，进而缔结为永恒的、牢不可破的兄弟同盟。

---

① Лембич М. Политическая, программа генерала Л. Г. . Корнилова январских дней 1918 г. Белый архив. Париж, 1928. кн. 2 – 3. с. 174 – 186.

从这份文件可以看出，"科尔尼洛夫将军政治纲要"基本上再次宣示了二月革命的精神。① 即人民有权通过自由选举的立宪会议来建设新的俄罗斯国家。它的主要立足点在于向各阶层、政党许诺，允许召开自由选举的立宪会议，并服从于这一合法政府和它所做出的任何决议。而志愿军的主要任务是战胜布尔什维克，它是超党派的，不会为任何政党服务。但对于最困难和最复杂的问题——有关国家建设和土地问题，纲要没有做出任何具体解释，而是将这两个根本性的问题推迟到未来的立宪会议解决，"延续了二月革命之后所确立的预先不确立原则"②。与此同时，志愿军向顿河人承诺，他们会为捍卫顿河人的独立而流尽最后一滴血，但希望顿河能够为志愿军提供立足点和成为俄罗斯复兴的基地，"重建自由伟大的俄罗斯"。

为了处理阿列克谢耶夫和科尔尼洛夫的关系，以及照顾顿河人自身的利益，经过多次讨论之后，志愿军和顿河军政府的"最高权力"形成"三驾马车"的格局，即阿列克谢耶夫、科尔尼洛夫、顿河阿塔曼卡列金三人分掌权力。具体分配如下：阿列克谢耶夫负责民政、外交和财政；科尔尼洛夫负责军事；卡列金管理大顿河军辖区。最高政权属于"三人共同领导"，解决所有国家层面上的问题都需要经过上述三人的联席会议讨论和共同决策。顿河流域属志愿军和顿河军政府共同管辖。这一机制的创建对志愿军具有战略意义，它也被邓尼金视作"第一个具有全俄意义上的反布尔什维克政府"。③ "三驾马车"机制作为一种特殊的政治处理策略手段，创建之后为邓尼金组建强大的军队提供了制度架构。它本质上是集体专政，类似于最后一届临时政府时期克伦斯基的革命专政。

"三驾马车"的政权机构组建之后，集权倾向进一步增强，这也导致科尔尼洛夫与阿列克谢耶夫本就复杂的关系进一步恶化。双方之间不再直接交流，而是通过书信或信使交换意见。在顿河阿塔曼 А. П. 博加耶夫斯基（Богаевский）看来，阿列克谢耶夫和科尔尼洛夫之间的主要矛盾

---

① Деникин А. И. Очерки Русской Смуты（Т. 2. ）. Paris.，1922. C. 98 – 99.

② Лембич М. Политическая，программа генерала Л. Г. . Корнилова январских дней 1918 г. Белый архив. Париж，1928. кн. 2 – 3. c. 174 – 186.

③ Деникин А. И. Очерки Русской Смуты（Т. 2. ）. Paris.，1922. C. 189.

在于他们截然不同的个性所导致的冲突。选择当中的任何一个人享有最高权力都是不可能的，他们的背后都有自己的军事和政治集团。邓尼金也指出，阿列克谢耶夫离开则会导致军队的分裂，科尔尼洛夫离开则会导致军队的灭亡。志愿军中也因此形成阿列克谢耶夫追随者和科尔尼洛夫追随者两大派系。① 阿列克谢耶夫追随者主要是在司令部和第一军官团中，而科尔尼洛夫追随者主要是在科尔尼洛夫突击团中。

科尔尼洛夫咄咄逼人的个性以及他与阿列克谢耶夫之间的矛盾，导致阿列克谢耶夫接受右翼组织莫斯科中心（Московскийцентр）领导人 M. M. 费德罗夫的建议，在新切尔卡斯克组建了顿河公安委员会（Донской гражданский совет），以求获得新的社会力量支持，达成政治平衡。1918 年 1 月 9 日公安委员会组建，它的主要领导人有立宪民主党领袖费得罗夫、特鲁别茨科伊大公、司徒卢威等。顿河军政府成员 П. М. 阿格耶夫（Агеев）、博佳耶夫斯基等人也相继加入。公安委员会 11 人中有 4 人为温和社会主义者，余下都是自由主义政党的代表人物。

对于南俄的反苏维埃势力而言，创建一个与人民委员会相对抗的全俄罗斯政权机构所面临的不仅仅是经济问题，同时还需要解决与外国政府之间的关系以及哥萨克人的土地等问题。因此，需要成立一个与俄罗斯社会组织建立持久、稳固关系的管理机构，以便推动志愿军的发展。公安委员会规定以三位将军为首的咨议机构来负责对外关系和处理哥萨克人的土地问题，同时他们还是大本营的主要指挥官和征兵委员会的主席。② 此外，科尔尼洛夫自己有权任命志愿军的指挥官，他们直接接受大本营的指令。最后一项措施，即邓尼金在指挥军队的时候，赋予他独立决策的权力，不受阿列克谢耶夫和公安委员会的影响。

综上所述，1918 年年初志愿军在南俄已经成立，并初具雏形。它也标志苏维埃俄罗斯境内的反布尔什维克力量已经开始主张通过武力来推翻苏维埃政府。志愿军领袖试图在南俄组建自己的政府，效仿布尔什维克的中央权力机关人民委员会来对俄国的经济、政治、外交等事务施加自己的影响，并继续对德国的战争。"三驾马车"机制和公安委员会的创

---

① Деникин А. И. Очерки Русской Смуты（Т. 2.）. Paris., 1922. С. 196 – 199.
② Деникин А. И. Очерки Русской Смуты（Т. 2.）. Paris., 1922. С. 190 – 192.

建，已经具备了政府的职能，为以后白卫军的发展奠定基础，并同哥萨克的反布尔什维克斗争结合起来。同时，也通过立法和组织，把不同的社会—政治集团纳入白卫军中，扩大了它的社会参与阶层。

二 南俄志愿军第一次"库班进军"

1917年12月8日，苏维埃人民委员会做出决议，任命人民委员 В. А. 安东诺夫－奥弗申柯为南方战线的指挥官，统帅苏维埃红军向顿河地区进攻，主要目标是消灭卡列金顿河哥萨克军和志愿军。[①] 顿河阿塔曼卡列金的武装力量主要是由年轻的军校学员和士官生组成，他们缺乏战斗经验，无法抵抗红军的推进。因此，顿河阿塔曼不得不借助于志愿军的帮助，与红军进行对抗。

与此同时，从前线返回的敌视卡列金的士兵以及顿河北部贫穷地区的哥萨克决定建立军事革命委员会，与顿河军政府进行对抗。1917年12月30日，顿河地区的布尔什维克领导人召开贫苦哥萨克代表大会。会议在卡缅斯卡亚举行。与会代表们一致认为需要"停止顿河流域自相残杀的国内战争，废黜阿塔曼卡列金，将志愿军驱逐出顿河，权力移交给布尔什维克"。[②] 革命军事委员会主席 Ф. Г. 博德尔杰科夫在新切尔卡斯克与卡列金的谈判中，质询顿河军政府"何以关闭顿河边界不允许运载粮食、煤炭和石油的专列运往俄罗斯？何以让银行家、工厂主、达官贵人在自己的背后创建志愿军，并且从英、法两国获得军备"？[③] 顿河革命军事委员会下达最后通牒，要求志愿军解除武装，关闭士官生学校和准尉学校。凡是从其他各地汇聚到此的正规军官和临时军官都要驱逐出顿河地区。所有的枪支、火炮一律上缴给顿河革命军事委员会。迫于顿河革命军事委员会的压力，志愿军不得不离开顿河州首府新切尔卡斯克，转移到罗斯托夫城。

1918年年初，顿河州北部陷入战火中，阿列克谢耶夫将军在写给基

[①] Азовцев. Н. Н. Гражданская война в СССР（Т. 1.）. М., 1980. С. 81 - 82.

[②] Карпенко. Очерки истории Белого движения на Юге России 1917 - 1920 гг. М. 2003., с. 28.

[③] Архив русской революции. Т. 10., 1923. С. 69.

辅法国军事顾问团的信中描述了志愿军的顽强战斗经过，但是他笔锋一转，抨击"哥萨克人"缺乏战斗精神，以至于保护顿河的全部重担落在了志愿军的肩膀上。①

局势的恶化比预期更为严重。从 1 月 13 日开始，顿河哥萨克军政府试图与苏维埃红军进行谈判，这让志愿军的局势更为险恶，甚至有被围歼的风险。邓尼金在 1 月 17 日拍给科尔尼洛夫的电报中指出，"顿河军政府的代表团抵达塔甘罗格，他建议我们去与布尔什维克进行谈判"。②尽管顿河军指挥官声称谈判只是一种战术，主要是为组建军队赢得时间，但这一举措无异于使志愿军陷入绝境，并且导致了志愿军领导人对哥萨克军的不信任。

随着红军前锋部队逐步逼近新切尔卡斯克和罗斯托夫城，志愿军和顿河哥萨克军政府的处境日益恶化。1 月 29 日，科尔尼洛夫将军在听取了卢克姆斯基有关志愿军处境的报告之后，决心撤离顿河地区。他在当天发给卡列金的电报中阐明了自己拒绝派兵支援新切尔卡斯克的理由，明确表示志愿军不会再为阿塔曼提供帮助，军队很快会离开顿河地区。③

紧随其后，阿列克谢耶夫亦发来具有通牒性质的电报。卡列金在阅读了这两份电报之后，召开了军政府会议。他向与会者发表了演讲："任何一个爱国主义者，任何一支游击支队，你们都是自由的，可以按照自己的方式行事。可以加入志愿军……"④ 稍后他在发布的最后一份呼吁书中为自己在顿河地区的政策进行辩解，认为自己无力解决顿河问题，随即开枪自杀。

卡列金的自杀给顿河哥萨克带来震撼，并在某种程度上激起了与苏维埃红军作战的哥萨克部队的战斗热情。对战争仍持乐观态度的 A. M. 纳扎罗夫被推选为临时阿塔曼，决定重新组织防御。他向科尔尼洛夫和

---

① Генерального Штаба полковник Добрынин. Борьба с большевизмом на Юге России. Участие в борьбе Донского казачества. Февраль 1917 – Март 1920: Очерк. Прага. , 1921. C. 37.

② Сост. АлексеевС. А. . Начало гражданской войны. Революция и гражданская война в описаниях белогвардейцев. Т. 3. М. – Л. , 1926. C. 67.

③ Севский В. Час разочарования. Донская волна. Новочеркасск. , 1918. №3. C. 10.

④ Севский В. Час разочарования. Донская волна Новочеркасск, 1918. №3. C. 10; Мельников Н. М. КалединА. М. герой луцкого прорыва й донской атаман Родимого края. , 1968. C. 301 – 302.

阿列克谢耶夫承诺，会继续为志愿军提供帮助，并与之配合作战。因此，志愿军临时决定继续防守罗斯托夫城。

2月1日，红军第39步兵师攻占了战略要地巴泰斯克，志愿军事实上已经处于苏维埃军队的包围之中。不仅如此，志愿军在罗斯托夫城的情况也进一步恶化。因为罗斯托夫的工人发动起义，配合红军，攻击位于市中心的火车站，形成内外夹击之势。为避免被全歼，志愿军不得不撤离罗斯托夫城。2月22日，西韦尔斯领导的红军开进罗斯托夫。25日，戈卢博夫率领红军攻入顿河军首府新切尔卡斯克。顿河军政府临时阿塔曼纳扎罗夫被捕，六天后遭处决。战地阿塔曼波波夫领导1500余名哥萨克撤退。①

新切尔卡斯克和罗斯托夫城的丢失是南俄志愿军的转折点。志愿军主力从罗斯托夫城中突围，在城郊的阿克萨卡娅村镇集结。阿列克谢耶夫将军经过慎重考虑之后，决定向库班撤退。参与者们对这一行动有不同的称呼，例如冰雪进军、库班进军等。

2月23日，志愿军向西抵达比较富裕的奥利金斯卡亚村镇，稍后登记了从罗斯托夫突围出来的人数，一共是3683人，其中包括2325名军官和1067名志愿者，余下的则是普通的公民（包括165名妇女）。卢克姆斯基在自己的回忆录中估算奥尔金会议时志愿军的总人数不超过5000人，当中有1000人不具备战斗力，另外还有200多名伤员。② 鉴于志愿军存在的连、营、排过多，开始在此地将军队重新整编为3个团和1个营，即 С. Л. 马尔科夫领导的军官团、涅任采夫上校领导的科尔尼洛夫突击团、А. П. 博加耶夫斯基领导的游击团，伊基谢夫上校领导的火炮营。③ 志愿军司令部的分工情况也有了变化：科尔尼洛夫仍然是志愿军总司令，邓尼金成为科尔尼洛夫的助手和继任者；阿列克谢耶夫则负责志愿军的军需以及外交事务；卢克姆斯基将军担任参谋长一职。

2月28日，科尔尼洛夫将军颁布了第34号命令，宣布志愿军进军的

---

① Peter Kenez, *Civil War in South Russia*, 1918: *The First Year of the Volunteer Army*. Berkeley: University of California Press, 1971, p. 95.

② Архив русской революции. т. 5., 1922. С. 148.

③ Богаевский А. П. Воспоминания генерала А. П. Богаевского. 1918 год. Ледяной поход. Нью‐Иорк（С. Ш. А.）., 1963. С. 55–56.

目标方向是库班地区。科尔尼洛夫派遣哥萨克骑兵侦察队长 С. Н. 里亚辛斯基向阿塔曼 П. Х. 波波夫传达口信，希望顿河哥萨克骑兵与志愿军联合起来，共同向库班进军，但是波波夫拒绝了此提议。① 他带领残余的哥萨克骑兵，逃往萨利斯草原。

库班、黑海地区和顿河一样，同样受到1917年俄国革命风暴之席卷。本地驻军和外乡人组建了苏维埃，干预地方事务。库班苏维埃依靠高加索战线的军人以及本地非哥萨克居民组建了赤卫队，人数超过2万。从前线返回的哥萨克，他们在阿塔曼菲利蒙诺夫和当地政府的领导下，组建志愿军支队，如同顿河哥萨克一样，主要参加者是军官、士官生和军校学员，有1500—2000人。②

飞行员出身的库班志愿军支队指挥官 В. Л. 波克罗夫斯基在1918年1月—2月上旬的战斗中，表现出色，指挥得当，多次战胜当地的苏维埃红军和赤卫队，很快被库班阿塔曼 А. П. 菲利蒙诺夫（Филимонов）晋升为上校，并就任库班军总司令，指挥整个库班边疆区的军队。③ 尽管 В. Л. 波克罗夫斯基领导的库班志愿军支队取得几个大的军事胜利，但仍然不能扭转边疆地区的局势。从2月下旬开始，志愿军接二连三地与红军赤卫队作战失利，库班边疆政府控制的12个管区只剩下首府叶卡捷琳诺达尔和周边的村镇。

3月7日，库班哥萨克军政府召开秘密会议，阿塔曼菲利蒙诺夫决定在一个星期之内将库班政府从叶卡捷琳诺达尔城撤出。3月13日库班政府从叶卡捷琳诺达尔撤离，同时还带走了国家银行中的金银储备以及36名布尔什维克人质。撤离之后，库班军和库班政府在草原上徘徊了数天。因为他们没有明确的目的地，亦不知道志愿军的动向，而志愿军也直到3月17日才得知库班政府离开叶卡捷琳诺达尔的消息。

3月21日，库班军在卡卢日斯卡亚打听到志愿军就在附近的消息。流亡中的库班政府草草授予波克罗夫斯基将军军衔，以便其在同志愿军

---

① Добрынин В. Борьба с большевизмом на Юге России 1921, С. 49.

② Николаев К. Н. Смутные дни на Кубани. Часовой, 1953, N 331, с. 19；Пермяков Л. В. Моя контрреволюция. Вестник первопоходника, 1968, N 76 – 78, С. 78 – 79.

③ Покровский В. Л. Первые бои на Кубани. Воспоминания. Молодая Россия, Мюнхен. 1923., С. 13.

领袖谈判时拥有更高的威望。3月24日，波克罗夫斯基将军与科尔尼洛夫将军进行会晤。谈判中，科尔尼洛夫将军从志愿军与顿河哥萨克的经验出发，认识到不能给予库班人宽厚的承诺，特别是不能承认他们自治。而库班政府和拉达并不希望自己的地方政权完全从属于志愿军，他们只是希望与志愿军开展军事合作，共同对抗苏维埃政权。双方的分歧难以克服。① 在第一次谈判中，双方没有完全解决军队指挥权的隶属问题，但决定于28日联手进攻新德米特里镇。

有关新德米特里镇的战斗，第一次库班进军的不少参与者在自己的日记和回忆录中有描述。当天天气恶劣，非常寒冷，冰雪满地，不适宜骑兵攻击，因此库班军没有参加，仅有科尔尼洛夫指挥的志愿军参加此次战斗。② 志愿军在阵亡了几十名军官之后，夺取了该镇。这次战斗对志愿军而言是一次大的胜利。军队不仅获得了补给品，而且树立了威望。库班哥萨克支队指挥官 В. Л. 波克罗夫斯基在此次战斗之后，愿意服从于科尔尼洛夫。在29日双方谈判订立的条约确定，"库班哥萨克支队隶属于科尔尼洛夫将军，库班拉达和军政府应该采取一切措施援助总司令"。③ 此时志愿军不仅自己有2770名战士，还补充了3150名库班哥萨克，军队的人数达到约6000人。在新德米特里镇将志愿军整编为2个步兵师和1个骑兵旅，步兵师的指挥官分别是马尔科夫将军和博加耶夫斯基将军，骑兵旅的指挥官是 И. Г. 埃尔杰利。④ 在壮大了自己的武装力量之后，科尔尼洛夫将军开始考虑进攻叶卡捷琳诺达尔城，在库班地区为南俄白卫军建立武装基地。

4月10日，志愿军开始进攻叶卡捷琳诺达尔城。战斗一开始就进入白热化状态，战况异常残酷。驻守叶卡捷琳诺达尔的苏维埃红军守军的抵抗非常顽强，志愿军损失巨大，科尔尼洛夫突击团指挥官涅任采夫上

---

① С. В. Волков Первые бои добровольческой армии（Россия забытая и неизвестная. Белое движение. М. : Центрполиграф. , 2001. С. 248.

② Гуль Р. Ледяной походъ. (Съ Корниловымъ). Берлин. 1921., С111 – 112.；Львов Н. Н. Свет во тьме. Очерки Ледяного Похода. 1972, с. 61.

③ Богаевский А. П. Воспоминания генерала А. П. Богаевского. 1918 год. Ледяной поход. Нью – Иорк（С. Ш. А.）1963, С. 103.；С. В. Волков Первые бои добровольческой армии（Россия забытая и неизвестная. Белое движение. М. : Центрполиграф. , 2001. С. 249.

④ Деникин А. И. Очерки русской смуты. Т. 2. М. , 1991. с. 279.

校战死，死伤1800余人。① 此后尽管补充了数百名库班哥萨克加入攻城的战斗，但仍没有突破红军的防线。4月13日早晨，红军的一发炮弹击中了在叶卡捷琳诺达尔郊区的志愿军司令部，穿过墙壁爆炸，科尔尼洛夫将军受了致命伤，几分钟之后死亡。② 科尔尼洛夫将军的死亡改变了战场的局面，严重打击了志愿军的士气，决定了战争随后的动向。阿列克谢耶夫将军签署命令，任命邓尼金为志愿军的总司令。邓尼金旋即命令志愿军向顿河地区撤退，并向军队隐瞒了前总司令死去的消息，志愿军保持了有组织的撤退。

叶卡捷琳诺达尔围城之战是漫长而血腥的俄罗斯国内战争中白卫军与红军第一次大规模的战斗，双方损失巨大，志愿军人数减半，从攻城之初的6000人减少到3000人。苏维埃军队的损失比志愿军更甚。据统计，红军有将近1.5万人的伤亡。③ 对于库班地区的苏维埃军事和政治领导人而言，他们所有人都参与守城之战，尽管付出巨大的代价，但最终守住了城市，迫使志愿军主动撤离。对志愿军而言，叶卡捷琳诺达尔攻城之战使他们遭受严重挫折，志愿军失去了自己的精神领袖科尔尼洛夫将军。

4月14日志愿军行军50俄里抵达德军的占领区，埋葬了科尔尼洛夫将军和涅任采夫上校。④ 晚上，军队突破了黑海铁路线。军官团和第一炮兵营成功地摧毁了红军的装甲列车，攻占了火车站和附近的村庄，夺取了400发炮弹和10万发子弹。⑤ 邓尼金建议带领虚弱的军队向东前进，以便尽快离开有密集铁路线的地区，躲避苏维埃红军的军事围剿。进军的目的地是顿河、库班和斯塔夫罗波尔边疆区三地的交界处，这里红军

---

① Богаевский А. П. Воспоминания геmнерала А. П. Богаевского. 1918 год. Ледяной поход. Нью‐Иорк（С. Ш. А.）1963，С. 125–127；

② РГВА. Ф. 39507. Оп. 1. Д. 85. Л. 8–10. Типограф. http：//ricolor. org/history/bldv/kornilov/2/；2013. 3. 6

③ Гончаренко О. Г. Белое движение. Поход от Тихого Дона до Тихого океана. М.，2007. С. 51.

④ Львов Н. Н. Свет во тьме. Очерки Ледяного Похода. 1972，с. 74–75.；Богаевский А. П. Воспоминания геmнерала А. П. Богаевского. 1918 год. Ледяной поход. Нью‐Иорк（С. Ш. А.），1963. С. 136–137.

⑤ Корниловский удалный полк. Париж.，1936. С. 94.

力量薄弱，有利于军队的休养和恢复战斗力。① 5 月上旬，志愿军经过数次与红军小规模的战斗，进入北高加索边疆区，并且成功控制了弗拉基米尔高加索大铁路。5 月 13 日志愿军回到斯塔夫罗波尔省、顿河和库班地区的交界处，第一次库班进军结束。

第一次库班进军从形式上看表现的是地方性的武装冲突，但是它对国内战争的进程有重大影响。此举完善了志愿军的组织体制，奠定了进一步发展的制度基础。志愿军中组建的科尔尼洛夫团、军官团和游击团此后成为南俄罗斯白卫军的核心军事组织和突击力量。同时志愿军也创造了自己的英雄和神话。在侨民作家笔下，库班进军是在残酷的自然条件下进行的，进军时间 80 天，行程 1050 俄里，44 天有规模不等的战斗。② 进军不仅需要与沿途的苏维埃红军战斗，还要与恶劣的天气抗争。他们认为进军过程中的苦难铸造了志愿军的精神，如 A. A. 扎伊采夫所述，当志愿军回到顿河地区的时候，"他们相信自己的斗争一定会成功，并且将这种信仰贯彻到那些失去信心的人群当中"。③ 1918 年夏季顿河地区的出版物刊登了这次进军中的传奇人物，并将第一次库班进军称作"冰雪进军"（Ледяной поход）。

三 南俄志愿军第二次"库班进军"

1918 年 3 月 3 日，在苏维埃政府与德国签订《布列斯特和约》之后，俄罗斯西部和南部的领土从中央政府分离。但是东线的德国军队继续向俄国腹地推进，力图扩大自己的战略空间，同时掠夺乌克兰和南俄地区的粮食，以解决国内日益严重的饥荒问题。4 月 29 日，德国军队占领了顿河地区的切尔科夫村镇，中断了罗斯托夫、新切尔卡斯克与莫斯科之间东南铁路网的联系；5 月 8 日占领罗斯托夫—顿河。④ 到 6 月中旬，大约有 1.5 万人的德国军队进驻外高加索；至此，德国已经完全实现占领北

---

① Деникин А. И. Очерки русской смуты. Т. 2. М. 1991, С. 305 – 306.

② Казанович Б. И., Кириенко И. К., Николаев К. Н. （ред.）В память 1 – го Кубанского Похода. （Сборник）. Белград., 1926. С. 64.；С. В. Волков Первые бои добровольческой армии （Россия забытая и неизвестная. Белое движение.）. М.：Центрполиграф., 2001. С. 16.

③ Зайцов А. А. 1918 год：Очерки по истории Русской гражданской войны., 1934. с. 102

④ Венко. Вёшенское восстание. М., 2012. С. 21.

高加索地区的战略计划,并且可以从格罗兹尼获得石油,从乌克兰获得紧缺的粮食。

德国入侵南俄导致当地的社会政治格局再次发生改变。下顿河地区哥萨克早已不满顿河苏维埃共和国①实施的"红色恐怖"和夺取富裕哥萨克土地的政策。特别是在征收土地的过程中,对拥有军官军衔有时甚至是士官军衔的哥萨克进行残酷的报复。除此之外,苏维埃政府还强征教会土地,惩罚不驯服的神父、教士,禁止牧师为"反革命分子"举行葬仪。这些行为严重冒犯了下顿河地区萨克人的日常生活和日常风俗,还侵犯了哥萨克人的宗教信仰。②

显而易见,在顿河地区一片混乱、苏维埃政权尚未稳固的情况下,剥夺哥萨克的土地和对他们进行报复行动是不适宜的。但苏维埃政府并没有制止本地农民和外乡人的复仇行为,更没有阻止他们夺取哥萨克土地的行动,反而公开声明要剥夺哥萨克管区的土地和特权。而由外乡人主导的苏维埃代表大会也多次声明,要夺取哥萨克的土地,平分给当地少地、无地的贫苦农民。

所有这一切都激起了哥萨克的恐惧和愤怒。即使是那些原本保持中立的哥萨克中农也愤慨不已,拿起武器进行反抗:下顿河地区哥萨克暴乱四起。1918年4月,在新切尔卡斯克爆发了以戈鲁波夫和斯米尔诺夫为首的哥萨克暴乱,并且得到哥萨克富农和中农的支持。到4月末,暴乱已席卷顿河第一、第二、切尔卡斯克、顿涅茨和萨利斯克等管区(Круг)③的村庄。参与暴乱的村镇哥萨克代表们创建了一个临时顿河政府。三天之后,参加拯救顿河地区会议的代表们声明,"在统一的俄罗斯

---

① 顿河苏维埃共和国成立于1918年3月,其辖地为原顿河哥萨克军辖区,属于俄罗斯联邦,首都是罗斯托夫—顿河。1918年5月,被德国军队和暴乱哥萨克白卫军占领。9月,全俄中央执行委员会决定撤销顿河苏维埃共和国。

② Гончаренко О. Г. Тайны белого движения. Победы и поражения. 1918 – 1922 годы. М., 2004. С. 60 - 61.；沈志华主编:《苏联历史档案选编》第一卷,社会科学文献出版社2002年版,第348—349页。

③ Круг,意为管区,特指哥萨克的军事委员会和地方管理的最高行政机构,在涉及事关哥萨克的重大问题上,都需要它做出决定。管区代表由选举产生,这也是哥萨克传统民主因素的遗留。

复兴之前,顿河宣布自己为独立的民主共和国"。① 事实上,这也意味着内战之火在顿河地区蔓延开来。

在得到下顿河地区哥萨克暴乱的消息后,远在罗马尼亚小城雅希的М. 德罗兹多夫斯基(Дроздовский)上校也率领1000余人的军官队伍向东返回顿河地区。4月25日,德罗兹多夫斯基上校领导的军官队伍在德国军队的援助下攻克顿河首府新切尔卡斯克。② 该地区短暂的苏维埃共和国就此结束,红军虽然还控制着顿河地区的大片土地,但领导机关已撤往察里津。

在赶跑下顿河地区的苏维埃红军之后,暴乱的哥萨克们很快陷入权力之争中。为平息哥萨克内部的纠纷,顿河哥萨克管区(Круг)代表同意召开一次新的管区代表大会,来解决顿河地区政权的归属问题。4月28日,"拯救顿河军人大会"在新切尔卡斯克召开。5月3日,与会代表以107票赞同,10票弃权,13票反对,选举 П. Н. 克拉斯诺夫为顿河阿塔曼。③

同时,与会代表们决心消除1917年二月革命以来的成果,通过了一系列新的决议,宣布废除尼古拉二世退位以来颁布的法律、法规,规定阿塔曼在战时拥有无限权力,可以实行专政统治。5月4日,大会颁布了"大顿河哥萨克军基本法"。基本法内容包括阿塔曼权力,信仰,哥萨克和公民的权利和义务,立法,野战法庭,财政,顿河的国旗、国徽和国歌七个章程。它规定在下届管区大会召开之前所有权力归阿塔曼,所有的法令和命令都应出自阿塔曼之手,以便不再重蹈已故的阿塔曼卡列金的覆辙,决计不会像卡列金一样来实施民主主义的"顿河集体管理"。④ 基本法事实上直接拷贝了1906年俄罗斯帝国基本法。克拉斯诺夫希望能够效仿乌克兰的盖特曼⑤斯科罗帕茨基,在顿河地区建立起个人专政,并

---

① Гражданов Ю. Д. Всевеликое войско Донское в 1918 году. Волгоград. , 1997. С. 62.

② С. В. Волков Первые бои добровольческой армии(Россия забытая и неизвестная. Белое движение.). М. : Центрполиграф. , 2001. С. 506.

③ Краснов П. Н. На внутреннем фронте (Белая Россия). , 2003. С. 235.

④ Ауский С. Казаки. Особое сословие. М. , 2002. С. 301.

⑤ 盖特曼(гетман)是指17—18世纪乌克兰哥萨克酋长国的首脑,由选举产生,任期终身制,拥有广泛的权力,同时期的16—18世纪波兰立陶宛王国军队的统帅也称为盖特曼。

且希望大顿河哥萨克军政府能够像格鲁吉亚、芬兰等俄罗斯帝国边疆地区一样，得到德国的援助和外交认可，成为独立国家。

克拉斯诺夫担任阿塔曼之后，积极整军备战，建立常备顿河军。他将1899—1900年出生的19—20岁的哥萨克组建为特别军，命名为青年军（молодая армия）。阿塔曼对青年军寄予厚望，希望能给年轻一代灌输东正教—专制主义精神（православно‑самодержавный дух），希望他们能摆脱革命宣传和政治委员的影响，不受布尔什维克等激进思想的影响。① 按照克拉斯诺夫的构想，青年军应该成为顿河的中流砥柱，成为顿河的青年近卫军。到1918年夏季，顿河哥萨克军人数达到6万人，军力大大增强，对苏维埃政权构成严重威胁。

当阿列克谢耶夫将军领导的志愿军听到下顿河地区哥萨克暴动的消息后，急忙率领军队向顿河地区进发。阿列克谢耶夫和邓尼金希望能够取得对顿河军的主导权。但事与愿违，如同军事历史学家戈洛文的批评所说，第一次库班进军是一个战略错误，它导致了志愿军丧失了对顿河的主导权。而克拉斯诺夫从现实主义的策略出发，认为协约国干涉军、俄国知识分子、布尔什维克和志愿军是顿河地区的四个主要敌人。② 他主张与德国结盟，以此保障顿河地区相对独立的地位。此后，克拉斯诺夫写信给德皇威廉二世，希望能够获得德国的外交承认，与德国亲善，用顿河的粮食换取德国的武器，反击苏维埃红军。他的这些行动与南俄志愿军领导人邓尼金的信念格格不入；后者认为俄罗斯的朋友是协约国盟国，邓尼金斥责他是以出卖俄国的利益来换取德国人的庇护。

尽管如此，顿河军和志愿军为共同对抗苏维埃红军而又不得不联合起来。5月15日，南俄志愿军的领导人阿列克谢耶夫、邓尼金等与大顿河哥萨克军阿塔曼克拉斯诺夫在马内奇镇进行会晤。会晤时，双方针锋相对，指责对方。邓尼金斥责克拉斯诺夫组建东南同盟，禁止顿河战士加入志愿军，支持德国反对东方战线的协约国盟国。③ 他一直认为与协约国的盟友关系不可改变，不愿意屈就于现实，服从与德国结盟的战术。

---

① Кручинин А. С. Белое движение. Исторические портреты. М., 2006. С. 188.
② Архив русской революции. Т. 5. Берлин, 1922. С. 198.
③ Деникин А. И. Очерки Русской Смуты (Т. 3.). Берлин., 1924. С. 68.

而克拉斯诺夫则认为"邓尼金没有创造性的天赋,而且不明白与布尔什维克战争的特征",并指责邓尼金,恰恰是他"毁了一切"。① 双方在经过一番较量之后,达成一项协议:大顿河军从罗斯托夫国家银行为志愿军提供600万卢布的财政支持,提供来自德国的军备,允许志愿军在罗斯托夫和新切尔卡斯克设立征兵局。志愿军则保护顿河的南部边疆,使其免遭来自库班方向的苏维埃红军的攻击。② 此后一个半月的时间内,大顿河哥萨克军政府向顿河、库班和志愿军提供了11651支步枪、46门火炮、89挺机枪、109104发炮弹和1159472发子弹的援助。其中1/3的炮弹和1/3的子弹给了志愿军,③ 而这些武器都是由德国人所提供。

但是对于进军的战略考量,双方仍未能达成共识。克拉斯诺夫希望志愿军与顿河军进攻察里津,再与下奇吉林斯克和大克尼亚热斯卡亚地区的顿河军联合起来,然后派遣这支军队前往萨拉托夫省,趁当地农民大规模暴动的时候夺取工业中心城市,进而与奥伦堡阿塔曼杜托夫领导的乌拉尔哥萨克联合起来。④ 邓尼金则反对这一战略,认为志愿军需要休养,并且担心志愿军在攻打察里津时,北高加索库班地区的数万红军突袭志愿军后方,导致志愿军陷入前后夹击的态势,最终被消灭。邓尼金此后在自己的回忆录《俄国内乱简史》中,始终认为克拉斯诺夫对志愿军抱有私人的敌意,双方无法协调一致行动。⑤

立宪民主党党魁米留科夫也认为邓尼金与克拉斯诺夫的关系是极不正常的。尽管他们在面对公众的时候,彼此都用"友谊"之类的词汇来形容与对方的关系。但是这两者之间却潜藏着根本性的冲突和原则分歧。邓尼金希望重振"伟大统一的俄罗斯",希望顿河人按照库班哥萨克的模式,服从于志愿军。而克拉斯诺夫则希望建立一个顿河的主权国家,这对邓尼金而言,是不能容忍的。他们双方为争夺南俄的主导权而展开了斗争。阿列克谢耶夫在写给立宪民主党领袖米留科夫的信中,对米留科夫的评价深表赞同,并且认为,"克拉斯诺夫的个人品性在顿河和志愿军

---

① Краснов П. Н. На внутреннем фронте (Белая Россия)., 2003., С. 247.
② Краснов П. Н. На внутреннем фронте (Белая Россия)., 2003., С. 247.
③ Архив Русской Революции. Т. 5. Берлин., 1922., с. 209.
④ Краснов П. Н. На внутреннем фронте (Белая Россия)., 2003., С. 247.
⑤ Деникин А. И. Очерки Русской Смуты (Т. 3.). Берлин., 1924., С. 70.

的事业中扮演消极的角色"。① 最终双方因为这一不可克服的冲突导致志愿军领袖不愿意与顿河哥萨克军一起向东北方向进攻察里津，错失与伏尔加河流域的人民军以及奥伦堡哥萨克联合的战略机会。

经过四个星期的休整之后，驻扎在梅切津斯克和叶戈尔雷克镇的志愿军攻占了季霍列茨克—罗斯托夫区间的铁路，夺取了军用列车上的物资，并且摧毁了沿线铁路。这次军事行动为志愿军补充了必要的军事物资。但是志愿军的领导人明白，他们没有一块可以依靠的根据地，始终会是一支无所归依、寄人篱下的军队。

于是，阿列克谢耶夫和邓尼金决定再次向库班地区进军。他们制订的战役计划是先攻占托尔戈瓦亚（Торговая）车站，切断与俄欧中央地区唯一的铁路线，继而破坏通往察里津方向的铁路，再由北向南推进，攻取克列诺夫斯克（Кореновский）铁路枢纽站，最后攻取北高加索地区的政治经济中心——叶卡捷琳诺达尔城。

6月8日，邓尼金颁布命令，宣布志愿军开始第二次库班进军。一个星期之后，志愿军攻取托尔戈瓦亚车站，切断北高加索地区通往俄欧中央地区的铁路线，使苏维埃政府失去了整个北高加索地区的石油以及斯塔夫罗波尔省、黑海省的粮食。然而，志愿军为这场胜利付出的代价也是十分惨重的，极具威望的马尔科夫将军战死，他在志愿军中的地位不亚于邓尼金，因此他的死亡给志愿军带来巨大的精神打击。②

马尔科夫逝去之后，邓尼金任命 Б. И. 卡萨诺维奇（Казанович）为第一师指挥官，第一师改名为马尔科夫师（Офицерская генерала Маркова дивизия）。马尔科夫师的士兵身着黑色军便服和马裤，戴有白色帽身、黑色帽圈的制帽（黑色镶边）。以黑白两色为主色调是有独特的象征意义，即黑色代表为祖国而牺牲，白色代表拯救民族。③ 此后，马尔科夫师与科尔尼洛夫师、阿列克谢耶夫师一起，成为志愿军中最具战斗力的

---

① Кручинин А. С. Белое движение. Исторические портреты. М．, 2006. С. 184.

② С. В. Волков Второй Кубанский поход и освобождение Северного Кавказа (Россия забытая и неизвестная. Белое движение.). М．: Центрполиграф．, 2002. с. 30 – 34.

③ Гончаренко О. Г. Тайны белого движения. Победы и поражения. 1918 – 1922 годы. М．, 2004. С. 83.; С. В. Волков Второй Кубанский поход и освобождение Северного Кавказа (Россия забытая и неизвестная. Белое движение.). М．: Центрполиграф．, 2002. С. 32.

部队。

　　经过连续的战斗，志愿军在基霍列茨基车站附近再一次同受到重创的苏维埃红军第39军交火，红军败退，志愿军合围成功，加里宁只身逃脱。志愿军在取得基霍列茨基车站的胜利之后，将库班的苏维埃红军分割成四处：一处在阿尔马维尔，一处在西部，一处在塔曼半岛，一处在叶卡捷琳诺达尔。志愿军用两天时间休整，然后继续向阿尔马维尔、叶卡捷琳诺达尔以及克列诺夫斯克（Кореновский）三个方向推进。7月26日志愿军攻占重要的铁路枢纽克列诺夫斯克车站，夺得大量的粮食和武器装备。红军纷纷后撤，库班首府叶卡捷琳诺达尔的苏维埃红军也被前线士兵的恐慌情绪所感染，守城的红军士兵仓皇逃跑。8月3日，志愿军在没有遇到任何抵抗的情况下进入库班首府叶卡捷琳诺达尔。

　　志愿军夺取叶卡捷琳诺达尔城之后，拥有一块发展的根据地。由于库班政府是借助志愿军才清除了布尔什维克，因此双方尽管存在矛盾，但库班政府不能像顿河政府一样，公然对抗志愿军。8月4日，邓尼金在写给库班阿塔曼菲利蒙诺夫的信中，"希望他不要受库班拉达（Кубанская Рада）动荡的政治局面所左右，要稳固库班局面，并且告诉他，志愿军已经完成了自己的使命，将布尔什维克从这一地区赶了出去，随后就要实行拯救俄罗斯、统一全国的计划"。① 8月5日，志愿军最高领袖阿列克谢耶夫也抵达叶卡捷琳诺达尔城，像从前一样，他仍然主管财政、外交以及军队供给等事务。

　　丢失叶卡捷琳诺达尔给北高加索地区的苏维埃红军以巨大打击，托洛茨基对红军的指挥官进行调整。索罗金被任命为红军北高加索集团军总司令，他率领1.5万余人的部队驻扎在库班河和拉巴河之间。另外，塔曼半岛、阿马尔维尔、库班和顿河交界的斯塔夫罗波尔等地还有3万红军，对志愿军形成威胁。8月，志愿军的人数由9000人增至3.5万—4万人，有86门火炮、2456挺机枪、5辆装甲列车、8辆装甲车、7架飞机。志愿军的军事实力已经超过当地的苏维埃红军。邓尼金决定兵分三路，沿阿马尔维尔—米哈伊洛夫斯基—顿科夫斯基等地进攻，将索罗金的苏

---

①　Ипполитов Г. Деникин（Жизнь замечательных людей）. М.：Евразия+., 2004. С. 380.

维埃红军逐出北高加索。经过两个月的鏖战，红军指挥官索罗金在内讧中被杀，邓尼金实现了自己的战略目标，到 1919 年 2 月，整个北高加索地区都被志愿军所控制。

对于第二次库班进军，俄国侨民军事历史学家有不同的评价。А. А. 扎伊采夫上校对邓尼金的战略提出严厉的指责，批评他在战略上的无能和短视。А. А. 扎伊采夫认为志愿军应该直接向莫斯科进军，这一方向与产生德国人冲突的概率远低于向察里津的进攻，因为即使攻占察里津，所有自南方北进的道路都需要经过德奥占领区。与其夺取察里津，再从伏尔加河中部地区向莫斯科推进，不如直接北进，而向库班地区的进军更为下下之策。① 但戈洛文则为邓尼金辩护，认为志愿军的骨干主要是军官团，军官们渴望立竿见影的效果，而这样的心理可以满足"直接行动的策略"，它当时的主要表现形式就是向库班推进。②

尽管侨民作家批评甚烈，但是第二次库班进军为志愿军在南俄的发展提供了一个基地，其规模也取得长足发展。因为志愿军抵达北高加索地区之后，在南俄罗斯形成了一个有组织性的反苏维埃武装力量的中心，它不断吸收周边其他反布尔什维克族群的加入，同时向那些自发性地反抗苏维埃政权的知识分子和军官伸出橄榄枝，最终演变为获得协约国支持的南俄罗斯武装力量。在进军的过程中，志愿军中也涌现了一批具有战略眼光和善战的将领，例如步兵将领卡萨诺维奇、库捷波夫、德罗兹多夫斯基等，骑兵将领什库罗以及弗兰格尔男爵等。

第二节　南俄白卫军的政权建构与管理

一　邓尼金"国家专政"的建立

1918 年夏秋之间，志愿军仍然是一支无所归依的军队。它活动的南俄广阔地区，出现了数个地方自治政府。志愿军的领导人阿列克谢耶夫、

---

① Зайцов А. А. 1918 год: Очерки по истории Русской гражданской войны. Б. м., 1934. С. 198.

② Головин Н. Н. Российская контрреволюция в 1917 – 1918 гг. Ч. 5, кн. 11: Добровольческая армия и освобождение Кубани. , 1937. С. 20.

邓尼金等亦感到极为苦涩，他们在财政援助、征兵等活动方面都要处处仰人鼻息。第二次库班进军之时，俄罗斯著名的社会活动家、君主主义者 В. В. 舒尔金（Шульгин）就拜访了阿列克谢耶夫，建议他创建一个最高的民政事务管理机构，管理志愿军需要处理的各类公共事务，这有利于阿列克谢耶夫从日益繁多的民政事务中脱离出来。因此，他向阿列克谢耶夫提交了一个"志愿军最高领袖下辖特别议会条例"草案。① 但这个草案并没有实施，原因在于志愿军没有自己可以控制的领土，而且担心与库班拉达和顿河政府的关系恶化。舒尔金失望之余，便离开了南俄。

8月3日攻占叶卡捷琳诺达尔之后，志愿军将其作为南俄白卫军政府的首府，他们谨慎小心地处理与库班拉达之间的关系。在秋冬之际的战役中，志愿军相继攻占了斯塔夫罗波尔和黑海省份，它直接控制了这些地区，导致大量的民政事务需要将军们处理。事实上，邓尼金和总参谋长 И. П. 罗曼诺夫斯基将军除了领导军事行动之外，几乎每天还需要抽出大量的时间来解决这些日常公民事务问题。② 因此，大本营的将领分担了民政机构的权责。由于志愿军的主要领导人都是军人，他们不谙政治，对于纷繁复杂的行政事务管理也倍感棘手，需要得到知识分子和政治家的支持，进而解决上述问题。

8月，在南俄白卫军中具有举足轻重地位的 В. В. 舒尔金和 А. М. 德拉戈米洛夫将军抵达叶卡捷琳诺达尔。他们积极促成南俄的立宪民主党人与将军们进行会谈，以组建一个政府来管理志愿军所控制的领土。8月中旬，召开由政治家和将军们参与的联席会议。18日，联席会议授予阿列克谢耶夫"最高领袖"（Верховный Руководитель）的称号，同时任命德拉戈米洛夫将军为阿列克谢耶夫的助手。③ 这次会议最重要的成果是接受并通过了"志愿军最高领袖下辖特别议会法令"，组建了隶属于"最高领袖"的政府——特别议会（Особое совещание）。根据条例，成立特别议会的目的主要有以下几个方面：第一，为志愿军占领下的领土组建管

---

① Архив руской революции. Т. 4. С. 241.
② Карпенко С. В. Военный и гражданский аппараты управления Деникинской диктатуры. Власть. , 2011. №3. С. 131.
③ Архив руской революции. Т. 4. С. 241-242.

理机构和恢复被苏维埃政府破坏的地方自治机关；第二，在志愿军占领的领土上讨论和制定相关的行政管理法律；第三，恢复俄罗斯帝国时期的外交关系，与其他国家进行外交往来，特别是要恢复与协约国盟国的外交关系。[①] 特别议会主席由阿列克谢耶夫本人担任，下辖包括国家组织部、财政部、贸易和工业部在内的 11 个部，各部由 1 名部长和 2 名副部长组成。

显而易见，特别议会已经完全具备政府机关的各项职能，负责南俄白卫军的内外政策以及给出具体的解决方案，但是它不拥有绝对的权力，特别议会各部的所有最终决议都要经过"最高领袖"的批准。条例的颁布，标志着随卡列金将军和科尔尼洛夫将军的去世，"三驾马车"平分权力的机制不复存在，阿列克谢耶夫在南俄志愿军中已经建立了自己的近乎专政的权力体系。它主要表现在以下三个方面：第一，统一的军权；第二，规定了志愿军最高领袖下辖特别议会的职能，即管理所有政府部门的职能；第三，提出在"最高领袖"的领导下成立立法委员会等机构，并且对新近从布尔什维克统治之下"解放"地区的立法委员会的组建做出特别规定：一是立法委员会成员要经选举产生，二是立法委员会成员身份的确认要通过"最高领袖"签字的同意。[②]

特别议会条例颁布之后，它的组建工作并不如人意。当时阿列克谢耶夫已身患重病，不能参与议会的组建工作。帝俄时期具有丰富行政经验的高级官僚们鉴于志愿军在北高加索地区的脆弱状况，亦处在观望状态，并不急于加入特别议会。9 月 25 日，阿列克谢耶夫因病去世。根据志愿军的传统和邓尼金的个人威望，邓尼金接任志愿军最高总司令。邓尼金虽然没有接受最高领袖的称号，但是他将阿列克谢耶夫苦心创建的专政权力体系继承过来，并进一步发展。特别议会也由"最高领袖下辖特别议会"转移到"最高总司令下辖特别议会"。[③] 同时任命德拉戈米洛夫将军为最高总司令的政治事务助手兼任特别议会主席，卢克姆斯基将

---

① Архив руской революции. Т. 4. С. 242–243.

② Соколов К. Н. Правление генерала Деникина: из воспоминаний. София, 1921. С. 42.

③ Зимина В. Д. Белое движение и российская государственность в период гражданской войны. Дисс. докт. ист. наук. Волгоград. , 1998. С. 217.

军则担任特别议会陆海军部长。

1918年9月28日,召开了特别议会第一次会议。特别议会的第一次会议全体成员人数不多。参加者主要有А.М.德拉戈米洛夫、А.С.卢科姆斯基以及享有部长权力而没有实际管理部门的В.В.舒尔金等10人出席。

特别议会成立之后,邓尼金亟须解决志愿军内部的权力运行准则以及与其他边疆地方政府的关系问题,特别是与库班边疆政府的关系。他委任立宪民主党人В.А.斯捷潘诺夫(Степанов)和法学教授К.Н.索科洛夫(Соколов)讨论制定一部新的法令。10月4日,邓尼金颁布了斯捷潘诺夫和索科罗夫制定的《志愿军占领区临时管理法令》。① 这个法令在白卫军的历史文献中称为"南俄志愿军宪法"。

法令包含6个章节和上百条条款。法令最重要的是第一章。第一条开门见山规定志愿军占领区内的所有权力都属于志愿军总司令。毋庸置疑,这是为邓尼金的专政统治奠定法理基础。第二条则宣布废除苏维埃政府颁布的所有法令。第三条是对公民权的规定,它宣称"俄罗斯所有国家公民,不分民族、阶层和社会地位,一律享有平等权",却又规定"哥萨克享受的特殊权利和特权不可侵犯"。这种自相矛盾的条款反映了志愿军不敢回到旧制度,但是又需要得到哥萨克的支持的矛盾心理。

第四章是有关特别议会的相关条款。法令规定特别议会是志愿军下辖的立法和行政管理机构,特别议会主席由志愿军最高总司令担任,特别议会的各项决议都需要经过特别议会主席的批准才有效等。②

第六章是有关处理与库班边疆政府关系的条款。它规定库班政府享有自治的权利,在法律的基础上可以处理它的内部政治、经济、文化等事务;但库班拉达政府在这些领域的所有立法都需要经过志愿军最高总司令的批准。③ 这也就意味着,库班政府的活动必须符合志愿军的利益,

---

① Пионтковский С. А.. Гражданская война в России(1918-1921). Хрестоматия. М.:Коммунистический университет им. Я. М. Свердлова. , 1925. С. 510-513.

② Пионтковский С. А.. Гражданская война в России(1918-1921). Хрестоматия. М.:Коммунистический университет им. Я. М. Свердлова. , 1925. С. 511-512.

③ Пионтковский С. А.. Гражданская война в России(1918-1921). Хрестоматия. М.:Коммунистический университет им. Я. М. Свердлова. , 1925. С. 513.

库班人追求独立的地方利益必然会与志愿军"统一不可分割的俄罗斯"的沙文民族主义产生冲突,为志愿军的失败埋下伏笔。

总而言之,《志愿军占领区临时管理法令》为邓尼金的国家专政奠定了法律基础。志愿军最高总司令口含天宪,掌握武装力量,确定对外政治,在颁布法律、发布命令和高层人事任免上也掌握绝对权力。而特别议会只是一个咨议和执行机构,仅限于向最高总司令提供建议和执行决议。最高总司令有权任命特别议会的主席和各部部长,部长们只对总司令负责。这样一来,邓尼金拥有了不亚于帝俄时期皇帝的权力,他因此也被称为"沙皇安东",从此,被同时代人称为"绝对专政"(чистая диктатура)或"国家专政"(Национальная диктатура)的邓尼金体制得以确立。

对于邓尼金的"国家专政"统治,同时代人都认为它有深刻的历史根源。索科洛夫认为军事专政源自俄罗斯的民族特性。国家混乱时刻,人们在寻求拯救祖国的道路中需要集中权力,只有这样才能重建国家和社会秩序。立宪民主党人 Н. 乌斯特罗夫(Устрялов)则认为邓尼金的专政统治具有混乱时代的强力政府与民主思想结合在一起的特征,认为要实现俄罗斯的民主需要与俄罗斯文明的敌人布尔什维克主义进行残酷无情的斗争。[1]

邓尼金本人则解释专政统治是将俄罗斯从国家悲剧中拯救出来的最好方式。他的使命是清除布尔什维克主义,恢复"伟大、不可分割的俄罗斯国家",而社会的和平和国家的重建是人们自由意志表达的先决条件。[2] 那些被志愿军从布尔什维克统治之下"解救"出来的俄罗斯的新土地,应当服从于专政者——志愿军最高总司令。邓尼金强调了这一过程是合情合理合法,由于志愿军的形成才推动了南俄白卫军的发展。[3] 在那些与邓尼金持相同立场的人眼中,在国内战争的态势下国家机构最有效的形式只能是专政统治,但这种专政是全民族,而不是个别党派或者阶

---

[1] Устрялов Н. Под знаком революции. Харбин, 1925. С. 216-217.

[2] Деникин А. И. Очерки русской смуты. Т. 4. Берлин., 1925. С. 201.

[3] Зимина В. Д. Белое движение и российская государственность в период гражданской войны. Дисс. докт. ист. наук. Волгоград., 1998. С. 218.

层的。1918年11月6日，邓尼金在给卢克姆斯基的信中写道："志愿军绝不会成为任何一个政党的武器，它的方针不会摇摆不定。"①

1919年1月，当顿河哥萨克军也隶属于志愿军的时候，邓尼金成为南俄罗斯武装力量的总司令（ВСЮР），而特别议会也成为总司令下辖的直属机构。1月25日，邓尼金颁布了《南俄罗斯武装力量最高总司令下辖特别议会法令》（Положение об Особом совещании при главнокомандующем ВСЮР）。② 此次法令的措辞比上次更为清晰，为了与顿河政府的部门区分，行政管理机关的部门被重新命名。旧名称只有在法律和宣传部门里被保留。重新考虑过的法令条例中采用了特别议会常任主席一职。总司令担任议会主席，从此以后只有在他认为需要的情况下才出席会议。为了加强对特别议会的控制，邓尼金任命德拉戈米洛夫将军担任特别议会常任主席，主持日常会议。事实上，这也反映了邓尼金对民政权力的控制，极力阻止南俄罗斯武装力量区域内的民政管理机构的分离主义倾向，并监管这些机构。

除此之外，邓尼金还对特别议会的部门进行调整，扩充为14个部门，部长的候选人也有变动，帝俄时期大量具有行政经验的官员进入特别议会各部工作。到1919年年中，特别议会的成员总计24人。

在特别议会的第一次组成中，成员并没有强烈的意识形态区别。1919年春季之后形势发生了变化。俄罗斯国家联合委员会、十月党人、民族中心、复兴联盟的成员开始加入特别议会的部门。尽管邓尼金标榜用人唯贤，事实上，为了平衡各派系，邓尼金采取了一种中间路线的用人标准，极左和极右的政治家都被排除在政府之外。结果是特别议会由三股不同的政治势力组成，第一股是具有保守主义倾向的无党派分子，他们是将军的追随者；第二股是右翼的政客，主要是俄罗斯国家联合委员会（СГОР）和十月党人组成；第三股是自由主义派别，包括四个立宪民主党人以及倾向于该党的别尔纳茨基、罗曼诺夫斯基将军等。在邓尼

---

① Лукомский А. С. Воспоминания. Т. 2. Берлин, 1922. С. 178-179.
② ГА РФ. Ф. Р-439. Оп. 1. Д. 86. Л. 204-206. Журналы заседаний Особого совещания при Главнокомандующем Вооруженными Силами на Юге России А. И. Деникине: сентябрь 1918. го -декабрь 1919 г. М., 2008, С. 120-124; Архив руской революции. Т. 4. С. 245-247.

金看来，"特别议会成员，都是忠诚于祖国的人，虽然他们有不同的利益，但仍然在一起工作"。①

事实上，特别议会成员中，保守派和右翼分子占主导地位。以1919年7月特别议会成员的政治派别和政治信仰为例做一分析便可看出。

表3-3　　1919年7月特别议会成员的政治派别和政治信仰

姓名	特别议会职位	党派	政治倾向
德拉戈米洛夫	主席	无党派	右翼
卢克姆斯基	陆军部部长	无党派	右翼
А. М. 格拉西莫夫	海军部部长	无党派	右翼
И. П. 罗曼诺夫斯基	总参谋长	无党派	自由主义
А. С. 萨尼科夫	保障部部长	无党派	右翼
Н. М. 吉赫梅涅夫	军事通信局局长	国家联合委员会成员	右翼
А. А. 涅拉托夫	外交部部长	国家联合委员会成员	右翼
Н. Н. 切贝邵夫	内务部部长	国家联合委员会成员	右翼
В. Н. 切列邵夫	司法部部长	民族中心成员	自由主义
В. Г. 科洛科利佐夫	农业部部长		右翼
М. В. 别尔纳茨基	财政部部长	无党派	
В. А. 列别捷夫	工商部部长	无党派	
С. Н. 马斯洛夫	粮食部部长	十月党人	右翼
Э. П. 舒别尔斯基	交通部部长	民族中心成员	
И. М. 马利宁	国民教育部部长	民族中心成员	自由主义
Г. Н. 特鲁别茨柯依大公	宗教局局长	国家联合委员会成员	右翼
В. А. 斯捷潘诺夫	监察部部长	立宪民主党	自由主义
К. Н. 索科洛夫	宣传部部长	立宪民主党	自由主义
С. В. 别兹博拉佐夫	特别议会办公厅主任	无党派	右翼
Н. И. 阿斯特洛夫		立宪民主党	自由主义

---

① Деникин А. И. Очерки русской смуты. Т. 4. Берлин, 1925. С. 207.

续表

姓名	特别议会职位	党派	政治倾向
М. М. 费多罗夫		立宪民主党	自由主义
Д. И. 尼基福罗夫			右翼
И. П. 希波夫			右翼
Н. В. 萨维奇		国家联合委员会	右翼

资料来源：Журналы заседаний Особого совещания при Главнокомандующем Вооруженными Силами на Юге России А. И. Деникине: сентябрь 1918. го – декабрь 1919 г. М., 2008, С. 10 – 11.

根据表 3 – 3，可以发现 24 名特别议会的成员中，立宪民主党人有 4 人，他们都是自由主义者，外加罗曼诺夫斯基将军和 2 名民族中心的成员，他们 7 人构成政府的左翼；国家联合委员会成员有 5 人，他们和保守派的将军们以及其他成员多达 14 人构成政府的右翼；余下 3 人则是中间派。由此可见，特别议会的成员中，保守派占据主导地位，自由派是少数，处于弱势。因此，特别议会在解决具体问题的时候，由于保守成员占多数，自由派是少数，经过考量和妥协之后，最终反映的是将军和右翼政客的意见。特别是在高级行政官员的任命方面，邓尼金往往考量的是右翼的意见。

自由主义者虽然认可将军们的观点，认为在战争状态下，民政管理机构不可避免地要服从于最高军事政权，但是他们仍然对自己在政府的职位等级体制中不能享有充分的权力以及将军在管理中的特权感到不满。立宪民主党人站在总司令的身旁，扮演"小提琴手"的角色。① 邓尼金本人也明白，民政管理需要立宪民主党人的配合，他往往也需要考虑政府中左翼的意见，以安抚俄国社会中的自由主义者和知识分子。他在向别人解释自己的用人原则时，特别指出，"政府人员的选用上依据的是他们的业务能力，而不是他们的党派色彩。不应成为左和右的信徒"。②

特别议会的弱点不在于它是倾向于右翼还是立宪民主党，而在于它

---

① Карпенко С. В. Военный и гражданский аппараты управления Деникинской диктатуры. Власть., 2011. №3. С. 131 – 134.
② Деникин А. И. Очерки русской смуты. Берлин, 1925. Т. 4. С. 207.

没有成为任何一方。邓尼金一方面一直努力在右派（俄罗斯国家联合中心）和左派（民族中心、复兴联盟）中间寻求中间道路，并且试图为军事专政添上民主的色彩；另一方面，他想调整和哥萨克军队之间的关系，以"和解"方式解决问题，并将他们统一规划到以"重建统一不可分割的俄罗斯"为名义的专政体制下，结果是邓尼金无法得到左翼和右翼政治势力的配合，并且经常受到双方的指责：政府中的左翼认为邓尼金过于保守和专政，要求建立一个更民主的政府；右翼则认为特别议会中实施的许多措施过于左倾，要求将军远离立宪民主党人。作为邓尼金的同僚，卢克姆斯基感受颇深，他写道："左翼政党的代表们经常指责邓尼金，认为他组建了一个黑帮政府，完全不能被人民群众所信任。而右翼集团则抨击特别议会，认为它在一些具体问题的决议上具有严重的左倾倾向。"① 索科洛夫教授描述了议会中立宪民主党人与右翼分子的争吵和谩骂，相互推诿扯皮的情形。② 结果是特别议会决议缓慢，经常处于漫无休止的争吵中，效率低下，引起了左翼和右翼双方的不满。

1919年11月6日特别议会成员 Н. И. 阿斯特罗夫给特别议会呈递了一份要求南俄白卫军政府改变专政统治的施政报告。阿斯特罗夫认为要让南俄居民建立对专政者的信任，需要对南俄白卫的最高权力机构和教义做出新的改变。1919年12月4日邓尼金颁布了著名的"特别议会的训示"，再次打出"伟大、统一和不可分割的俄罗斯"和"与布尔什维克斗争到底"的旗号，并且在训示中直截了当地阐释了军事专政是此阶段俄国历史的必有之义，只有它才能对抗来自左翼和右翼政党政治的压力。他仍然在坚持"预先不确立原则"，将有关政府统治形式的问题延迟到未来的立宪会议解决。③ 12月17日，根据训示发布了塔甘罗格176号命令，对特别议会的机构进行改组，在南俄总司令的领导之下组建了一个包括军事部、财政部、外交部等7个部门在内的更为紧凑的政府，至此，特别议会落下帷幕。

---

① Архив русской революции. Т. 6. М. , 1991. С. 144.
② Соколов КН. Правление генерала Деникина: из воспоминаний. София. , 1921. С. 42.
③ Соколов К. Н. Правление генерала Деникина: Из воспоминаний. София. , 1921. С. 229–230.

事实上，邓尼金借助特别议会的"国家专政"是一种弱性专政。他登上专政者的位置首先没有人民授权，于法理不合；其次，他也不是罗曼诺夫王朝的后裔，于传统不符。这种专政统治缺乏法理上的正当性。因此，他不得不死守"预先不确立原则"和"伟大、统一不可分割的俄罗斯"两面旗帜来吸引俄国社会的各阶层来参与白卫军事业。戈洛文将军对此有准确的评价，认为邓尼金的"国家专政""既没有解决任何社会问题，也没能发动人民投入到恢复俄罗斯疆界版图战争中去，这一纲领使邓尼金'拿破仑式的专政'没有得逞"。依照他的观点来看，这种专政仅限于军队中，并没有渗透到俄罗斯人民中去。① 此后南俄白卫军发展的脉络亦表明，"邓尼金专政"作为一种具有战略目的的短暂现象，它既不是布尔什维克压迫下的"解放者"，也不是新秩序的"建设者"。

二 南俄白卫军的地方政权建设与管理

南俄罗斯武装力量所控制的土地不断扩张，也迫使邓尼金和特别议会加强在地方的军事—政治机构的设置。1918 年 9 月 9 日邓尼金颁布了"志愿军占领区省和州的管理临时法令"（Временное положение об управлении губерниями и областями, занимаемыми войсками добровольчуской армии）。② 法令主要适用于当时志愿军攻占的斯塔夫罗波尔和黑海省地区。这两个省份设置了军事省长，分别由 А. П. 库捷波夫将军和 П. В. 格拉泽纳普上校担任。如同实践所证明，这并不是一个适宜的决定。两位将领并不通晓地方行政事务，军事行政当局也不具备处理复杂的民政事务的能力。此外，由于地方政府不具备独立性，只是依附于军方，在重大问题上都要咨询大本营的军官们，邓尼金和卢克姆斯基等被淹没在烦琐的日常民政事务中，苦不堪言。

1919 年 2 月 15 日，特别议会提出了"南俄罗斯武装力量最高总司令有关地方管理机构暂行条例"（Временное положение о гражданском управлении в местностях, находящихся под верховным управлением

---

① Головин Н. Н. Российская контрреволюция в 1917 – 1918 гг. Т. 2. М.：Майрис – Пресс．, 2011. С. 534 –535.

② ГА РФ. Ф. 446. Оп. 2. Д. 2. Л. 28.

главнокомандующего Вооруженными силами на Юге России).① 这份法令草案由知名的律师 П. И. 诺夫哥罗德切夫和基辅经济学教授 А. Д. 比利莫维奇制定。3月，邓尼金批准了这一法令。根据这一条例，行政管理机构分为三个层级：最高总司令—省长（军区司令）—县长。各级行政长官作为上级长官的代理人，他们有必要统帅军队或是警察捍卫国家秩序和安全，监督所有的军事和民政机构，协调他们之间在军队后勤保障和居民日常生活方面的行为。② 州长或省长由本省军队司令担任，他统帅本州（省）的军队。在新罗西斯克州任命 Н. Н. 希林格将军担任省长，在基辅州则是 А. М. 德拉戈米罗夫将军，在哈尔科夫省是志愿军指挥官 В. З. 迈马耶夫斯基将军，在捷列克—达吉斯坦州是 В. П. 利亚霍夫将军（后来被 И. Г. 埃尔杰利将军代替）。在军事上，各省省长（军区司令）直接听命于大本营，在行政管理方面，则要受到特别议会内务部的辖制。地方政府机构则由农业部、粮食部、工商部、财政部等部门代表组成的委员会构成，直接受制于省长。显而易见，所有这些地方行政机构的官员在自己管理区内的权力受到制约。至此，邓尼金的三级地方行政机关设置完成。

在地方行政区域设置方面，南俄白卫军政府主要是依据种族、地理、经济等情况，对白卫军所占领的地区进行新的行政划分和机构设置。根据邓尼金的意图，应该实施广泛的地方自治以及创建地方选举机构等。事实上，邓尼金主张的权力下放需要完成以下两个任务：防止边疆民族的分离主义以及减轻特别议会有关民族问题的负担。

1919年8月20日，特别议会做出决议，将南俄白卫政府控制下的领土分为以下四部分：新罗西斯克州，主要包括赫尔松省、克里米亚和波多利斯克省的巴尔塔县；哈尔科夫省，主要包括哈尔科夫、叶卡捷琳诺斯拉夫、库尔斯克的部分县；波尔塔瓦和沃罗涅日省；基辅州，主要包括基辅、波多利斯克、沃伦，以及切尔尼戈和波尔塔瓦省大部分地区。

---

① ГА РФ. Ф. Р – 439. Оп. 1. Д. 86. Л. 257 – 273 об. Журналы заседаний Особого совещания при Главнокомандующем Вооруженными Силами на Юге России А. И. Деникине: сентябрь 1918. го – декабрь 1919 г. М., 2008., С. 149 – 163.

② ГА РФ. Ф. Р – 439. Оп. 1. Д. 86. Л. 259.

捷列克—达吉斯坦地区主要包括捷列克哥萨克和山地人管区。黑海省和斯塔夫罗波尔省仍然是独立和统一的行政机构。假若莫斯科被攻下,将设置莫斯科州和伏尔加州。①

为了维护社会秩序,根据邓尼金和1919年3月15日特别议会的决议,通过了《国民警卫队临时法令》(Временное положение о государственной страже)。② 法令规定国民警卫队隶属于特别议会内务部管理,它的主要职责是捍卫社会秩序、舆论和私人财产不受侵犯等。国民警卫队的各级领导人都是地方行政官员,省里旅团级的国民警卫队队长由副省长担任。在城市和区中,以警察支队长为首,各自负责自己的监管区域。在乡镇设立乡监督一职。旅团国民警卫队的人数在2000—4000人不等,到1919年秋季,国民警卫队共有7.8万余人。③

为了扩展自己的社会基础和解决政府中的军事化弊病,南俄白卫军政府决议恢复城市杜马和地方自治机关,争取自由主义知识分子和社会舆论的支持。事实上,志愿军的军官们对舆论界和知识分子一直持有强烈的戒备心理。军官们不喜欢俄国知识分子的高谈阔论,认为他们是俄国革命的罪魁祸首。但迫于形势的逼迫,仍然需要城市杜马和地方自治机关来协助他们的工作。

1918年10月,特别议会成立了以 Н. И. 阿斯特洛夫为首的委员会,就南俄白卫军占领地区的城市杜马和地方自治机关的恢复工作制定相关的方案。1919年2月15日,立宪民主党人费德罗夫和 Н. И. 阿斯特洛夫在特别议会上提出了自己的方案,经过特别议会的讨论和修改之后,有关地方自治和城市杜马的临时法令被特别议会决议通过。④ 继而提交给最高总司令邓尼金,他在3月6日签字同意颁布。

根据新的法令,城市杜马四年选举一次,所有年满25岁的俄罗斯成

---

① Газета Киевлянин. 1919. 8. 23.

② ГА РФ. Ф. Р-439. Оп. 1. Д. 87. Л. 107-128. Журналы заседаний Особого совещания при Главнокомандующем Вооруженными Силами на Юге России А. И. Деникине: сентябрь 1918. го – декабрь 1919 г. М., 2008, С. 243-259.

③ Кин Д. Деникинщина., 1927. С. 80

④ Журналы заседаний Особого совещания при Главнокомандующем Вооруженными Силами на Юге России А. И. Деникине: сентябрь 1918. го – декабрь 1919 г. М., 2008, с. 146.

年公民，不分种族和信仰都有选举权。废除选举的财产资格限制，只要在城市居住满两年就拥有选举权，但是服役期间的士兵没有选举权。① 从选举条例可以看出，这项法令反映了立宪民主党人的观点，旨在实现1917年二月革命之后临时政府的政治意志和民主化成果。特别需要说明的是，省长有权在一星期内把选举结果上诉法庭，接到申诉之后，监察官要对所有的杜马成员和选举情况重新审查。

此外，法令还对杜马主席以及志愿军所控制区域内的城市杜马候选人人数做出规定。具体名额是敖德萨120人、斯塔夫罗波尔72人、弗拉基米尔高加索86人、格雷兹尼41人、基兹利亚尔25人、皮亚季戈尔斯克45人、戈里耶夫斯克35人、基斯洛沃茨克28人、莫兹多克31人、新罗西斯克81人、索契24人、图阿普谢25人、梅利托波尔66人。②

有关城市杜马选举的法令在政府内部引起了激烈的争论。左翼和右翼都明白，现今的选举关系到未来全俄罗斯人民代表机关。政府机构中的右翼成员H. H. 利沃夫给特别议会提交了自己的书面意见，指出民主制原则在"我们这陷入到如此荒谬的畸形状态……以民主制度为开端，得到的却是恐慌和威胁"。③ 他建议加强对城市杜马选举中的财产资格审查。

由于处于战争时期，城市杜马的选举活动迟迟不能进行，直到1919年10—11月，也就是志愿军的军事胜利顶峰时刻才进行第一次选举。选举的情况相当糟糕。新罗西斯克只有8%的选民投票，捷列克—达吉斯坦地区的基兹利亚尔投票人数低至2%，投票率最高的是敖德萨，也只有25%。④ 从这个投票率可以看出，大众对于选举没有太大的积极性。根据当时的媒体报道，城市中的工人对投票没有任何的兴致。

---

① Журналы заседаний Особого совещания при Главнокомандующем Вооруженными Силами на Юге России А. И. Деникине: сентябрь 1918. го – декабрь 1919 г. М., 2008, С. 177.

② ГА РФ. Ф. Р – 439. Оп. 1. Д. 86. Л. 306. Журналы заседаний Особого совещания при Главнокомандующем Вооруженными Силами на Юге России А. И. Деникине: сентябрь 1918. го – декабрь 1919 г. М., 2008, С. 177.

③ ГА РФ. Ф. Р – 439. Оп. 1. Д. 86. Л. 315 – 317. Журналы заседаний Особого совещания при Главнокомандующем Вооруженными Силами на Юге России А. И. Деникине: сентябрь 1918. го – декабрь 1919 г. М., 2008, С. 189 – 190.

④ ГА РФ. Ф. 439. Оп. 1. Д. 86. Л. 315.

1919年7月17日,总司令颁布了《省和县地方自治机关临时法令》,认为直到公开的地方自治选举之前,地方自治机构的规则在战时状态下被简化,地方自治机构的代表们由省长提名,交予内务事务部首长确认。8月30日,又颁布了《南俄罗斯武装力量最高总司令下辖乡自治机构临时法令》(Временное положение о волостных участковых земских учреждениях в местностях, находящихся под управлением Главнокомандующего Вооруженными Силами на Юге России),这一组织法令完善了南俄白卫军政权内的社会管理机制,亦可作邓尼金在军事专政的前提下重建政权的努力。① 这些垂直的地方管理网络主要由城市和农村的自治机关以及乡议会组成,意图扩大南俄白卫政权的社会基础。

到1919年秋季,志愿军取得军事胜利,并控制了南俄地区的大片土地。志愿军的行政机构和管理人员急剧增多。大量帝俄时期的行政官员充斥在各级机构,给南俄白卫军带来沉重的财政负担。单是1919年5月,就给阿斯特拉罕州国民警卫旅拨款300万卢布,6月25日,又给马里乌波尔地方自治局拨款150万卢布。② 这些钱款拨付之后,由于没有受到应有的监督,大量的钱款被滥用。

尽管邓尼金希望建立一个高效而享有威望的地方政府,但由于各级行政机构的首脑既是军队的将领,又是地方行政机构的最高官员,一身兼二职,他们在日常事务管理中分身乏术。除此之外,由于处在战争的特殊时刻,军队经常干预地方行政,结果是省级和县级行政管理机构准军事化。③ 对于那些刚刚被占领的土地,要建立秩序和管理机构是非常困难的,特别是战争态势下,军官和军事刑侦机构经常随意掠夺居民的财物,他们随心所欲,肆意破坏,并不遵守法律,白卫军的亲历者在自己的笔记中多有记载。白卫军的这些举动破坏了自己的威信,迫使那些原本对他们抱有好感的自由主义知识分子远离了南俄白卫军的民政管理机

---

① Журналы заседаний Особого совещания при Главнокомандующем Вооруженными Силами на Юге России А. И. Деникине: сентябрь 1918. го – декабрь 1919 г. М., 2008, с. 577.

② Журналы заседаний Особого совещания при Главнокомандующем Вооруженными Силами на Юге России А. И. Деникине: сентябрь 1918. го – декабрь 1919 г. М., 2008, с. 465.

③ Карпенко С. В. Военный и гражданский аппараты управления Деникинской диктатуры. Власть. 2011. №3. С. 133.

构，不再为它服务。

此外，为了节省资金，南俄白卫军政府给行政官员的工资较低。有家室的行政官员给予每月250卢布的津贴。① 但是在日益高涨的通货膨胀下，官员的微薄收入入不敷出。政府开始不定期地提高各级行政官员和军官们的津贴。1919年4月2日就依据地区的物价水准和官员级别不同，发放250—650卢布不等的两个月津贴。② 但这些津贴对抵御通货膨胀的作用不大。结果是大量的行政官员、军官被迫寻找额外的非法金钱来源，贪污受贿、盗窃公款盛行。部分后方军队将领甚至公然倒卖协约国提供给南俄白卫军的军用物资，前线的军官也公然加入抢劫普通居民中的活动。

军事权力的滥用、官僚主义以及军队采购中的舞弊行为，最终导致整个南俄罗斯武装力量官僚机器运转不畅。军事当局亦经常粗暴地干预地方粮食管理机构以及工商业机构的活动，破坏它们的工作。所有这一切都导致了民政管理机构的杂乱无章，官僚主义和腐败现象突出，降低了管理机构的效用。民政管理机构没有带来秩序和法律，引起了知识分子、企业家以及农民的巨大不满，他们普遍敌视志愿军。邓尼金也公开地承认了这些负面评价。③ 索科洛夫教授在自己的回忆录中指出，南俄白卫军的地方政府是一种"没有管理的管理"，④ 志愿军并没有给人民带来法律和福祉，这是它失败的重要原因。

三　农业改革和立法

20世纪的战争不单是军事领域的事情，更是与经济紧密联系在一起。要取得战争的胜利，从某种意义来说，就是比拼交战双方对人力资源、经济资源的汲取与控制。国内战争时期，俄国社会整体而言是一个农民占主导地位的国家。因此，对于交战的双方——红军和白卫军而言，谁

---

① Соколов К. Н. Правление генерала Деникина: из воспоминаний. София., 1921. С. 183.
② ГА РФ. Ф. Р-439. Оп. 1. Д. 87. Л. 198.
③ Деникин А. И. Очерки русской смуты. Берлин., 1925. Т. 4. С. 217.
④ Соколов К. Н. Правление генерала Деникина: из воспоминаний. София., 1921. С. 182.

能控制社会中占人口绝大多数的农民并且得到他们的支持，谁就最有可能取得最后的战争胜利。

南俄白卫军的诸将领，都是职业军人出身，他们通晓军事，并且保持了自信。但是当他们面对复杂的社会经济生活时，则显得束手无措，甚至表现出令人惊讶的无知。在南俄白卫军领导人看来，对改革的任何尝试都会侵害未来人民所表达的意愿，他们的主要目标是通过军事手段清除俄国的布尔什维克主义。对经济事务改革的拖延事实上把主动权交给了苏维埃政府，尤其是在农业问题和土地问题上表现得非常明显。1917年12月科尔尼洛夫将军宣言中，将俄国社会中最重要的社会经济问题——土地问题归于未来的立宪会议予以解决，继承的是"预先不确立"（непредрешенчество）原则。[1] 这一原则是对未来土地改革和规划的主要方针，在国内战争的进程中，或许会采取临时性的紧急措施，并制定相关的法令，但这些是权宜之计，只有等待消除布尔什维克主义之后，土地改革才能真正予以实施。

1918年上半年，志愿军仍然是一支无所归依的军队，他们没有自己可以直接控制的领土，寄居在顿河和库班草原上，这两个地区都有自己的哥萨克地方政府，实施了有利于保护哥萨克利益的农业和土地改革。志愿军领导人也明白，他们几乎不可能插手本地事务，更何况他们的主要精力是放在行军作战上，以寻求一块可以发展的基地。

局势在1918秋冬之际改变，随着志愿军攻克斯塔夫罗波尔和南乌克兰诸省，有关土地改革的问题变得尤为尖锐。12月中旬，在敖德萨的舒尔金给邓尼金写信，他在信中表达了自己对局势的看法，认为攻克莫斯科的目标不能只依靠军官，"尽管志愿军是由特别英勇的军官组成，但我们不能用军官去解放俄罗斯。力量不够，我们虽然得到了民族中这些高尚的人的支持，但我们是在摧毁他们"。[2] 只有在农民的支持下，才能取得胜利。舒尔金提议，要尽快着手土地改革，按照罗马尼亚政府在比萨拉比亚实施的农业改革方案，政府应该把土地所有者召集起来，呼吁他

---

[1] Лембич М. Политическая, программа генерала Л. Г. Корнилова январских дней 1918 г.. Белый архив. кн. 2－3. Париж., 1928. С. 174－186.

[2] ГА РФ. Ф. 446. Оп. 2. Д. 3. Л. 35.

们为祖国做出牺牲。只有这样，才能迅速扭转农民对志愿军的态度。此外，来自斯塔夫罗波尔和黑海省的情报机构在给邓尼金的报告中也频频向他反映农民的情绪，指出土地改革的必要性。

1918年12月19日，邓尼金政府颁布了第一个有关调整土地关系的法令，宣布废除临时政府时期由农业部部长切尔诺夫提出的禁止土地买卖的法令，允许私人土地交易。[①] 法令颁布之后，它的实施地域主要限制在黑海省，并没有拓展到南俄白卫军控制的全部地域。

与此同时，随着德国占领军从乌克兰和外高加索地区退出，南俄白卫军控制的领土和人口增加，对粮食的需求也日益上升，它比土地问题显得更为紧迫。邓尼金和特别议会把农业改革的重心暂且放到1919年的春耕和粮食方面。2月24日，南俄白卫军政府发表声明，向耕种者保证，他们有权收获自己耕种土地的谷物。这份声明旨在消除农夫们对土地所有权的疑虑，以免因为土地改革方案的不确定而耽搁播种时间。为了鼓励农夫们春耕，3月5日，特别议会做出决议，拨付500万卢布贷款各类土地占有者购买种子、牲畜和农具，进行春耕。[②] 地方行政管理部门也需要为他们提供一定数量的贷款。贷款的发放对象可以是各种土地占有人。

1919年3月23日，邓尼金下达了第45、46号指示，任命以民族中心成员 В. Г. 科洛科里茨夫和同为民族中心成员的立宪民主党人 М. М. 菲德罗夫为首组建两个跨部门的委员会，分别就有关农民的土地问题以及工人问题进行调研，制定相关的解决方案。[③] 指示的核心要义是土地问题最终要在消灭布尔什维克主义之后，由立宪会议予以解决，但可以采取暂时性的紧急措施。它规定：第一，保障劳动人民的利益；第二，创建和巩固中小土地所有制；第三，保护土地私有的财产权，大土地所有者的土地转让依据的是自愿原则，如果强制转让，也需要交付赎金；第四，

---

① ГА РФ. Ф. Р – 439. Оп. 1. Д. 86. Л. 150 – 152 об. Журналы заседаний Особого совещания при Главнокомандующем Вооруженными Силами на Юге России А. И. Деникине: сентябрь 1918. го – декабрь 1919 г. М., 2008, с. 98.

② ГА РФ. Ф. Р – 439. Оп. 1. Д. 87. Л. 69 – 69 об.

③ Журналы заседаний Особого совещания при Главнокомандующем Вооруженными Силами на Юге России А. И. Деникине: сентябрь 1918. го – декабрь 1919 г. М., 2008. с. 275 – 276.

高产的庄园、森林、耕地和哥萨克土地不容侵犯。①

显而易见,邓尼金有关土地改革的意见仍然继承了"预先不确立原则",它标志着邓尼金土地—农民政策三原则的形成:保障农业生产;捍卫私有制;尽量不要破坏现有的农村关系。② 事实上,这个方案显得非常矛盾。它一方面强调保护农民的利益,要解决少地农民的土地问题;另一方面又承认土地私有,允许自由买卖,农民需要付出赎金才可以得到土地。这就意味着1917年秋冬之际俄国农民在土地革命中获得的成果有可能会丧失殆尽。

此后经过三个月的准备,以 В. Г. 克洛科利茨夫(Колокольцев)为首的委员会在7月将准备好的土地改革方案提交给邓尼金。方案规定:根据各省的土地分布情况,地主可以拥有300—500俄亩不等的土地,超过规定的土地应当自愿或者被政府强制性划为公有。但是这项规定不涉及城市、地方自治机关、修道院、教堂的土地,以及进行了高产量集约化生产企业的土地;重新分配土地的时间定在国内战争结束之后实施,为期3年。前面两年是以地主和农民的自愿交易为主,期满之后,则开始强制性征收地主超过规定的土地。除此之外,还规定1917年俄国革命中农民夺取的土地要归还给原业主。③ 这一条款的出台,引起社会舆论的震惊,甚至连邓尼金本人也认为改革方案过于保守,不符合时代精神。他将土地改革方案比喻为地主的绝望自卫,是保护地主的利益,因而拒绝在土地改革方案上签字。④

7月下旬,В. Г. 克洛科利茨夫被迫离职。土地管理局和规划委员会的职务由基辅大学教授、斯托雷平农业改革方案的主要拥护者 А. Д. 比利莫维奇(Билимович)担任,领导土地改革委员会,制定新的土地改革方案。作为一个右翼的保守主义者,А. Д. 比利莫维奇从不掩盖自己在农业和土地改革上的保守倾向。⑤ 事实上,比利莫维奇提出的土地改革方案

---

① Пионтковский С. А. Гражданская война в России (1918 – 1921). Хрестоматия. М. : Коммунистический университет им. Я. М. Свердлова. , 1925. С. 507 – 508.

② Деникин А. И. Очерки русской смуты. Т. 4. Берлин. , 1925. С. 222 – 223.

③ Деникин А. И. Очерки русской смуты. Т. 4. Берлин. , 1925. С. 222.

④ Деникин А. И. Очерки русской смуты. Т. 4. Берлин. , 1925. С. 222.

⑤ Источник. 1994. 03. с. 28.

也证明了这一点。

1919年10月中旬，А. Д. 比利莫维奇公布了自己的土地改革方案。该方案和 В. Г. 克洛科利茨夫方案的区别很小。虽然他制定的一些条款与之前有所出入，但总体原则仍是相同的。土地改革的时间方面，计划在战争结束一年之后开始执行。改革的内容主要有以下几个方面：第一，缩短地主土地转化为农民土地的时间，改革的第一阶段以农民和地主按照市场价格自愿交易为主，期限2年，到期后，将强制性地按照固定价格征收地主多余的土地，转为公有；第二，创建专门的省和县农业管理局对土地的流通进行监管；第三，地主所拥有的土地数量为150—400俄田；第四，根据省份的不同，土地买卖的数额限制在9—45俄亩。①

А. Д. 比利莫维奇方案公布之后，在南俄社会舆论中引起了巨大的争论。左翼认为方案过于保守，旨在捍卫地主的利益；右翼则担心方案在实施的过程中，会激进化，导致地主利益的受损。1919年8月28日，高尔察克将军就土地改革问题给邓尼金下达自己的命令，认为土地改革只能由俄罗斯政府（高尔察克政府）实施。这样，按照邓尼金的话，土地委员会的工作只是取得了"纯粹学术上的意义"。②

事实上，随着邓尼金政府农业改革方案的出台以及强调土地私有，这刺激了那些1917年俄国革命中失去土地的地主收回自己土地的行动，并且也导致了对春季播种在原业主土地上的农作物的所有权的纠纷。1919年6月26日，特别议会通过了《南俄罗斯武装力量最高总司令下辖各地庄稼收割法令》（Правила о сборе урожая 1919 года в местностях, находящихся под управлением Главнокомандующего Вооруженными Силами на Юге России）。法令一共有13条，其中最重要的是第7条，明确规定土地耕种者如是抢夺他人的土地而种植，那么收成的2/3归耕种者所有，1/3归原土地所有者所有。对于土豆、甜菜和蔬菜，则分别是5/6归耕种者所有，1/6归原土地所有者所有。花园中的水果和浆果完全属

---

① Деникин А. И. Очерки русской смуты. Т. 4. Берлин., 1925. С. 224.
② Деникин А. И. Очерки русской смуты. Т. 4. Берлин., 1925. С. 223.

于原土业主所有，以补偿他们被苏维埃政府剥夺时的财产损失。① 显而易见，这个法令推翻了 2 月 24 日特别议会的决议，侵犯了农民的利益。此外，为了应对因新法令颁布之后而导致的耕种者和原土地所有者产生的矛盾，进而颁布了调解的法令，② 成立了调解纠纷委员会。

"6 月 26 日法令"在民间又被称为"三分之一庄稼"法令。它并没有得到农夫们的积极反应，奥斯瓦格（ОСВАГ）③ 的情报人员在呈递给上级的报告中，指出农民对法律相当冷漠，他们不愿意支付实物给原业主，而是支付 1/3 的现金。特别是叶卡捷琳诺斯拉夫省，农民倍感不满，并且这种经济上的不满远远超过政治上的缺乏权利状态。④ 因为农民们也懂得保护自己的利益，面对日渐高昂的通货膨胀，他们更愿意支付现金而不是实物。

在秋收最繁忙的时候，特别议会再次改变了《庄稼收割法令》，9 月 13 日颁布的新法令中规定"原土地所有者可以收割五分之一的谷物、油脂作物以及十分之一的根块作物"。土地耕种者可以向原土地所有者按照固定价格或者就市随行付给他们金钱。这个法令是对 6 月法令的修正，意在减轻农民的负担，希望能够在战争决定胜负的时刻，取得农民的支持。但这个法案出台已经无济于事。因为随着白卫军向俄欧中央地区的推进，先前的地主以及白卫军政府中的行政官员开始利用国民警卫队和宪兵队收回自己在 1917 年俄国革命中被农民剥夺的土地，并对他们进行残酷的报复。

向莫斯科进军前夕，邓尼金在给下属的命令中指出，随着军队的前

---

① ГА РФ. Ф. 439. Оп. 1. Д. 51. Л. 23 – 23об. Журналы заседаний Особого совещания при Главнокомандующем Вооруженными Силами на Юге России А. И. Деникине: сентябрь 1918. го – декабрь 1919 г. М., 2008, с. 475 – 476.

② ГА РФ. Ф. Р - 439. Оп. 1. Д. 88. Л. 211 – 214. Журналы заседаний Особого совещания при Главнокомандующем Вооруженными Силами на Юге России А. И. Деникине: сентябрь 1918. го – декабрь 1919 г. М., 2008, с. 477 – 479.

③ 奥斯瓦格（全名为 ОСВедомительное Агéнтство，简写为 ОСВАГ），汉译名为消息情报社。它是直属南俄白卫军政府的宣传、鼓动机构，同时也是一个秘密情报机构，主要收集南俄白卫军治理下的社会舆情和社会各阶层的动态。它的主要负责人是 К. Н. 索科洛夫（Соколов），中央机构大约有 255 人，各分支和下属的情报人员高达近万人。1920 年 4 月，弗兰格尔担任南俄白卫军的总司令之后，该机构被撤销。

④ ГАРФ. Ф. 440, Оп. 1., Д. 34а., Лл. 281 – 283.

进，地主们也如影随形。"根据我得到的消息，随着军队清除地方的布尔什维克，地主们开始用暴力恢复自己的田地，并且这些行动还得到了军队指挥官的支持。他们破坏了不同时期的法律，这种行动更多的是个人私利的考量。"他呼吁以前的地主们停止对农民们使用暴力，并提出警告："如果不能尽快恢复秩序，那么随着彼此憎恨的增长，军队的威信和纪律会一落千丈。从农民们的角度而言，他们会因为受到军队随心所欲的迫害而产生强烈的憎恨之情"，他们会因此站在苏维埃的立场。①

现实情况亦如此，当南俄白卫军越是靠近俄欧中央地区，农民的情绪转变越明显。农民们纷纷拿起武器，对抗白卫军。那些以前从红军中逃避兵役的农民也再次主动加入红军，为捍卫自己的土地而帮助苏维埃政府作战。根据俄罗斯历史学者奥西波娃的研究，1919年秋季有97.5万逃兵再次返回红军队伍，其中95.7万的人是自愿加入的。② 它表明，农民在红军和白军这两个对立阵营中，还是站在了苏维埃政府的立场。

总之，南俄白卫军提出的土地改革方案以及立法行动，明显具有"斯托雷平农业改革"的痕迹，旨在推进俄国的农业资本主义的发展。数次有关土地改革的立法活动中，都强调了保护私有财产以及保护地主的利益，特别是要求重新收回1917年俄国土地革命中农民夺取地主的土地，严重侵犯了农民的利益，也损害了南俄白卫军政府在农民心目中的威望。此后，邓尼金政府被农民明确视作地主的政权，最终导致它失去了俄国社会中占人口绝大多数的农民的支持，并被苏维埃红军击败。

第三节　1919年夏秋之际的"莫斯科进军"

一　协约国对南俄的武装干涉

1918年协约国对俄国事务的干涉主要是出于第一次世界大战的帝国主义战争需要。随着俄罗斯政府与德国签订《布列斯特和约》，德国减轻了东线的战争压力，不仅可以将大量的军队从东线调往西线，发动1918

---

① Архив Русской революции. Т. 11. М., 1991. С. 131.
② Осипова Т. В. Российское крестьянство в революции и гражданской войне. М., 2001. С. 320.

年的春夏战役，而且可以从南俄、外高加索等地区获得国内短缺的谷物、牲畜，提升它的战争能力。俄罗斯政府退出战争之后，协约国盟国开始商讨重建对德国作战的东方战线。1919年7月，英国军事部部长丘吉尔在英国议会的演讲中，公开承认1918年年初英国政府对俄国事务的干涉，旨在阻止德国夺取俄罗斯的资源，削弱以德国为首的同盟国的战争潜力。

协约国对南俄罗斯的关注早在1917年年底就开始了。1917年12月23日，英法两国在巴黎签署协定，协商划分俄罗斯南部的利益和潜在经济作物的势力范围：法国据有盛产谷物的乌克兰，包括克里米亚半岛和顿河工业区，英国则以黑海东部港口为主，包括盛产石油的高加索和里海。① 该协定并没有体现俄罗斯南部的现状，势力范围的划分也完全是基于假设。因为此时英法军队正与德国军队在西欧鏖战，无暇过多关注俄国事务。特别是1918年4—5月德国军队占领整个南俄地区之后，协约国更是无法派遣军队登陆。因此，协约国对南俄以实施间接干涉的方式为主，为那些希望继续与德国作战的地方政府和势力提供资金和武器援助，支持它们扩张军队，以继续保持对德国的战争压力。1918年法国军事委员会和在莫斯科活动的英国间谍洛克哈特以及西德尼·赖利积极促成本国政府为志愿军提供数百万卢布的资金。②

1918年11月，第一次世界大战的结束是协约国干涉俄国内战的转折点。11月13日，英、法两国再次确认俄罗斯领土势力范围划分的协定。对于法国来说，随着德国军队在东欧的撤退，能将在巴尔干半岛的法军投入南俄，直接进行武装干涉。因为法国战后世界的地缘政治规划就是构筑一条从里加到敖德萨的"防疫地带"，一方面它将使这个地带上的国家成为抵制布尔什维克的藩篱，另一方面则是作为防止德国复兴的一种体系。③ 法国总理克里孟梭完全不理会在黑海地区的最高司令弗兰彻·D'埃斯佩雷的不同意见。他要求仍在罗马尼亚的贝塞洛将军组织俄罗斯反

---

① Галин В. Интервенция и гражданская война. М.：АЛГОРИТМ.，2004. С. 86 - 87.
② Архив русской революции. Т. 5. М.，1991. С. 345 - 357.；Штейн Б. Е.《Русский вопрос》на Парижской мирной конференции（1919 - 1920 гг.）. М.，1949. С. 29.
③ Какурин Н. Е.，Вацетис И. И. Гражданская война. 1918 - 1921. СПб.：ООО《Издательство《Полигон》，2002. СПб.：ООО《Издательство《Полигон》，2002. С. 363.

布尔什维克的社会集团和政治组织在雅西（Яссы）① 召开一次会议，然后由该会议来邀请法国进行干涉。

贝塞洛将军抵达布列斯特之后，就与邓尼金的军事代表 Д. Г. 谢尔巴切夫将军取得联系。他电告邓尼金协约国的军事计划：协约国计划投入12 个步兵师（主要是法、希军队）登陆敖德萨，而且协约国总司令部将会组建协约国军，然后向前推进，夺取塞瓦斯托波尔、基辅、哈尔科夫、顿涅茨河和克里沃罗格盆地，如有必要，甚至会推进到顿河地区。② 这些协约国军队投放到俄罗斯的目的是维持秩序，监视德军的撤离行动，同时为志愿军提供军事保护伞以便他们能在和平环境中重组，并准备时机一到就攻打布尔什维克。贝塞洛将军掌管一切政治和军事行动。该计划得到了邓尼金的认可，他派出自己的代表团赴罗马尼亚的小城雅西参加会议。

1918 年 11 月 16—23 日雅西会议召开，各路反布尔什维克主义的政治组织和军事集团都派出自己的代表赴会。与会代表们就俄国的政治问题产生了激烈的争论，对于组建统一的俄罗斯政府并无共识，唯一得到与会者一致认可的是要求俄国恢复到 1914 年的边界（波兰除外）和邀请协约国军队在南俄罗斯开展军事行动。参会的盟军代表们也承诺，协约国不会承认苏维埃政府，"指出俄罗斯政府仍然是存在的"，志愿军也不会承认《布列斯特和约》，将继续与德国作战。③ 不久，邓尼金将这两个观点作为南俄白卫军最基本的原则之一。但要求恢复到 1914 年的边界产生了一个极坏的影响，即使白卫运动与其天生的盟友疏远，后者包括各种民族主义者和自治运动者，例如顿河哥萨克和库班哥萨克、芬兰人、爱沙尼亚人、格鲁吉亚人和拉脱维亚人、阿塞拜疆人以及立陶宛人、波兰人。

1918 年 12 月初，法国 1800 人的先头部队登陆敖德萨，一个星期之

---

① 1916 年罗马尼亚加入协约国对同盟国宣战，由于战备不足，很快首都布加列斯特被同盟国军队占领，罗马尼亚政府迁移到雅西，雅西成为罗马尼亚的临时首都。

② Валь Э. Г. Ф. К истории белого движениядеятельность генерала – дьютантаЩербачев. Таллин. , 1935. C. 35 – 37.

③ Ясское совещание 1918（журналы заседаний Русской делегации）. Русское прошлое. № 3. C. – Петербург, 1992. C. 257.

后，出兵塞瓦斯托波尔。此后法国政府和希腊政府相继派出4个师约5万人的军队进入南俄地区，占领了马里乌波尔、赫尔松、尼古拉耶夫等港口。

法国干涉军抵达南俄之后，很快与南俄白卫军以及乌克兰当地的民族主义者产生了冲突。1918年12月，邓尼金写信敦促弗兰彻·D'埃斯佩雷将军派遣18个步兵师和4个骑兵师在布尔什维克到来之前填补德国撤离后的空白。弗兰彻·D'埃斯佩雷将军直接接受法国总司令福煦的命令，对邓尼金和他的志愿军视而不见，而且明确拒绝了邓尼金提出的将法国军队中的俄国军团交给他指挥的要求。① 在他看来，邓尼金和志愿军是处于英国保护之下。使邓尼金惊愕的是，法国军队开进敖德萨和塞瓦斯托波尔后，法国人拒绝将两地的地方行政管理权交给志愿军管理，这让邓尼金的民族自尊心受到侮辱，让人联想起德国的占领。② 因此，在这种情况下，完全听命于邓尼金领导的敖德萨的俄国军官 A. H. 格里辛—阿尔玛佐夫（Гришин - Алмазов）拒绝接受法国人的命令。③ 他拒绝将停泊在敖德萨港口的三艘俄国军舰交给法国指挥官。

乌克兰人则团结在民族主义者彼得留拉和弗拉基米尔·文尼琴科周围，他们多次向协约国寻求援助而未果，因此与法国人产生歧见。彼得留拉领导的乌克兰民族军队既不愿受协约国控制，也不愿归南俄白卫军的领导。④ 农民则认为法国干涉军会夺走他们的自由、土地以及建立一个反动政权，他们纷纷加入苏维埃红军，或者是马赫诺、格里戈耶夫等领导的农民起义军，四处袭击法国人。这些内在的冲突也就决定了法国干涉军在南俄的短暂命运。

1919年年初，苏维埃政府任命安东诺夫—奥弗申柯担任乌克兰集团军总司令，趁德国军队撤出乌克兰的机会，向乌克兰发动进攻。⑤ 乌克兰

---

① Ипполитов Г. Деникин（Жизнь замечательных людей）. 2006. С. 386 - 389.；Трубецкой Г., кн. Годы смут и надежд 1917 - 1919. Монреаль. 1981. С. 202 - 205.

② Красный архив. 1926. Т. 8（19）. С. 28 - 29.

③ Красный архив. 1929. Т. 6（37）. С. 77.

④ Красный архив. 1926. Т. 8（19）. С. 21 - 22.

⑤ 沈志华主编：《苏联历史档案选编》第一卷，社会科学文献出版社2002年版，第242页，页下注1。

集团军分为两个集群：敖德萨集群的进攻目标为西南方向的赫尔松、尼古拉耶夫、敖德萨；克里米亚集群则向南进攻塞瓦斯托波尔。红军因其机动性和强大的后勤支援，牢牢掌握了战争主动权，轮番攻击协约国军的据点。3月10日，敖德萨集群攻陷赫尔松，4天后，尼古拉耶夫也被红军占领。4月3—6日，协约国军队撤离敖德萨。

与此同时，苏维埃红军克里米亚集群也于3月29日攻克了克里米亚半岛的门户普列科普。经过数天的激烈战斗，红军于4月3日攻入克里米亚半岛。由于士兵厌战以及受到布尔什维克党宣传的影响，塞瓦斯托波尔法国军舰上的水兵发动起义。起义虽然被镇压，但是造成法国政府的恐慌。4月28日，法国舰队和陆军部队匆匆撤离。

与法国的直接干涉不同，英国在南俄的干涉采取的是另一种手段，即对从中亚到印度的核心地带提供保护的所谓"隐蔽战争"。对英国而言，它所有的外交和军事努力都旨在促使俄罗斯帝国的边疆地区脱离核心中央区独立出去，如同剥洋葱一般，削弱俄罗斯，并以此建立防布尔什维克主义传播的"篱笆"。11月29日，英国外交部部长贝尔福公爵就俄罗斯帝国边疆民族的命运发表了一份声明："我们一贯表示，俄罗斯人应该选择自己合适的政治制度，我们无意干涉其内部事务，之所以采取军事行动，主要是反对中欧强国。我们从不认为创建或消除俄罗斯的各种形式的政府是我们的使命。""在俄罗斯，包括欧洲、西伯利亚和外高加索地区、里海地区、北海以及北冰洋沿海地区，创建和支持反布尔什维克政府。我们应当为它们的存在担负责任，应该以各种方式援助它们。"[1]

德国败退后，英国军队相继开进波罗的海三国、外高加索的巴库、巴图姆和图尔克斯坦等关涉英国切身利益的战略要地。1919年1月29日，邓尼金政府特别议会的外交代表涅拉托夫在给巴黎的高尔察克俄罗斯政府的外交部部长沙扎诺夫的电报中也指出："英国人的目标并不是振兴统一强大的俄罗斯。"[2]

---

[1] Цветков В. Ж. Геополитика и Белое Дело. http://www.dk1868.ru/statii/Tstvetkov10.htm；2013.6.5.

[2] Красный архив. 1929. Т. 6 (37). С. 71.

根据上述战略方针，英国政府没有为邓尼金的南俄白卫军提供直接干涉的军队，而是为他提供金钱和武器援助。1919年2月，英国陆军部长丘吉尔在伦敦发表公开声明，英国不会派遣大规模的军队协助南俄白卫军作战，只会为它提供武器装备和粮食。① 紧随其后，英国在黑海港口城市新罗西斯克进行了干涉。不久，11艘英国船舰抵达新罗西斯克港口，为南俄白卫运送了将近6万吨的军用物资。与军事援助同船抵达的还有由查尔斯·布里格斯将军率领的英国军事顾问团。② 军事顾问团的任务一方面是监控英国援助的军备物资的使用，另一方面则是向邓尼金提出军事和政治上的建议。军事顾问团成员约有500人，其中包括大量的技术人员、后勤人员和武器专家。他们对邓尼金的军队进行飞行技术、坦克驾驶、操作英国大炮和机关枪等专门的培训，以提高南俄白卫军的作战能力。随后，布里格斯将军将军事顾问团的指挥权移交给陆军少将H.C.霍尔曼爵士。这意味着，英国政府公开资助南俄白卫军，为其对红军开展的军事战役提供物资援助。

与此同时，邓尼金派出了由Д.Г.谢尔巴切夫将军、H.H.戈洛文将军等组成的军事代表团赴法国巴黎寻求协约国列强为白卫军提供物资援助。他们与伦敦的采购委员会主席英国陆军中将戈尔摩尼乌斯取得联系之后，H.H.戈洛文将军常驻伦敦，对英国政府和军界人士进行游说，以取得英国社会舆论对白卫军的同情和支持。③ 1919年1月，谢尔巴切耶夫将军制定了两个"俄罗斯问题"备忘录并提交给丘吉尔。5月，沙扎诺夫拜访了英国的军事部长丘吉尔并在英国下议院发表演讲。演讲给议员们带来深刻的印象，沙扎诺夫总结道："这使得我们有希望进一步加强和发展与英国的友好关系。"④

事实上，英国军事部部长丘吉尔是一个狂热的反布尔什维克主义者，

---

① Красный архив. 1929. Т. 6 (37). С. 90.

② ГАРФ, ф. Р-446, оп. 2, д. 70, л. 11-11 об. 转引自：Владимирский М. В. К истории финансирования белого Юга (1918-1920). Российская история. № 3. 2008, С. 39.

③ Военная интервенция и гражданская война в россии. М., 2009. С. 104.

④ Цветков В. Ж. Геополитика и Белое Дело. http://www.dk1868.ru/statii/Tstvetkov10.htm; 2013.6.5.

白卫军在英国社会舆论中的宣传也正合他意。他在7月的一次英、俄社会名流出席的宴会中，宣称需要给予白卫军强大的军事支持。丘吉尔指出，白卫军与布尔什维克的斗争具有国际意义，只有将俄罗斯从列宁和托洛茨基的手中解救出来，才能保障新独立的国家免遭布尔什维克主义的侵害。"俄罗斯现在是世界历史上的决定性因素。没有俄罗斯的参与，世界无法走上和平和繁荣的道路。"①

总之，英国政府在1919年对俄国事务的立场是拒绝加大军事干预力度，但愿意为那些继续与布尔什维克主义斗争的政府和势力提供军事装备。1919年5月邓尼金政府就与英国政府达成100万英镑购买武器和军事装备的协议，到夏季，这些军备交付给南俄白卫军。秋季又多次拨款购买英国的军火。10月7日南俄白卫军的军事部长与英国政府签订了300万英镑的军事合同，第二天又签订了高达1400万英镑的购买军用物资的协议。1919年10月24日，萨布林从伦敦拍电报告诉远在巴黎的沙扎诺夫说："了解到一个可靠的消息，英国军事部长丘吉尔成功地为邓尼金政府提供各种军用物资，其价值高达1400万英镑。其中一部分将分配给尤登尼奇将军。据说，这是英国人最后一次通过贷款的方式为我们提供的军用物资。有传言说，6个月之后，我们将需要付出现金的方式购买英国人的产品。"② 邓尼金在自己的著作《俄国内乱简史》中也提到英国首相劳合·乔治1919年12月5日在英国下议院的演讲，其中提到给予俄罗斯1500万英镑的资金援助。③ 在得到英国政府的贷款之后，军事物资源源不断地运来。根据军事历史学家马尔佐夫的研究，整个1919年英国政府为南俄白卫军提供了19.8万支步枪、6177挺机枪、5000万发子弹、1121门火炮、88辆坦克和168架飞机。④

尽管英国政府为南俄白卫军提供了巨大的军事物资援助，但外交上

---

① Цветков В. Ж. Геополитика и Белое Дело. http://www.dk1868.ru/statii/Tstvetkov10.htm; 2013. 6. 5.

② АВП РИ, ф. 187, оп. 524, д. 3546, л. 68 об.. 转引自：Владимирский М. В. К истории финансирования белого Юга（1918–1920）. Российская история, № 3, 2008, С. 39.

③ Деникин А. И. Очерки Русской Смуты.（Т. 4.）Минск., 2003. С. 176.

④ Военная интервенция и гражданская война в россии. М., 2009. С. 109.

的认可仍然取决于白卫军是否能在内战中战胜苏维埃红军。邓尼金也知道，英国政府内部对俄罗斯问题存在争论，它对南俄白卫军政策的调整和摆动主要取决于前线的战场。① 随着南俄白卫军向莫斯科进军的失败，英国政府开始重新评估自己的对俄政策。1919年11月内阁总理劳合·乔治写道："我相信，内阁不会再允许英国参加俄罗斯任何新的军事行动……我们听到太多'俄罗斯存在巨大的希望'这样的谎话，为此我们支付了超过1亿的资金。"② 紧随其后，劳合·乔治向邓尼金政府发表声明，宣布对南俄白卫军的支持将在次年3月之前结束。这一具有威胁性的声明事实上是在逼迫邓尼金政府，要在次年春季开始之前取得对苏维埃红军决定性的胜利。恰恰相反，劳合·乔治的这一声明加剧了邓尼金政府内部的紧张与冲突。

除此之外，英国政府还向邓尼金施压，要求他进行内部改革，并承认波罗的海三国、北高加索的格鲁吉亚、亚美尼亚等国家独立。1920年年初，当英国政府看到南俄白卫军在前线的失败不可避免的时候，它通知邓尼金，如果他拒绝与布尔什维克达成妥协，英国就会毫不犹豫地停止援助。邓尼金及其继任者弗兰格尔都试图拖延与布尔什维克的谈判。1920年6月1日，海军上将约翰·德·罗贝克爵士向弗兰格尔下达英国的最后通牒，要求弗兰格尔加快与布尔什维克的谈判进度。十天后，德·罗贝克接到英国政府的命令，将仍在克里米亚的军事顾问团撤走，彻底结束了与志愿军的联系。英国的干涉政策和法国一样在令人尴尬的情况下失败，英国单独寻求与布尔什维克进行谈判的机会。

二 1919年的夏秋战役：向莫斯科进军

1919年春季之后，南俄白卫军在俄罗斯南部广阔的区域内建立起自己的政权。6月13日，邓尼金被全俄罗斯最高执政和全俄罗斯军队最高总司令高尔察克海军上将任命为南俄罗斯军队的总司令。③ 邓尼金不仅联

---

① Деникин А. И. Очерки Русской Смуты. (Т. 4.) Минск., 2003. С. 155.
② Военная интервенция и гражданская война в россии. М., 2009. С. 114.
③ ГА РФ. Ф. Р-439. Оп. 1. Д. 88. Л. 95. Журналы заседаний Особого совещания при Главнокомандующем Вооруженными Силами на Юге России А. И. Деникине: сентябрь 1918. го - декабрь 1919 г. М., 2008, с. 402.

合了形形色色的反布尔什维克力量，而且尝试恢复那些被破坏的管理机构，以确保控制区域内的秩序和稳定。此外，南俄白卫军还得到英国的大量财政援助，武器源源不断地运送到黑海港口新罗西斯克，南俄白卫军的精神状态和士气都得到了提升。

3—4月，当高尔察克的东方白卫军在乌拉尔和伏尔加河地区攻城略地之时，邓尼金的白卫军从罗斯托夫出发，相继攻占了乌克兰的东南部和顿巴斯盆地。许多侨民历史学家认为这是邓尼金所犯下的一个巨大的军事战略错误。特别是高加索集团军总司令弗兰格尔的批评尤为尖锐。4月17日，他向邓尼金呈交的军事报告中就提议"主要的和唯一的战役目标是打通察里津，这样可以直接与海军上将高尔察克的军队建立直接的联系"。① 但是邓尼金拒绝了这一建议，原因在于南俄与西伯利亚联系不便，邓尼金及其大本营并不了解高尔察克的军事计划。

事实上，从邓尼金的战略角度而言，攻占顿巴斯和利用上顿河哥萨克因为布尔什维克的"清除哥萨克"② 法令而爆发的大暴动是天赐良机。邓尼金下令发动全线进攻，顿河集团军司令西多林将军击溃红军第8、9集团军，与暴动的哥萨克联合起来。迈—马耶夫斯基将军领导的志愿军在乌克兰相继攻占了叶卡捷琳诺斯拉夫和哈尔科夫等地，控制了乌克兰东南部；东北方向，弗兰格尔领导的高加索集团军在英国飞行支队的援助下，攻占了被喻为"红色凡尔赛"的察里津，夺得大量的武器装备。

随着南俄白卫军取得一系列关键性战役胜利，"向莫斯科进军"成为邓尼金等南俄白卫军领导人的关注点。但是，他们并未就"向莫斯科进军"的方式达成一致。高加索集团军总司令弗兰格尔认为南俄白卫军的主要突击方向是向俄罗斯的东北方，与撤退中的高尔察克的军队以及奥伦堡和乌拉尔哥萨克军联合起来。弗兰格尔的这一建议实际上是将南俄

---

① Врангель П. Н. Записки. Ч. 1. Белое дело: Избранные произведения в 16 книгах. Кн. 4: Кавказская армия. 1995. С. 119.

② 1919年1月24日，俄共（布）中央委员会组织局颁布了《清除哥萨克法令》，这个法令为了从根本上改变顿河地区的社会结构和经济生活方式，主张实施残酷的镇压方式，清除哥萨克。结果是导致上顿河地区哥萨克的大暴动。暴动者打出"没有共产党人的苏维埃"，此后3万余名具有较高军事素养和训练水平的顿河战士加入南俄白卫军，进一步加强了南俄白卫军的军事力量。参见 Известия ЦК РКП（Б）1989. №6. С. 177 – 178.

白卫军移师到东线战场。邓尼金拒绝了这一建议。因为一旦实施该建议，志愿军就会与顿河、库班哥萨克分隔开来，从而将顿河、库班哥萨克人的故土暴露在红军的攻击中。事实上，哥萨克军队不愿离开故土，而志愿军又极其依赖哥萨克骑兵。因此，邓尼金主张南俄白卫军沿最短的路线发起进攻，主张经过哈尔科夫、奥廖尔、图拉等战略重镇，再夺取莫斯科。① 卢克姆斯基将军则认为南俄白卫军经过一番苦战之后，需要休整，补充兵力，整顿后方秩序。

弗兰格尔和英国军事顾问团也认可卢克姆斯基将军的意见，同意暂时停止"向莫斯科进军"，然后实施重组计划，尤其是要加强察里津侧翼和第聂伯河沿岸的防御力量，同时在中线部署一支机动化部队。在这个保护伞后面，南俄白卫军能够在占领区内征募新兵，训练他们，同时整治文官政府中的贪腐、渎职等弊病，解决农民的土地问题等，一个安稳的大后方才能征调更多的人力和物力进行与苏维埃红军的战争。

然而，邓尼金争辩说，在目前的内战中，战争原则已经发生了一定程度的变化。战争势头和士气远比士兵人数更重要，这点在白卫军过去一年多的战争中得到了充分的证实。邓尼金认为，南俄白卫军的进攻每延迟一个月，就意味着在战场上的红军力量将得到最大限度的保存。他认为，南俄白卫军迅速向莫斯科推进，具有以下几大战略优势：第一，白卫军只有不断地向莫斯科推进，占领更广阔的领土，才能斩断布尔什维克的左膀右臂，削弱它的实力，让其无法很快复原，这样才能够彻底摧毁布尔什维克的人力基础；第二，可以使苏维埃的中央政府与肥沃的粮食产区隔离开来，这样就会使布尔什维克中央政府失去粮食，从而陷入饥荒之中，加速其内部的紧张和分裂，同时白卫军将获得军用物资和人力补充，提振士气。② 红军一些将领对于邓尼金的这一战略感受颇深，如叶戈罗夫就特别强调指出："邓尼金似乎寻找到了进攻之道，他通过连续不断地向前进攻取得了巨大的胜利，因为他通过击退所有的苏维埃军

---

① Ипполитов Г. Деникин（Жизнь замечательных людей）М.：Молодая гвардия.，С. 2006. 454.

② Деникин А. И. Очерки русской смуты. Т. 5. Берлин.，1926. С. 117.

队巩固了自己的后方。"① 对于邓尼金来说，占领更多的领土和城市就能带来更多的兵力，同时又能迫使红军收缩和撤退。他认为，南俄白卫军进攻势头越猛烈，所占领的领土越多，红军内部溃散或者红军统治区内暴动的机会就越大。无论如何，随着红军队伍的混乱和不断撤退，一个巨大的权力真空就展现在他的眼前。

6月20日，邓尼金在察里津签署了第0887号命令，亦即著名的"向莫斯科进军"命令。三大白卫军主力沿铁路线呈钳形攻势向莫斯科发动进攻：迈—马耶夫斯基将军率领的志愿军沿库尔斯克—奥廖尔—图拉—莫斯科路线进军；西多林将军指挥的顿河集团军沿沃罗涅什—里亚山—莫斯科一线进攻；弗兰格尔指挥的高加索集团军沿萨拉托夫—下诺夫格罗德—莫斯科方向攻击。② 在稍后的战役中，西线进攻方向有所变动，其中包括向北方进军基辅和切尔格尼夫，向南攻占赫尔松、尼古拉耶夫和敖德萨。在整个"向莫斯科进军"中，邓尼金将其最好的部队和骑兵集中在中线，并发动了经由库尔斯克、奥廖尔和图拉直抵莫斯科的进攻。

事实似乎验证了邓尼金的观点。布尔什维克实施的军事共产主义政策导致邻近战线地区的居民强烈不满，他们纷纷起来反抗布尔什维克和苏维埃政权，最典型的例子就是1919年春夏之交的上顿河地区的哥萨克暴动。哥萨克人纷纷加入南俄白卫军队，从而为白卫军补充了大量的志愿者。顿河集团军也由组建之初的1.5万人增长到4万人。邓尼金不断地利用哥萨克的骑兵优势，将红军击溃，占领了广阔的领土。南俄白卫军从新占领的领土中征募新兵，人数从1919年5月的64000人上升到15万人。③

另外，不少白卫将领都承认，"向莫斯科进攻"的命令激发了志愿军以及顿河哥萨克军队的士气，特别是使摇摆不定的哥萨克军队心理上发生了变化，他们更加倾向于站在白卫军的立场。哥萨克骑兵利用自己的高度机动性，多次冲破苏维埃军队的铁路防御线，打击其后方，截断其退路。随着前方不断获胜的消息传来，白卫军的士气达到高峰。宣传火

---

① Егоров А. И. Разгром Деникина. 1919г. М., 1931. С. 139.
② Деникин А. И. Очерки русской смуты. Т. 5. Берлин., 1926. С. 108–109.
③ Деникин А. И. Очерки русской смуты. Т. 5. Берлин., 1926. С. 118.

车、邮递员、装甲车和旗帜上都开始悬挂标语"到莫斯科去"。"士兵们的意识中都有一个珍藏在内心的愿望，那就是'莫斯科'，这无疑是一个象征。所有人都期待向莫斯科进军，这一希望是人们前进的动力。"①

"莫斯科进军"命令颁布之后，南俄白卫军士气高涨，最初的进攻非常顺利。7月中旬，南俄白卫军已经占据了叶卡捷琳诺斯拉夫—哈尔科夫—察里津一线。7月16日，经过两昼夜的战斗之后，Н. Э. 布列多夫将军指挥的集团军夺取了波尔多瓦。7月28日，弗兰格尔抵达加米辛，距萨拉托夫100千米。Я. Д. 尤泽福维奇将军领导的第5骑兵军则攻占了切尔尼戈夫省，并继续向诺夫哥罗德和布良斯克推进。8月18日，Н. Н. 西多林将军领导的志愿军攻入赫尔松、尼古拉耶夫。8月30日，Н. Э. 布列多夫将军沿第聂伯河攻入基辅，控制了乌克兰的大部分地区。

与此同时，马蒙托夫将军领导的哥萨克集团军第4骑兵军集中突袭红军第8、13集团军后方纵深200千米内的环形地带上的布尔什维克军队。在经过沃罗涅什和坦波夫时，哥萨克骑兵驱散多支红军队伍，关闭红军征兵中心，摧毁红军的军需仓库、炸毁桥梁，破坏红军南方集团军的通信设备，并且在坦波夫省获得近500门火炮、解散了6000名红军。8月18日，这支军队差点抓获托洛茨基。接着，马蒙托夫军队向南突击，于9月中旬重新进入顿河故土。仅仅20名哥萨克士兵在转战途中负伤，4人死亡，6000余人胜利回到顿河地区，分享战利品。从7月22日到9月8日，顿河哥萨克第4骑兵军在整个战斗过程中来回奔袭了2040俄里。②

面对南俄白卫军向中央俄罗斯的突进，南方战线成为国内战争时期的主要战线。7月9日，苏维埃人民委员会主席列宁发表公开信《大家都去与邓尼金作斗争!》。在最紧急关头，布尔什维克党中央于9月26日开始征收党员周的活动，有20多万名优秀工农分子入党并且大部分人奔赴前线。"整个国家都是一座兵营，尤其是从道德意义上来讲，是完全符合现实的"，红军总司令加米涅夫如是写道。南方战线司令员叶戈罗夫和革

---

① Деникин А. И. Очерки русской смуты. Т. 5. Берлин. , 1926. С. 108 – 109.

② Голубинцев А. В. Русская Вандея. Белое дело: избранные произведения в 16 книгах. Кн. 9: Донская Вандея. М. , 2004. С. 109. ; Виноградов В. К. Всероссийский национальный центр. М. : РОССПЭН. , 2001. С. 306.

命军事委员会委员斯大林开始筹划反击。10月，红军开始重整军队，武器装备获得补充，军队人数得到增加。10月13—16日，在奥廖尔的科尔尼洛夫侦察团得到情报：有许多强壮的、黑头发的骑兵，穿着"黑色的皮夹克和裤子"，"操着外国口音"，按当地人说法"不像任何我们所熟知的布尔什维克"。这些混穿海军制服、讲着俄语的第一批国际共产主义突击组织已经抵达。

事实上，南俄白卫军进攻越是猛烈，其面临的危险就越大。从9月末起，南俄白卫军的交通线极易受到攻击。"缺乏稳定的后方，不得不投放部分兵力来保护铁路枢纽和城市，军队并不能完全捍卫其占领的土地"，南俄罗斯武装力量的一名将领回忆道。① 同时，白卫军的后方活跃着几支著名的武装力量，他们分别是马赫诺领导的黑军、秋秋尼克领导的乌克兰人民军以及黑海地区的绿军，他们纷纷起来袭扰南俄白卫军，破坏白卫的交通线，杀死其地方政府的代理人，劫掠白卫军的物资等。

9月26日，无政府主义者马赫诺领导的黑军击败了在乌克兰的几支小规模南俄白卫军。接下来的11天里，马赫诺军队转战660千米，横贯乌克兰，以自己的方式撕裂了南俄白卫军的大后方。尽管无人能准确地说出黑军的人数，但据红军情报估计，马赫诺黑军人数有2.5万人。10月中旬，马赫诺黑军占领赫尔松和叶卡捷琳诺斯拉夫等省份，并且严重威胁设在塔罗甘的邓尼金司令部。

即使不考虑前线的战争，南俄白卫军与后方这些游击队作战也需要消耗大量的兵力，并削弱前线部队与红军的作战效能。为了有效遏制游击队的进攻，邓尼金将什库罗军团中的捷列克和车臣骑兵师调到乌克兰，以阻止游击队的进犯，并迫使游击队处于防守之势。此后又将Я. А. 斯拉晓夫（Слащов）少将指挥的三个军调回来，与马赫诺的军队作战，致使在10月与苏维埃红军的决战中严重削弱了前线部队的实力。

随着形势的变化，1919年10月的战斗对南俄白卫军，甚至是对整个国内战争而言，都是转折性的事件。南俄白卫军起初攻城拔寨，向北推进数千千米，力图攻占俄国的象征莫斯科。但是从10月中旬开始，南俄

---

① Звегинцов В. Н. Кавалергарды в Гражданскую войну1918 – 1920 гг. Офицеры российской гвардии в Белой борьбе. С. 50.

白卫军面临着红军强势的反击。白卫军队经常面对着数倍于己的红军。"南俄罗斯武装力量的军队分布在广阔的地域空间里,他们最大的错误,就是没有将兵力集结起来。"科尔尼洛夫突击师的一个志愿者回忆道,"红军的师团数量是我们的三倍,同时我们师还缺乏骑兵团,不仅导致侧翼暴露在红军的攻击之下,而且使我们和友军割裂开来"。最终,南俄白卫军在奥廖尔城的进攻从巅峰期一下子跌落。"轻而易举地攻占了奥廖尔",科尔尼洛夫突击师参谋长 К. Л. 卡普林回忆道,"这是向莫斯科突进的楔子……。红军军队大量汇聚,科尔尼洛夫师处于危险的境地,因此,集团军指挥官应该配置相应的有生力量以应对攻击我们侧翼的苏维埃红军部队"。① "尽管取得了很大的胜利,但是我们的处境却摇摇欲坠,红军新兵源源不断补充到部队中来",一名志愿者在自己的日记中写道,"而我们还是保持少量的人数,兵力不断减少,特别是步兵,兵员减少更厉害"。② 南俄白卫军缺乏预备役部队是 1919 年 10 月进攻莫斯科失败的主要原因之一。

红军南方方面军司令 А. И. 叶戈罗夫也认为白军虽然在 1919 年秋季战役中夺取了奥廖尔、布良斯克、耶利茨等城,但是他们在尝试攻击图拉城时,没有更多的有生力量作为后援。白军之所以遭到失败,在于他们将内线作战转换为外线作战,后方也并不巩固。③ 由于俄罗斯武装力量无法获得足够的预备役部队,最终导致它的精锐部队从 10 月中旬起不断在战场上失利,10 月 24 日,沃罗涅什落入红军之手,南俄白卫军的多米诺骨牌现象开始发生,这也是白卫军失败的开始。

11 月,南俄白卫军为维持整个战线上的现状而浴血奋战。白卫军和红军都已经意识到现在正处于生死关头。南俄白卫军越是接近莫斯科,越能直接感受红军反击的威力。在西线,红军第 14 集团军进攻德罗兹多

---

① Капнин К. Л. Отрывок из воспоминаний о боях Добровольческой армии под Орлом осенью 1919 г. Публ. А. В. Тихомирова. Страницы истории Гражданской войны на Орловщине. Орел., 2010. С. 97.

② Ребиков Н. Н. Дневник капитана 7-й гаубичной батареи Дроздовской артиллерийской бригады. Пронин Д., Александровский Г., Ребиков Н. Седьмая гаубичная. 1918 – 1921. Нью-Йорк., 1960. С. 189 – 195.

③ Егоров А. И. Разгром Деникина. М., 1931. С. 140 – 141.

夫斯基部队及其左侧的白卫第 5 骑兵军。两个红军突击队插入德罗兹多夫斯基部队和科尔尼洛夫师之间，并沉重打击科尔尼洛夫师。在中线，红军第 13 集团军挤压着科尔尼洛夫师和马尔科夫师。在东线，布琼尼的第一骑兵军目标直指西南方向的沃罗涅什、铁路汇合点的卡斯托路，最终是库尔斯克。红军第 8 集团军的步兵团支援布琼尼骑兵军的攻击行动。什库罗和马蒙托夫的骑兵军团不断遭受打击，人员损失惨重，只能勉强支撑着应付红军的攻击。

随着冬季的到来，白卫军队中伤寒蔓延，马蒙托夫将军和什库罗将军指挥的骑兵军已经无法抵抗布琼尼的红军第 1 骑兵军团的攻击。10 月 24 日，白卫军被迫放弃沃罗涅什。11 月 1—2 日，马蒙托夫和什库罗将军在红军的连续攻击之下，兵力折损过半，守卫奥廖尔的科尔尼洛夫突击师未经战斗便主动撤退。11 月 6 日，白军撤离布良斯克。11 月 9 日，志愿军总司令 В. З. 迈-马耶夫斯基将军在哈尔科夫省被撤职，由弗兰格尔替代。11 月 24 日，弗兰格尔在评估局势和自身的兵力之后，鉴于布琼尼指挥的红军第 1 骑兵军紧追不舍，建议志愿军的右翼集群防守新切尔卡斯克，左翼撤退到克里米亚。

1920 年 1 月 8 日，红军攻入南俄白卫军战略重镇顿河畔的罗斯托夫城。2 月，红军和南俄白卫军对马内奇河进行反复争夺，但最终被布琼尼率领的第一骑兵军击败。南俄白军经历奥廖尔到顿河的连续失败之后，士兵的情绪也急剧恶化。哥萨克军队对战争取得胜利不再抱有希望。士兵们开始逃亡，军队内部纪律败坏，他们一伙一伙地加入绿军，或者逃入深山老林。一名白卫军官观察到了士兵们大量的逃亡，"主要原因在于长期作战的疲惫不堪，丧失了对胜利的信心以及由此产生的麻木不仁和被遗弃的感受"。①

3 月 2 日是一个转折性的时刻，邓尼金的军队撤出库班河，北高加索的叶卡捷琳诺达尔被红军攻占，这意味着白卫军在北高加索的首府丢失，也失去了生存的基地。慌乱之中，南俄罗斯武装力量以及大量的平民、达官贵人都向新罗西斯克撤退。撤退计划是预估抵达新罗西斯克之后，

---

① Раковский Г. Н. В стане белых. Белое дело：избранные произведения в 16 книгах. Кн. 9：Донская Вандея. С. 199.

再乘坐盟军的舰队退往克里米亚半岛。1920年3月27日,红军第9集团军夺取新罗西斯克。因此,撤往克里米亚地区的只有志愿军和顿河军之一部分。大量的军事物资仍然留在港口,成为红军的补给物资。邓尼金对这次不成功的撤退心存懊悔,他在给家人的信中写道:"内心无限痛苦,大量的物资,所有的火炮,所有的战马都未撤走。军队流干了最后一滴血……"①

随着前线军事的失利,后方的顿河、库班和捷列克哥萨克政府表现出愈发明显的离心倾向。1920年3月3日,库班、捷列克、顿河军管委会做出决议与邓尼金政府决裂。自此,哥萨克军政府不再服从邓尼金的军事专政,他们组建了自己的哥萨克联盟政府,并于1920年3月16日彻底断绝了与邓尼金南俄政府的行政隶属关系。②

南俄白卫军的局势愈发艰难。随着红军的持续反攻,邓尼金的军事失利不断,政权亦分崩离析。1920年3月20日,在军事失败的压力下,邓尼金对于自己的个人退路做出了新的规划。他在写给军事委员会主席骑兵将军德拉格米罗夫的信中,阐释了因为"上帝未能祝福他"以及"军队和领袖之间的裂缝",他要求召开紧急军事委员会,进行体面的选举,并且承诺将民政权力和军事指挥权移交给选举出来的新的南俄白卫领袖。③

聚集在塞瓦斯托波尔的军方高级指挥官们则坚持认为,应该由邓尼金个人任命他的继承人。1920年3月20日顿河集团军总司令西多林中将在电报中警告邓尼金,应该禁止在军队中实施选举。但是邓尼金对于西多林的警示毫不在意,他对于以选举的方式产生南俄白卫最高领导人的心意已决。1920年3月22日他在给德拉格米罗夫将军的电报中承认自己在道义上不堪重负,不能继续保留权力,并要求军事委员会履行自己的职责。军事委员会在选举中推荐弗兰格尔将军担任南俄白卫军的最高领

---

① Лехович Д. Белые против красных. М. : Воскресенье. , 1992. С. 269.

② Архив русской революции. Т. 11. С. 164 – 165. ; Махров П. С. В Белой армии генерала Деникина. М. , 1994. С. 173 – 174.

③ РГВА. Ф. 49540. Оп. 1. Д. 187.

导人。① 1920 年 3 月 22 日邓尼金颁布了第 2899 号命令，宣布自己辞去南俄罗斯武装力量最高总司令的职务。当天 П. В. 弗兰格尔乘坐英国的"印度皇帝"号军舰抵达塞瓦斯托波尔港，颁布了第 2900 号命令，宣布自己就任最高总司令的职务。② 邓尼金黯然退场。

总而言之，1919 年南俄白卫军向"莫斯科进军"是所有白卫运动中最接近胜利的一刻。南俄白卫军在经历了 1919 年夏季和初秋的胜利之后，又于 11 月和 12 月迅速溃败。与这种溃败相伴随的是白卫运动的分崩离析：官兵们通常拒绝执行命令、南俄白卫军领导层与哥萨克人互相指责、1918 年秋设计好的政府架构完全瓦解。"向莫斯科进军"随着邓尼金流亡国外和弗兰格尔率部撤退到克里米亚半岛而最终宣告失败。

第四节　弗兰格尔与南俄白卫军的最终失败

一　"右翼之手的左翼政策"（левая политика правыми руками）

1920 年 3 月 22 日，弗兰格尔接替邓尼金担任南俄罗斯武装力量总司令之后，他对克里米亚半岛残存的白卫军和行政机构进行整顿。在 4 月到 5 月初这一段时间，弗兰格尔和他的司令部采取各项措施，使军队的战斗力得到了恢复，并加强了克里米亚半岛的防御力量。而且，弗兰格尔手中还掌握了军事和民事的权力，并宣布自己是"南俄罗斯的统治者"，集合自己的拥护者和顾问人员建立了政府。他本人不止一次地声明，他所建立的中央政府"不是由某一党派人士所组成的，而是由干事业的、有知识的、肯劳动的人组成的"，他们从事的是"超越党派界限的务实的工作"。③

事实上，他的政府成员遵循的却是另一套准则：他们大多数人是属于俄罗斯国家联合中心（crop）的成员，或是二月革命前的高级官僚以及坚信为了实现终极目标——推翻布尔什维克体制、在俄国恢复君主

---

① РГВА. Ф. 49540. Оп. 1. Д 196. Л. 4, 3, 14.；Соколов Б. В. Врангель. М.：Молодая гвардия. , 2009. С. 254.

② Соколов Б. В. Врангель. М.：Молодая гвардия. , 2009. С. 274 – 275.

③ Архив русской революции：Т. 5. С. 25.

制，必须要曲意逢迎、向"下层"妥协的君主主义者。例如聘请斯托雷平农业改革的得力助手 А. В. 克里沃舍因担任自己民政事务的助手，Б. П. 司徒卢威担任外交部部长，任命原沃罗涅日省长、1919 年曾管辖哈尔科夫省的特维尔斯基（тверский）为内务部部长。在格鲁吉亚出版的孟什维克报刊《自由山地人报》评价说："弗兰格尔身边团结的都是俄国反动派中最有才能的人，反动派的实干家，这些可不是邓尼金周围那些只会夸夸其谈的人。"① 确实，弗兰格尔的政治方案遵循了俄国历史上传统的保守主义和君主主义者之政治教诲，聘请了一大批具有政治才干的保守主义者来实施他的改革。这些人愿意为实现自己的目标而推动改革。

准备重新与苏维埃政权开战的弗兰格尔，以及团结在他周围的亲信们都明白，邓尼金此前强制恢复地主对土地所有权的政策已经破产，要想在与苏维埃政权的战争中获胜，就必须采用"新的途径"。他们清楚地意识到，与红军作战，如果没有农民的支持，是没有获胜希望的，因此改革迫在眉睫。4 月初，弗兰格尔组织召开的大本营会议中，与会的军官们都承认，邓尼金的失败在于失去人民的支持，为了有效动员地方居民对白卫军的支持，需要实施地方自治和土地改革，这一观点也得到了立宪民主党人的认同。立宪民主党巴黎小组认为邓尼金的失败不仅是军事的疏漏，而且是在土地问题、民族问题以及知识分子问题等方面犯下重大错误。②

在这种意识的主导下，弗兰格尔的司令部堆满了各种书面报告和改革方案，其中主要是农业改革方案。这些报告和方案的作者指出，与苏维埃政权做斗争"不能不安抚农村，也不能缺少农民和私有者们发自内心的支持。因为他们人多势众"。只有"缓解农民对土地的饥渴，满足农

---

① КарпенкоС. В. Очерки истории Белого движения на Юге России 1917 – 1920 гг. М., 2003, с. 272 – 273.

② 1920 年 5 月，立宪民主党巴黎小组指出邓尼金失败的原因除了军事疏漏之外，还有以下四个致命错误：试图以有利于资产阶级的方式解决土地问题，把农民抛在了一边；重新起用以前的一些旧官僚，而把地方居民中的其他人士和知识分子抛开；在解决民族问题的时候狭隘的民族传统引起了与布尔什维克做斗争的边疆地区各民族的反感；军事利益优先原则、在某种程度上也可以说是个人利益优先原则妨碍了按时恢复社会经济生活。参见 ГАРФ. ф. 7506, оп. 1, д. 13, л. 16 – 18.

民占领地主土地这一无可阻挡的愿望",才能从根本上铲除布尔什维克的根基;"只有大力培植小农和中农,并且从法律上巩固他们的所有权,才能获得农民的信任,并且在与敌人的继续斗争中他们才会愿意做出牺牲"。①

这些想法与弗兰格尔本人不谋而合。塔夫里亚省地方自治局主席 B. A. 奥博连斯基(Оболенский)公爵指出,新任总司令与邓尼金的主要区别在于后者"过分执着于个人感受、观点和判断。它们一旦形成,他便会坚持到底,但是每走一步,现实都给他令人失望的结果"。而与之相反,弗兰格尔则"贪婪地从现实生活本身汲取政治领导思路,而非靠个人臆想获得思路……他不带任何偏见地对待政权……他相信自己的直觉,并且相信自己能从生活经验里得出实用的结论。他有明确的目标,但手段不限,他可以选择任何手段来达到目的"。②

新任总司令在最初的公开声明里以及和社会各界代表的座谈中就坚定地表明了自己的态度:"放着被破坏殆尽的后方不管,而率领四分五裂的军队去莫斯科,这纯粹是丧失理智的疯癫行为。我的策略与之不同。即使是在有利的条件下,如果我没能把军队和后方搞得完全井然有序,我也不会贸然地往前走。"③ 弗兰格尔提出通过克里米亚半岛白卫军治下的制度、生活方式与苏维埃政权的制度、生活方式的竞争来"解放"全俄罗斯。他在《克里米亚报》记者的采访中,公开坦承:"能解放俄国的并不是从克里米亚到莫斯科的凯旋游行,而是在红色枷锁统治下的俄罗斯,哪怕只是一小块土地上建立得到人民力量支持的制度和生活条件。"④

针对弗兰格尔,红军在塞瓦斯托波尔的情报机构也做出了评价。该情报机构认为:"弗兰格尔同他的前任有着极大的区别,而且比周围的人显得更加出众。这个人有着过人的智慧,但也是一个危险分子,因为他

---

① Махров П. С. В Белой армии генерала Деникина (Историческая серия. XIX – XX век). 1994. С. 266 – 278.;Оболенский В. А. крым при врангеле. М.;Л.,1928. С. 7.

② Оболенский В. А. крым при врангеле. М.;Л.,1928. С. 9.

③ Оболенский В. А. крым при врангеле. М.;Л.,1928. С. 10.

④ КарпенкоС. В. Очерки истории Белого движения на Юге России 1917 – 1920 гг. М.,2003,с. 276.

懂得审时度势，摸清大众的思想情绪。"① 但是在 1920 年上半年，苏维埃红军主要是与波兰军队战斗，将自己的优势兵力投入西方战线，没有对克里米亚予以应有的关注。

在临近 5 月中旬的时候，弗兰格尔和他的智囊团队依据多方建议以及南俄罗斯武装力量当时在克里米亚地区的处境，终于确定了与苏维埃政权抗争的改革计划，从而奠定了被国家杜马成员、右翼分子萨维奇称作"右翼之手的左翼"（левая политика правыми руками）② 政策的基础。

这个政策的要义是遵守保守主义的原则，在俄国的社会政治生活中用现实主义的手段，来对"邓尼金的遗产"进行改革，主要体现在以下几个方面。

第一，对政治制度进行改革。弗兰格尔认为，高尔察克和邓尼金建立的军事专政体制仍然是脆弱的，被自己的政府机构束缚了手脚，面对崩溃的经济和连绵不休的国内战争，最好的统治方式就是建立一个军政府，进行专政式样的统治。撤退至雅尔塔的国务会议的成员们（сенаторы）联合右翼组织代表向他呈递了有关管理形式的报告书。这份报告书建议军事专政，并表示，"除了军事专政外，其他的政权制度在当前条件下我们一概不予承认"。同时还建议，弗兰格尔应"精简"管理机构，建立一个附属于总司令的委员会，该委员会的成员应该由总司令本人亲自任命的中央管理机构领导者组成，而国务会议则负责"监督其合法性"。③ 类似的思想也在大本营中的军官中存在，特别是那些具有君主主义情节的军官，譬如斯拉晓夫将军就在一份报告中，坚持建议弗兰格尔"摘掉面纱，清楚地向人民宣布自己为专政统治者"。

3 月 29 日，弗兰格尔颁布 2925 号命令，宣布了新的《南俄罗斯武装力量占领区管理条例》，这一条例十分明确地确立了弗兰格尔的军事专政政权原则："统治者和总司令……拥有完全的、无任何限制的军事和民事

---

① КарпенкоС. В. Очерки истории Белого движения на Юге России 1917 – 1920 гг. М.，2003，с. 274.

② ГАРФ. ф. 7506，оп. 1，д. 13，л. 16 – 18.

③ Оболенский В. А. крым при врангеле. М. ；Л.，1928. С. 10.

权力。"已归顺于南俄罗斯武装力量总司令的哥萨克军队所拥有的土地"脱离其（指哥萨克军队）自治统治"。由总司令直接管辖的助理、司令部首领、各管理部门——军事部门、海事部门、民事部门、经济部门以及外联部门的部长，以及国务监督人员组成的隶属于总司令的委员会"是具有协商性质的组织机构"。①

委员会作为政府没有决策权，它只拥有咨议和协商的功能，它的负责人也多次变化，起初是大本营总参谋长 П. Н. 沙季洛夫负责，6 月后，由 А. В. 克里沃舍因负责。弗兰格尔本人也参加过几次事关土地改革等重要立法的会议。多数情况下，委员会只是对重大问题提供意见，最终的决策由克里沃舍因和弗兰格尔做出。因此，弗兰格尔通过其大本营不仅实现对陆海军的指挥和差遣，而且在某种程度上也实现了对行政机构（гражданские области）的控制。

邓尼金的经验证明，通往建立一人独大的专政政权的主要障碍是哥萨克地区的主权要求。然而由于顿河、库班、捷列克、阿斯特拉罕等地区的军事阿塔曼和政府主席在克里米亚地区"没有人民的支持，也没有领地"，他们陷入完全依赖新任总司令的境地，只有服从他的管理，才能得到拨款和其他的必需品，也只有听他发号施令才能得到来自英国的补给。②而那些反对弗兰格尔的库班的"黑海哥萨克"社会活动家，都迁移到格鲁吉亚。因此，弗兰格尔在部署时可以更加果断，也不需要再进行冗长的会议来解决哥萨克军队的归顺问题。

4 月 2 日，弗兰格尔在塞瓦斯托波尔与顿河、库班、捷列克、阿斯特拉罕的哥萨克阿塔曼签署协议，在"内部事务方面保持完全的自治和独立"。③ 但这种自治和独立是相当虚幻的，哥萨克人已经脱离自己的故土，克里米亚哥萨克军队已经直属于弗兰格尔的统辖。就这样，在短短的数十天时间里，弗兰格尔在错综复杂的局势下成功地解决了哥萨克归顺的问题。

---

① ВрангельП. Н. Оборона крым. Гражданская война в росии: оборонакрыма. М.：АСТ., 2003. С. 188.

② КарпенкоС. В. Очерки истории Белого движения на Юге России 1917 – 1920 гг. М., 2003, с. 278.

③ КарпенкоС. В. Белые генералы и красная смута. М., 2009. С. 330.

弗兰格尔对哥萨克问题的解决是经过深思熟虑的，他不仅考虑到了率领南俄罗斯武装力量取得胜利，将统治延伸到哥萨克的故土，例如最靠近克里米亚的库班地区的情况，也考虑到了热情高涨的哥萨克开辟通往顿河及捷列克道路的可能性。因此，他自信而果断地决定双管齐下：一方面，扩大自己对哥萨克地区经济主导部门的控制，并掌握发行货币和证券的特别权利；另一方面，使哥萨克政权融合到他所建立的统治机构中。

7月22日（8月4日），弗兰格尔在塞瓦斯托波尔同顿河、库班、捷列克及阿斯特拉罕等政府的阿塔曼和首脑签订了《4月2日（15日）发展协议》（соглашение "в развитие соглашения от 2 (15) апреля"）。在协议中哥萨克地区被称为"准国家"（государственные образования），并且协议保障其"在内部体制和管理上的完全独立"。同时，各哥萨克政府主席可进入具有最终表决权的总司令委员会（комиссия при главкоме），成为该委员会成员。而总司令无论是在作战问题上，还是在军队组织的原则性问题上都得到了各哥萨克政府"授予的操控其武装力量的全部权力"。①

因此，顿河、库班、捷列克和阿斯特拉罕等地区应"依据总司令的命令"进行军事动员，且动员的"时间和范围"不得落后于南俄罗斯武装力量地区。所有的军队补给品——"粮食和其他物资"，在这些地区应该按总司令"特别分配"的要求来提供；属于哥萨克各"准国家"（государственные образования）的铁路管理局和电报管理局也转至总司令权力管辖之下；并且各地区应建立统一的海关，废除原各海关岗哨和稽查机构，收取统一的间接税。并且，货币体系也得到了统一，总司令得到了政府货币和证券发行的特别授权，而货币和证券的发行数额则需通过隶属于总司令的委员会的决议来确定。② 最终，外交事务与海关管理的权限也完全被最高总司令控制。

---

① Карпенко С. В. Очерки истории Белого движения на Юге России 1917 – 1920 гг. М.：АСТ.，2003. с. 279.

② Карпенко С. В. Очерки истории Белого движения на Юге России 1917 – 1920 гг. М.：АСТ.，2003，с. 279.

第二，进行土地改革，以争取农民的支持，这也是弗兰格尔"右翼之手的左翼政策"中的核心部分。在弗兰格尔看来，邓尼金失败的原因在于没有得到农民的支持。因此，他需要在农民土地问题上进行比苏维埃政府更为激进的改革。改革的手段是限制大地主的土地占有数量，增加中农的土地占有量，求得南俄地区的富农和中农的支持，这样就可以为南俄白卫军提供源源不断的人力、物力。他在4月8日颁布的《土地法令》中直接任命曾参与斯托雷平土地改革的 Г. В. 格林吉（Глинки）拟制一个克里米亚半岛土地改革的方案。① 5月20日，弗兰格尔在《向俄罗斯居民的呼吁书》中再次声明，南俄白卫军奋斗的目标是为农民获得土地私有权以及进行和平劳动的权利。5月25日，在白卫军发动进攻的前夕，弗兰格尔依据格林吉方案颁布了"土地命令"。

与此同时，弗兰格尔的白卫军跨越克里米亚半岛，向北塔夫里亚发起进攻，他希望军事上的胜利能够巩固土地改革。因此，弗兰格尔在这份广为人知的命令中提出"依靠刺刀保护土地"，"国有土地和地主土地都应由地方自治局平分给耕种它的人"。② 并再次声明土地改革的原则：劳动者是土地的主人。依据这一原则，那些已经被农民剥夺的土地，仍然归其所有，可以自行处置和耕种。而对于土地先前的所有者（地主），则需要赔付一定的金钱或粮食。有关土地问题的所有争端，都应由自由选举出的乡土地委员会来解决。军官们也沿着战线，将这份法令散发给周边的农民，希望能够煽动他们反对苏维埃政府。③

此后，弗兰格尔又颁布了相关的几个法令。概括起来，弗兰格尔的土地改革核心内容可以归结为以下几点：根据各地的实际情况，地主可以保留的土地数额为100—600俄亩。不得强制征用农民私人的合法财产、私人的庄园和高产的农庄以及教育机构的土地。多余的土地可以被强制征用或者出售给农民，每个农民获得土地的数额为10—150俄亩不等。地主的土地被国家强制征用后，要补偿金钱。农民从国家手中得到土地之

---

① Врангель П. Н. Оборона крым. Гражданская война в росии: оборонакрыма. М.: АСТ., 2003. С. 211–214.

② Архив русской революции. Т. 5. С. 11.

③ Советская деревня глазами ВЧК – ОГПУ – НКВД. 1918–1939. Документы и материалы: В 4 т. Т. 1. М., 2000. С. 282.

后要交付年收入的 1/5 给国家，期限长达 25 年。①

7 月，弗兰格尔再次颁布了与土地改革相匹配的新法令——《乡自治机关临时条例》。条例规定县乡的农民委员会由农民选举产生，它对农民的社会经济生活负责。② 7—8 月，在北塔夫里亚的 140 个乡中的 90 个乡进行了选举。但是在选举的过程中，大部分的委员会被地主把持。农民也厌倦了这一改革方案，因为他们需要用五分之一的收入作为赎金交付给国家或者地主，这在 1917 年革命之后已经变得不合时宜。更何况在连续的三年内战之后，农业经济遭到了严重破坏，农民普遍贫困，这对他们而言是一项沉重的负担。根据萨维奇的评估，农民并没有被这些法令所收买，他们亦不愿意为捍卫白卫政府而牺牲自己的性命。③ 土地改革不仅没有令农民满意，而且也遭到大地主的激烈反对，他们逮捕土地改革委员会的工作人员，甚至散布谣言，说法令是虚假的。④ 地主们对弗兰格尔的事业漠不关心，当面对苏维埃政府的强大压力时，他们纷纷逃之夭夭，弃弗兰格尔的白卫军而不顾。

第三，调整对外政策，改善与法国政府的外交关系。1919 年秋季的莫斯科进军失败之后，英国政府宣布停止对白卫军提供军备援助，开始与苏维埃政府进行商业贸易谈判。英国首相劳合·乔治承认，用武力消灭布尔什维克主义是不可能的。⑤ 弗兰格尔继任南俄白卫军总司令之后，他开始改变邓尼金时期亲英的政策，派出在西欧知识界享有盛名的司徒卢威为外交代表出访巴黎，寻求法国的外交承认和财政贷款。

1920 年法国的外交政策主要是在中欧地区建立"防疫地带"的卫星国，同时在地缘政治方面对德国进行压制。因而，法国在苏波战争中给予波兰大力支持。波兰政府则希望与弗兰格尔的白卫军开展合作，利用南俄白卫军对苏维埃红军在南线构成威胁，迫使苏维埃红军从波兰战线

---

① Красный архив. 1928. № 1. C. 64.；Пионтковский С. А. Гражданская война в России (1918 – 1921 гг.). М.，1925. C. 633.

② ВрангельП. Н. Оборона крым. Гражданская война в росии：оборонакрыма. М.：АСТ.，2003. C. 223 – 225.

③ Савич Н. В. Воспоминания. СПб.，1993. C. 362 – 363.

④ Красный архив. 1928. № 1. C. 93.

⑤ [苏联] 伊·费·伊瓦辛：《苏联外交简史》，世界知识出版社 1957 年版，第 56—58 页。

撤出。因此，法国在克里米亚的外交代表和外交部的相关官员明确向司徒卢威表示，他们不赞成英国人的战略意图——克里米亚停战投降。相反，苏维埃红军在乌克兰对波兰军队进行军事打击的时候，希望弗兰格尔的军队能够去包抄红军的后方，而法国政府会为此提供军事援助。① 马克拉科夫在 4 月 17 日的电报中，分析了英法政府对南俄白卫军外交政策的差异原因，指出法国政府对与布尔什维克的和谈持消极的态度，它同情克里米亚和塔夫里亚的处境。②

而英国出于自身利益的考量，特别是考虑到它在与苏维埃政府进行商业贸易谈判，希望能够控制弗兰格尔政府，希望它与英国政府一起参加与苏维埃政府的谈判。1920 年 4 月初，英国驻君士坦丁堡的代表海军上将罗别克（де Робек）给弗兰格尔下达最后通牒，重申南俄白卫军应该停止军事行动。弗兰格尔在接到最后通牒之后，接受通牒中的开展军事行动的要求，并且希望英国政府继续为南俄白卫军提供支援，但是拒绝与苏维埃政府开展谈判，他把谈判的任务推脱给英国人，这样就能够拖延时间，找寻合适的时机来加强和巩固克里米亚的政权。③ 他在给罗别克将军的电报中，希望英国政府能够给予他两个月的时间重整南方白卫军，此后再与苏维埃政府谈判，此间盟国政府应该继续援助克里米亚的南俄白卫军和居民。

弗兰格尔利用英法政府在"俄罗斯问题"上的利益分歧和不同考量，他希望能够利用苏波战争的机会乘机向克里米亚半岛之外的俄罗斯地域扩张。5 月 21 日，英国政府在得知弗兰格尔要开展军事行动之后，再给他下了一份照会，指出："弗兰格尔政府想与苏维埃政府进行谈判的计划毫无疑问会彻底失败，到那时英国政府会停止一切政治上和物质上的援助。"④ 但弗兰格尔置之不理，他在给英国政府的照会中，阐释了自己进

---

① ВрангельП. Н. Оборона крым. Гражданская война в росии: оборонакрыма. М.: АСТ., 2003. С. 198 – 199.

② ВрангельП. Н. Оборона крым. Гражданская война в росии: оборонакрыма. М.: АСТ., 2003. С. 200.

③ ВрангельП. Н. Оборона крым. Гражданская война в росии: оборонакрыма. М.: АСТ., 2003. С. 174 – 175.

④ ВрангельП. Н. Оборона крым. Гражданская война в росии: оборонакрыма. М.: АСТ., 2003. С. 240 – 241.

攻塔夫里亚的理由：一是他在4月的照会中，已经向英国政府告知，他有2个月的时间拒绝与布尔什维克谈判；二是他需要解决克里米亚半岛白卫军和居民的粮食问题。

弗兰格尔白卫军攻克北塔夫里亚之后，给英国政府和苏维埃政府的外交谈判造成困扰和不利。托洛茨基要求俄罗斯政府的外交代表正式向英国政府通报弗兰格尔军队无视寇松的倡议发起进攻的大致情况，指出"寇松捉摸不定、持续不断的干涉只有利于弗兰格尔重组他的军队和对苏维埃红军发起攻击"。① 英国政府面临强大的国际舆论压力，决定撤回在克里米亚半岛的英国军事顾问团。6月底，在克里米亚的以佩西尔将军为首的英国军事顾问团返回英国，只留下一小部分军官关注局势的发展变化。英国国会也停止向南俄白卫军提供用于战争物资的贷款。

在与英国政府的关系闹僵之后，弗兰格尔政府现在的外交政策主要转向法国和新独立的斯拉夫国家。6月20日，司徒卢威向欧洲社会舆论界发表了一封带有弗兰格尔亲笔签名的公函，旨在阐明南俄白卫军的最新改革，强调指出："第一，革命期间农民夺取的地主土地已经归他们所有。第二，未来的俄罗斯是建立在各具有自治权利的联邦基础上。"② 显而易见，这份公函的目的旨在唤起欧洲自由主义对于南俄白卫军的同情。除此之外，弗兰格尔还在公函中暗中指责英国政府没有给苏维埃政府施加足够的压力，"它（南俄白卫军政府）与苏维埃政府之间的和平，是两种不同制度之间的和平，不是单方面的投降"。③

弗兰格尔的声明得到了法国政府的响应和同情。法国政府表示愿意为弗兰格尔的军队提供财政援助。8月3日，法国总理米勒兰发表一份声明，承认弗兰格尔的俄罗斯政府是一个事实上独立的政府。④ 一周之后，米勒兰致信弗兰格尔在巴黎的外交代表巴兹里，宣称法国政府决定与弗

---

① 沈志华主编：《苏联历史档案选编》第3卷，社会科学文献出版社2002年版，第576—577页。

② ВрангельП. Н. Оборона крым. Гражданская война в росии：оборонакрыма. М.：АСТ.，2003. С. 271-272.

③ ВрангельП. Н. Оборона крым. Гражданская война в росии：оборонакрыма. М.：АСТ.，2003. С. 272-273.

④ ВрангельП. Н. Оборона крым. Гражданская война в росии：оборонакрыма. М.：АСТ.，2003. С. 296.

兰格尔领导的政府建立外交关系,并将向塞瓦斯托波尔派遣外交代表。除此之外,还会为弗兰格尔的军队提供物资援助和政治支持。在得知法国政府承认弗兰格尔政府为独立的政权之后,英国首相劳合·乔治发表强硬的声明,英国不打算支持和承认弗兰格尔。

  法国政府之所以承认弗兰格尔政府,主要是出于拯救波兰军队和国家的目的。随着苏维埃红军在夏季进军华沙,波兰有亡国的危险。这就会破坏法国在中欧的地缘政治。因此,法国希望在外交上承认弗兰格尔政府能够稳定其军心,同时鼓动弗兰格尔向乌克兰右岸开展军事行动,迫使苏维埃红军回撤。9月,法国政府同意贷款1亿法郎给弗兰格尔政府购买军备,并且以商品形式来支付,弗兰格尔政府则需要支付毛皮、粮食、烟草、皮革等来还贷。① 但是,随着苏维埃政府与波兰在里加签订和平条约,苏波战争结束,红军开始集中自己的主力进攻塔夫里亚和克里米亚半岛,法国政府的贷款也失去其意义。

二 南俄白卫军的灭亡

  弗兰格尔在克里米亚半岛进行内部改革之时,他也没有放弃向克里米亚半岛之外的俄罗斯大陆扩张的计划。弗兰格尔清醒地认识到,克里米亚半岛资源贫乏,他需要向俄罗斯大陆扩张,特别是得到北塔夫里亚农业地区的粮食,既可以用来养活庞大的行政官僚和军队,也能够通过出口粮食换取外汇来得到欧洲的武器装备,改善南俄白卫军的处境。② 因此,他再次重整军备,对从新罗西斯克撤退到克里米亚半岛的南俄白卫军余部进行整编。4月28日,弗兰格尔将志愿军改名为俄罗斯军(Русская Армия)。他直言不讳地表达了军队改名的目的,即通过改名而赋予它"人民性"。此后又将军队整编为四个军团,分别是库捷波夫将军领导的第一军团,主要包括志愿军中战斗力最强的科尔尼洛夫、马尔科夫师等余部;斯拉晓夫将军领导的第二军团;皮萨列夫将军领导的混成

---

① КарпенкоС. В. Очерки истории Белого движения на Юге России 1917 – 1920 гг. М., 2003. С. 342 – 243.

② ВрангельП. Н. Оборона крым. Гражданская война в росии: оборонакрыма. М.: АСТ., 2003. С. 232.

军;阿巴拉莫夫将军领导的顿河哥萨克军团。① 步骑兵人数总计2.5万人。

1920年5月,弗兰格尔乘毕苏茨基指挥的波兰军队以及与他结盟的彼得留拉的乌克兰民族军队大举进攻苏维埃红军第12、15、16集团军的时机,亦决心发动对红军的进攻。作战计划是将军队沿别尔江斯克—波洛吉—亚历山德罗斯克—第聂伯河战线推进,然后控制塔曼半岛,作为向库班进军的登陆场,再次占领北塔夫里亚(Северная Таврия)。② 北塔夫里亚南部地区的农业人口约为150万,此地具有丰富的粮食、原料、马匹等资源,能够为军队的扩编、供给、补给提供保障,并能帮助军队解决财政经济问题。

5月21日,弗兰格尔给各军团指挥官发布命令:斯拉晓夫军团和皮萨列夫军团一部从基里尔洛夫卡登陆之后,沿萨利科沃至梅利托波尔的铁路线运动,突进到普列科普地峡的苏维埃红军的后方活动;皮萨列夫军团和库捷波夫军团则于5月25日直接向正面的苏维埃红军发起进攻,将其击溃之后,军团向第聂伯河突进。阿巴拉莫夫将军领导的顿河哥萨克军团则作为预备部队驻守在后方。③ 在发动进攻的前夕,弗兰格尔颁布了著名的第3226号命令,号召克里米亚的居民为捍卫祖国和俄罗斯人民的和平劳动权利而奋斗。④ 5月22日弗兰格尔视察了斯拉晓夫军团,并发表了演讲。5月24日斯拉晓夫军团发起登陆作战,库捷波夫军团也向正面普列科普地峡的红第13集团军发起攻击,皮萨列夫军团则向琼加尔的第46爱沙尼亚师发起进攻。经过与苏维埃红军第13集团军一个月的苦战,库捷波夫军团击溃了红军第13集团军中的拉脱维亚师和第3步兵师,斯拉晓夫将军攻占了梅利托波尔和别尔江斯克等要地,实现了攻占北塔

---

① Волков С. В. Русская Армия генерала Врангеля. Бои на Кубани и в Северной Таврии (Россия забытая и неизвестная). , 2003. C. 3 – 4.

② Какурин Н. Е. Гражданская война 1918 – 1921. Санкт – Петербург. : ПОЛИГОН. , 2002. C. 568.

③ Врангель П. Н. Оборона крым. Гражданская война в росии: оборона крыма. М. : АСТ. , 2003. C. 247. ; Наше великое дело близко к полной гибель: дневник донского атамана А. П. Богаевского. Источник. 1993. №4. С. 30.

④ Немирович – данченкоГ. В. В крыме при врангеле: факт и итоги. Берин. , 1922. C. 16 – 17.

夫里亚的目标。6月22日，弗兰格尔将大本营迁到梅利托波尔城。

攻占北塔夫里亚之后，弗兰格尔军队的军心大振。而此时在乌克兰作战的波兰军队形势恶化。苏维埃红军西线总司令图哈切夫斯基指挥的第15、16集团军在抵住了5—6月波兰军队的进攻之后，经过一个月的休整，7月对波兰军队发起反攻，到7月下旬，波兰军队的战略防御线全部被突破，波军的有生力量遭到沉重打击。7月21日，红军强渡涅曼河，跨过"寇松线"，跃进波兰境内。毕苏茨基在自己的回忆录中写道："图哈切夫斯基的军队在运动中塑造了一种不可战胜的形象……就像乌云伴随着暴风雨来临一样，国家在它面前颤抖，意志在动摇，士兵们惊慌不安。"①

红军向波兰境内的进军也引起了法国和英国的恐慌。8月初，英国首相劳合·乔治和法国总理米勒兰就波兰问题举行会晤。在商讨过程中，劳合·乔治首先指出，波兰军队士气低落，纪律涣散，不可能保卫华沙，更为严重的是，布尔什维克马上就要抵达德国的边境。他希望波兰政府与苏维埃政府终止军事行动，进行和平谈判。并且他转告米勒兰，在伦敦与英国政府谈判的苏维埃代表团领导 Л. Б. 加米涅夫已经愿意接受英国政府的调停。

米勒兰在这次会晤中坚决捍卫自己的立场，不仅不承认苏维埃政府，而且还要同它继续进行战争。他声明，布尔什维克已经在俄罗斯奠定了自己的地位，现在正通过谈判努力地想获得协约国强国的认可，所以布尔什维克根本不可信，因为他们从来没有放弃自己的计划，也没有停止过自己的宣传。从另一方面来讲，德国也会利用布尔什维克打击波兰取得胜利的成果：通过在东方占领土地来弥补在西方遭受的损失。如果德国和俄罗斯布尔什维克结成联盟的话，那么协约国就不得不在"莱茵河右岸"防御它们。② 因此，法国总理米勒兰采取了完全支持波兰的政策。他希望保留一个强盛的波兰国家，给法国的世仇德国以及布尔什维克的

---

① 傅树政、张广翔等：《红色拿破仑：图哈切夫斯基》，吉林教育出版社1994年版，第123页。

② Карпенко С. В. Очерки истории Белого движения на Юге России 1917 – 1920 гг. М. 2003，С. 339.

苏维埃俄国带来地缘政治的压力。因而，法国政府愿意继续为波兰提供军事装备以及派遣军事顾问团。

与此同时，法国政府亦督促弗兰格尔的军队向苏维埃红军发起新的攻势，以减轻波兰的军事压力。8月10日，法国政府发表声明承认弗兰格尔政府独立，这也是西方国家第一次正式承认白卫军政府。法国和英国同时向弗兰格尔承诺，盟国会为克里米亚继续提供物资援助，直到弗兰格尔与苏维埃政府签订和平条约为止。顿河阿塔曼博加耶夫斯基在8月30日的日记中记载了这一个月中的重大事件，其中就包括"法国人已经从事实上承认我们"。①

在得到法国政府的外交承认以及物资援助的许诺之后，弗兰格尔决心发起库班登陆作战。他希望能够像1919年3月顿河地区的维申斯卡娅哥萨克大暴动一样，唤起库班哥萨克的暴动，再联合起来向顿河地区推进。7月29日，登陆军队第一库班师、第二库班师总计1.6万余人在乌拉盖将军的指挥下快速在费多西亚和刻赤集结。② 8月14日，登陆军队乘坐军舰渡过亚速海，向滩头阵地登陆，红军抵抗微弱。此后登陆的部队分为三路，分别向库班草原的苏维埃红军发起进攻。中路乌拉盖的骑兵军很快控制了吉马舍夫斯卡娅铁路枢纽站，威胁叶卡捷琳诺达尔。与此同时，弗兰格尔还在阿纳帕派出以切列波夫将军为首的1500余人的士官生登陆，向北高加索地区突进，希望他们能够与沿途的反布尔什维克军队联合起来。

但向库班进军的登陆作战只是昙花一现。因为苏维埃政府已经将克里米亚战线视为主要战线。1920年8月2日，托洛茨基在给政治局委员的电报中，要求将弗兰格尔战线划为独立的战线，并责成斯大林负责组建革命军事委员会，集中全力抓对弗兰格尔的方面军。同时还责成野战司令部在两周之内动员不少于3万的兵力加入对弗兰格尔作战的方面军

---

① Наше великое дело близко к полной гибели: дневник донского атаманаА. П. Богае-вскогоИсточник. 1993. 04. С. 35.

② Степанченко Д. Белый десант на Кубани. Август 1920. Краснодар.: Советская Кубань., 2000. С. 5.

中。① 托洛茨基的建议被接受。8月19日，俄共（布）中央政治局做出决议，承认弗兰格尔战线比波兰战线更为重要，是当时的主要战线。② 并将西南方面军的克里米亚防区划出，成立独立的由斯大林负责的南方方面军，下辖第6、13集团军和第2骑兵军，此后又相继加入从波兰战线调回来的第4集团军、第1骑兵军。总计有14.4万步骑兵、527门火炮、2600挺机枪和17辆装甲列车。③ 9月20日，俄共（布）中央全会做出决定，任命伏龙芝担任南方方面军总司令。较之弗兰格尔的白卫军，红军南方方面军在军队人数、军事技术等方面占有绝对优势。

根据伏龙芝的作战计划，第15、51师攻占普列科普地峡，拉脱维亚师和第1骑兵军向东突击，与第2骑兵军联合起来，向下谢罗戈济进攻，合围库捷波夫的第1军团。第13集团军向梅利托波尔方向发起进攻。作战任务完成之后，合围阿巴拉莫夫将军的顿河集团军。④

10月26日，伏龙芝下达了总进攻的最后命令。南方方面军各集团军向克里米亚半岛的白卫军发起总攻。在第6集团军的突击下，弗兰格尔的第2集团军向普列科普地峡仓促退却，第51师乘胜追击，29日攻占普列科普。骑兵第1集团军渡过第聂伯河，在卡霍夫卡登陆场登陆作战。骑兵第2集团军在第聂伯河左岸重创白卫军第1集团军的马尔科夫师和科尔尼洛夫师。⑤ 11月12日，第2骑兵军攻入克里米亚半岛；15日，第1骑兵军夺取塞瓦斯托波尔。在红军发动总攻期间，弗兰格尔已经积极做好迁移准备，不再重蹈新罗西斯克失败的覆辙。11月12—16日，克里米亚14.5万名居民，其中包括以弗兰格尔为首的5万名军人，分别乘坐英

---

① 沈志华主编：《苏联历史档案选编》第3卷，社会科学文献出版社2002年版，第591—592页。

② 沈志华主编：《苏联历史档案选编》第3卷，社会科学文献出版社2002年版，第605页。

③ Гончаренко О. Г. Белое движение: Поход от тихого дона до тихого океана. М., 2007. С. 303.

④ Гончаренко О. Г. Белое движение: Поход от тихого дона до тихого океана. М., 2007. С. 303 – 304.

⑤ 沈志华主编：《苏联历史档案选编》第3卷，社会科学文献出版社2002年版，第659页；Какурин Н. Е. Гражданская война 1918 – 1921. Санкт‐Петербург.：ПОЛИГОН.，2002. С. 624 – 625.

法军舰,撤退到君士坦丁堡,开启了俄国侨民的流亡之路。① 在国外流亡期间,弗兰格尔等白卫军领导人组建了"俄罗斯社会军事同盟"(Рýсский Обще - Вóинский союз),领导各地的白俄侨民继续从事反苏维埃活动。

---

① Буровский А. Самая страшная русская трагедия: правада о гражданской войне. М.: ЯУЗА - ПРЕСС., 2010. С. 481.

第四章

西北白卫军

俄罗斯国内战争时期，俄罗斯的西北地区亦出现各类反布尔什维克组织和白卫军。但与南俄和西伯利亚地区不同，这些反布尔什维克组织非常虚弱，因此它们需要主动寻找德国或者协约国为靠山。此外，西北俄罗斯地区面积狭窄，紧邻有强烈独立倾向的波罗的海地区，因而尤登尼奇组织的西北白卫军更要依靠当地新独立的民族国家以及协约国盟国的支持。

第一节 西北白卫军之形成

一 1918年波罗的海国际格局与西北地区的白卫军组织

1918年3月3日，苏维埃政府与德国签订《布列斯特和约》之后，波罗的海三国从俄罗斯中央政府的统治之下脱离出来，处于德国的占领之下。德国人无意于促进波罗的海三国民族主义的发展，它的主要目标，仍然是操纵该地区的局势，希望波罗的海诸国处于德国的掌控之下，最好是与德国捆绑在一起。[①] 1918年3月8日，库尔兰公爵召开会议，认为有必要采取措施将库尔兰、利弗兰、艾斯特兰组建为统一的国家与德国联合起来。4月12日，德国占领军在里加召开了由艾斯特兰、利弗兰、里加城等代表组成的"国家议会"。一共选举了58名代表，其中德国人

[①] [美]凯文·奥康纳：《波罗的海三国史》，王加丰等译，中国大百科全书出版社2009年版，第83—84页。

34席，爱沙尼亚和拉脱维亚人共24席。① 4月13日，国家议会号召把三个地区（包括库尔兰）合并，建立一个由普鲁士国王领导的君主立宪的波罗的海公国。

毫无疑问，第一次世界大战导致了在爱沙尼亚的德国移民的影响力大增，波罗的海地区的德意志贵族对整个地区德国化的前景感到十分喜悦。德国政府亦决定将波罗的海诸省从俄罗斯帝国中脱离出来。在德国政府的压力之下，苏维埃俄罗斯于8月27日与它签订补充条约，承认波罗的海三国独立。② 因此，波罗的海三国直到第一次世界大战结束之前都处于德国势力的影响之下，而苏维埃俄罗斯政府则恰恰相反，对这一地区的影响力日渐衰弱。

1918年春季，德国军队在占领波罗的海三国之后，亦突入俄罗斯的普斯科夫州。如同波罗的海地区，德国占领军在普斯科夫省亦设立了州行政事务管理委员会，由骑兵大尉冯·涅库茨担任主席。

夏季，德国占领军当局为了维持普斯科夫州的社会秩序以及削弱苏维埃政府的影响力，决定将普斯科夫州内的军官组织起来，组建普斯科夫志愿军团。此外，还与在彼得格勒的秘密军官组织、右翼中心成员以及保守的君主主义者建立联系，为西北俄罗斯的反布尔什维克组织创建军队奠定基础。③ 德国占领当局还许诺为军队提供财政支持、武器弹药和粮食，提议由Н. Н. 尤登尼奇和В. И. 古尔科将军担任军队的首脑，但是两位将军拒绝了这一提议。

自《布列斯特和约》签订之后，俄国国内的反布尔什维克主义阵营在寻求外部势力合作方面产生深刻的裂痕。部分君主主义者、立宪民主党人、十月党人主张与德国合作，临时政府军事部长А. И. 古契科夫、立宪民主党党魁П. Н. 米留可夫、顿河阿塔曼П. Н. 克拉斯诺夫、П. Р. 阿瓦诺夫公爵以及Ф. А. 科勒尔男爵是其中的代表。在得知尤登尼奇和古尔

---

① ЧапенкоА. А. ИсториярусскогоантибольшевистскогодвиженияанатерриторииЛатаиив1918 - 1919 гг. Мурманск. : МГПУ. , 2006. С. 20. ；[法] 安德烈·瑟利耶、让·瑟利耶著：《中欧人文图志》，王又新译，中国人民大学出版社2008年版，第94页。

② Чапенко А. А. История русского антибольшевистского движения на территории Латаии в 1918 - 1919 гг. Мурманск. : МГПУ. , 2006. С. 21.

③ Авалов П. М. В борьбе с большевизмом. Глюкштадт. Гамбург. , 1925. С. 61.

科将军拒绝担任北方军团的首脑之后，Ф. А. 科勒尔男爵主动向德国人表示他愿意担任这一职位。但是他在 12 月从基辅返回普斯科夫的途中，被乌克兰民族主义者枪杀。

秋季，随着德国在西线的战争已胜利无望，德国当局为保障自己在俄罗斯和波罗的海地区的利益，加快了北方军团的创建过程。10 月初，来自彼得格勒的君主主义者 П. 冯·罗津别尔格和地方社会活动家 Г. М. 杰柳金等人抵达普斯科夫，与德国占领当局商讨建立军队的事情。10 月 10 日，双方召开会议，以普斯科夫志愿军为骨干，组建北方军团（Северный корпус）。德国政府许诺为北方军团提供 5 万人的装备、500 挺机枪、60 门火炮。① 实际上，德国人的承诺是口惠而实不至，只为北方军团提供了 8000 支损坏的步枪和 30 门需要修理的火炮。

北方军团组建之后，随即在普斯科夫、德文斯克、尤里耶夫、立陶宛等地散发传单，招募志愿者。10 月 12 日，А. Е. 旺达姆（Вандам）上校从雷瓦尔（Ревел）抵达普斯科夫，他被任命为普斯科夫志愿军团指挥官，军团参谋长则由 П. 冯. 罗津别尔格担任。到 10 月底，普斯科夫志愿军团的人数达到近 2000 人，主要包括 П. Н. 西蒙斯基将军领导的第一步兵师 1500 人，М. 阿法纳西耶夫（Афанасьев）上校在烈日茶（Режица）的一个 150 人的支队，比比科夫（Бибиков）上校在普斯科夫一个 300 人的支队。②

从 10 月下旬开始，北方军团就对苏维埃俄国开展积极的军事行动。他们采用小分队的形势，突入俄罗斯境内，击溃小股红军。10 月 28 日到 11 月 2 日的楚德湖战役中，北方军团获胜，海军中校 Д. Д. 涅利多夫（Нелидов）率领红军楚德湖舰队的三支舰艇叛逃白军。楚德湖战役的胜利为西北白卫军以后的军事行动积累了经验。Г. В. 契切林（Чичерин）在给越飞的电报中特别强调："普斯科夫白卫军拟定的作战计划是攻占托

---

① Шишов А. В. Юденич. Генерал суворовской школы（Досье без ретуши）. М. : Вече. , 2004. С. 298.

② Малышев М. О. Оборона Петрограда и изгнание немецких оккупантов с северо-запада в 1918 году. Л. , 1974. С. 55. ; Волков С. В. Белое движение в России: организационная структура. М. , 2000. С. 278.

洛细诺（Торошино），再进而寻找进攻彼得格勒和诺夫哥罗德的道路。"① 11 月 2 日，С. Н. 布拉霍维奇（Булахович）大尉率领红军的 2 个骑兵营 500 余人主动向普斯科夫的北方军团投降。到 11 月底，北方军团的人数增长到 4500 余人，其中有 1500 名军官。②

然而北方军团在战争中的好运未能持续太长时间。随着德国在 11 月 11 日向协约国宣布投降，签订《贡比涅停战协定》，第一次世界大战到此结束。《贡比涅停战协定》中的第十二条规定："所有德国军队应从战前属于俄罗斯的领土撤回至德国边界，由协约国安排适合的撤离时间。"第十五条规定废除《布列斯特和约》③。两天之后，苏维埃中央执行委员会也宣布和约失效。由于失去德国政府和德国军队的庇护，北方军团的处境艰难。更重要的是，由于苏维埃政府宣布《布列斯特和约》规定的和平失效，红军现在可以直接向北方军团发起进攻。1918 年 11 月 16 日，苏维埃共和国革命军事委员会发布指令，命令红军第 7 集团军的第 2 诺夫哥罗德步兵师向普斯科夫的北方军团发起进攻。

当红军集结准备向北方军团发起进攻的时候，北方军团内部爆发对军团的领导权之争。亨利希·冯·涅夫（Генрих фон Неф）上校取代旺达姆成为北方军团的指挥官。随着形势的愈发恶化，涅夫上校向军团宣布，普斯科夫已经被苏维埃红军包围，德国政府不会再为白军提供武器援助，他们需要寻找新的庇护者，并为军团撤退进入波罗的海三国做好准备。涅夫上校派出自己的军团参谋长冯·罗津别尔格奔赴里加与德国第 8 集团军谈判，看军团能否撤退到立陶宛。除此之外，涅夫上校还派出其他代表与协约国在波罗的海地区的军事委员会建立联系，希望能够得到协约国的保护。④

1918 年 11 月 25 日，苏维埃红军第 2 诺夫哥罗德步兵师攻入普斯科夫城，北方军团被击溃，600 余人被俘，100 名军官被地方上倾向苏维埃

---

① Документы внешней политики СССР. Т. 1. М.，1959. С. 541.
② Волков С. В. Белое движение в России：организационная структура. М. 2000. С. 278.
③ [英] 阿兰·帕尔默：《波罗的海史》，胡志勇译，东方出版社 2013 年版，第 325 页。
④ Чапенко А. А. История русского антибольшевистского движения на территории Латаии в 1918 – 1919 гг. Мурманск.：МГПУ.，2006. С. 28.

政府的居民击毙。① 余部摆脱红军的包围之后，集结到瓦尔克。涅夫上校又重新将散乱的队伍进行整编，让它保留一定的战斗力。

在瓦尔克等待的涅夫上校从自己在里加的代表罗津别尔格那得知德国军方拒绝与北方军团建立正式的官方关系之后，他决心向协约国盟军寻求援助。12月16日，根据涅夫上校的倡议，北方军团与爱沙尼亚政府签订协议。② 涅夫上校的北方军团余部协助爱沙尼亚政府的义勇军共同抵抗苏维埃红军的进攻，而爱沙尼亚政府则为北方军团提供物资保障。

事实上，随着北方军团撤入爱沙尼亚境内，它作为一支独立统一的军队已经不复存在。首先，军团缺乏一个在军界拥有声誉和领导能力的指挥官，无论是涅夫还是旺达姆，都只是帝俄军官团中的籍籍无名之辈。其次，随着军团被红军击溃，在撤退的途中，一分为三：M. 阿法纳西耶夫上校领导的支队撤退到拉脱维亚境内；А. П. 罗将柯上校领导的支队撤到里加；涅夫上校领导的北方军团余部则并入爱沙尼亚的义勇军，并且受到爱沙尼亚政府的严格管制，规定军团的人数不能超过3500人。③ 此后涅夫领导的北方军团就聚集在雷瓦尔，受制于爱沙尼亚政府军总司令 И. Я. 莱多涅尔（Лайдонер），与爱沙尼亚临时政府军队一起保护年轻的共和国。

随着德国的失败，苏维埃政府决定填补德国军队撤出波罗的海地区之后的权力真空，苏维埃红军首先向纳瓦尔进军。11月22日，红军攻陷纳瓦尔，宣布成立由雅安·安韦特领导的人民公社，作为俄罗斯的一个自治区。与此同时，红军派出自己的精锐部队拉脱维亚步兵师向里加发起进攻，决心攻占波罗的海地区最重要的工业中心，打通通往中欧的通道，将世界革命的思想传播到西欧。

红军向里加的进军引起了里加城中德裔地主以及俄国侨民的不安，他们自发组织起来，组建了具有地方性质的自卫队，并将其命名为"波

---

① Волков С. В. Белое движение в России: организационная структура. М., 2000. С. 278.

② Архив гражданской войны. Берин, 1923. Т. 1. С. 145.; Авалов П. М. В борьбе с большевизмом. Глюкштадт. Гамбург., 1925. С. 98.

③ Волков С. В. Белое движение в России: организационная структура. М., 2000. С. 278.

罗的海民兵"。① 其中 А. П. 利文（Ливен）公爵②和 К. И. 德多罗夫大尉发挥了重要作用。此外，部分俄国军官团结在里加的 А. П. 罗将柯身边。罗将柯上校亦希望能够将"波罗的海民兵"和从普斯科夫撤出的北方军团余部统一起来，归于自己的领导之下。但罗将柯上校的计划遭到德国第8集团军的反对，俄罗斯军官团的内部也产生了分歧，利文公爵主张向协约国求援，计划最终不了了之。

为了能取得协约国盟军的支持，利文公爵和罗将柯上校会晤了里加港口停泊的英国舰队指挥官辛克莱海军上将，向他汇报当前的局势情况，并且请求支援。代表们受到了英国上将的热情接待，但是他们的期待却落空了，因为并没有像预料中的那样得到英国支援的承诺，英国人闪烁其词。③ 非常明显，英国政府希望削弱俄罗斯在这一地区的影响力。

1919年1月2日，红军攻克里加，"波罗的海民兵"损失惨重。辛克莱海军上将率领的英国舰队撤离里加港口。到1月中旬，苏维埃红军已经控制了整个拉脱维亚。波罗的海民兵、К. И. 德多罗夫大尉的一个连以及德国的钢铁师都撤退到立陶宛的利巴瓦。利文公爵决心将此地分散的俄罗斯军官和士兵联合起来，组建俄罗斯志愿军。他在自己的回忆录中分析了在利巴瓦组建志愿军的优势：一是此地有大量的俄罗斯军官，可以作为组建志愿军的骨干力量；二是利巴瓦靠近德国，人力资源丰富，可以招募大量在德国被俘的俄国士兵、军官来服役；三是利巴瓦有充分的军事准备，志愿军可以在协约国和德国之间进退自如；四是利巴瓦的地缘战略位置重要，可以沿此地经里加—普斯科夫—德文斯克一线向苏维埃红军发起进攻。④

---

① ГончаренкоО. Г. Тайны белого движения: побед и поражения（1918 – 1922года）. М. : вече. , 2004. С. 237.

② А. П. 利文（Ливен），1873年出生于圣彼得堡的世袭贵族家庭，1895年圣彼得堡大学毕业，此后赴近卫骑兵团任职，担任骑兵大尉；1918年在波罗的海地区组建志愿军，1919年年初领导了利巴瓦志愿军步兵师，年中并入尤登尼奇领导的西北白卫军，成为第二次彼得格勒进军的主力之一。西北白卫军失败之后，移民立陶宛。

③ Волков С. В. Белая борьба на Северо – Западе России. М. : Центрполиграф. , 2003. С. 14.

④ Волков С. В. Белая борьба на Северо – Западе России. М. : Центрполиграф. , 2003. С. 16 – 17.

尽管利文公爵的战略设想美好，但实施起来却困难重重。对于当时在利巴瓦的处境，他写道："当前形势对组建志愿军非常困难：拉脱维亚人，自然是不会对这支军队报以信任，因为它是为了复兴俄罗斯而战，崇拜德国的波罗的海人也持一种不友好的态度；协约国将俄罗斯人看作是亲德的，而德国人则认为俄罗斯人亲英。由于处于窘境之下，罗将柯以及帕连（Пален）公爵被赶到了纳瓦尔，而我独自一人留在了利巴瓦，但是，因为有这些热血的俄罗斯爱国主义军官的支持，我仍要继续自己的组建工作。"① 解决的方法是利文公爵的志愿军暂时屈从于"波罗的海民兵"，直到他们有机会出发同西北白卫军队汇合。在利文公爵看来，他组建的志愿军部队是"纯俄罗斯的"，它的"宗旨就是同布尔什维克战斗直到重新建立一个强大的俄罗斯，直到恢复立宪会议"。② 志愿军队伍不应插手波罗的海沿岸地区的政治，在其出现内部斗争的时候应该保持中立。

不仅如此，利文公爵还尽可能保持志愿军的俄罗斯民族特色。他规定只有前俄罗斯帝国的军官以及那些愿意参加志愿军的俄罗斯公民才能进入该队伍服役，但是不接受德国军队服役的军官。部队的军事章程总体而言继承了俄罗斯帝国的法律规范，但也稍微做了一些修改。比如说，用"士兵"或者"志愿者"来代替"下级军衔"这样的称呼，志愿者在相互称呼的时候，用"您"（Вы）的尊称。对包括上校在内的军官要使用"中尉先生"或者"上校先生"的称呼，对将军的称呼一律改为"阁下"。③ 志愿军的旗帜使用俄罗斯传统的三色旗。到1917年7月，利文公爵被海军上将高尔察克任命为库尔兰俄罗斯步兵军团指挥官，受西北白卫军总司令尤登尼奇领导。

除此之外，西北地区反布尔什维克运动中被寄予厚望的还有芬兰的白卫军政治组织。十月革命之后，大量的俄国军官、达官贵人逃亡芬兰。

---

① Волков С. В. Белая борьба на Северо‐Западе России. М.：Центрполиграф.，2003. С. 18.

② ГончаренкоО. Г. Тайны белого движения：побед и поражения（1918 – 1922года）. М.：вече.，2004. С. 240.

③ Волков С. В. Белая борьба на Северо‐Западе России. М.：Центрполиграф.，2003. С. 19.

1918 年秋季，俄罗斯帝国政府前内阁总理 A. 特列波夫（Трепов）组建了俄国事务特别委员会。委员会的目的不仅在于寻求芬兰政府对白卫军的支持，同时也旨在影响欧洲的社会舆论，让西欧政府认为有必要支持白卫军和芬兰政府共同进行的反布尔什维克事业。① 随着德国战败，芬兰政府与德国的特殊友谊亦戛然而止。特列波夫的计划没有实现，他转而向斯德哥尔摩的协约国代表寻求援助，但是因为他的亲德倾向被拒绝。

总而言之，1918 年年末到 1919 年春季，西北地区的白卫军组织与波罗的海地区的国际格局和地缘政治息息相关，他们的发展受到诸多外部因素的制约。诚如中央军事工业委员会主席、临时政府军事部部长古契科夫对 1918 年年末到 1919 年年初在西北地区组建白卫军的影响因素的分析，西北白卫军主要取决于以下 6 个因素。②

第一，德国占领军当局对波罗的海三国政策的影响。1918 年 2 月之后，波罗的海三国即被德国控制。第一次世界大战德国失败之后，苏维埃政府试图向柏林的新政府施压，希望它将在波罗的海地区的德国军队撤走。但是苏维埃政府的这一希望落空，因为柏林服从了《贡比涅停战协定》第十二条，仍然把军队驻扎在此地。显而易见，德国军队是阻挡布尔什维克主义向欧洲推进的利器。

第二，立陶宛、拉脱维亚、爱沙尼亚的民族主义政府的立场。它们是在德国占领军当局的控制下所建立的，现在随着德国的战败，他们将要依靠新的盟友——协约国，同时还要考虑到自己领土上的德国驻军。

第三，协约国盟国的军事、政治和外交影响力。协约国试图控制整个波罗的海地区的局势，扶持三国民族主义政府组建自己的军队，同时也希望控制德国军队的行动和白卫军的活动。

第四，在波罗的海国家中形成的俄罗斯白卫军组织和政治集团，他们将波罗的海三国看作俄罗斯不可分割的一部分。

第五，苏维埃政府的压力以及苏维埃红军推进波罗的海地区，试图

---

① ШишкинВ. А. Интервеция на северо－запате России：1917－1920 гг. Санкт－Петербург.：наука.，1995. С. 199.

② Политический архивхх века. Полковник П. Р. Бермонт－Авалов. Документы и воспоминания. Вопрос истории. 2003. No. 1. С. 7－8.

控制此地。

第六，最后一个因素是白卫军领导人的立场，特别是邓尼金、高尔察克是否认可西北地区的白卫军组织的亲德国立场，并愿意为他们提供支持。

因此，西北白卫军与南俄、西伯利亚地区的白卫军不同，其在更大程度上受到外部因素的影响。尽管如此，仍出现了数支重要的白卫军武装力量。根据俄罗斯历史学者的统计数据，到1919年2月，波罗的海沿岸国家的俄罗斯白卫军人数达到将近4万人，[1] 成为彼得格勒最重要的威胁之一。

二 尤登尼奇与第一次彼得格勒进军

Н. Н. 尤登尼奇（Юденич）将军于1862年出生在莫斯科的一个六品文官家庭。于1881年和1887年先后毕业于亚历山大军事学校和总参学院。1902年起任团长、旅长，参加过1905年的日俄战争。第一次世界大战爆发后任高加索集团军参谋长，1915年1月任高加索集团军司令，同年晋升为步兵上将。1917年3月升任高加索方面军总司令，5月退役。十月革命之后，他隐藏在彼得格勒，继续与彼得格勒总参谋部的地下军官组织进行反苏维埃活动。考虑到在彼得格勒推翻苏维埃政府已经毫无希望，1918年11月底，尤登尼奇举家迁往芬兰的赫尔辛基，希望能够以芬兰为基地，继续从事反苏维埃政权活动。[2] 11月20日，他和Н. А. 波克季洛中尉越过国界进入芬兰。

尤登尼奇抵达芬兰之后，继续从事反苏维埃活动。1918年12月初，他赴瑞典斯德哥尔摩，会晤了在此地的英法外交代表并向他们讲述了自己的反苏维埃活动。几天之后，他在给美国驻斯德哥尔摩的外交代表莫里斯的公函中，提出了一个更为详细的反布尔什维克主义的方案：以芬兰和波罗的海为基地，向苏维埃政府的首都莫斯科和重要的工业中心彼

---

[1] ГончаренкоО. Г. Тайны белого движения: побед и поражения (1918 – 1922года). М.: вече., 2004. C. 235.

[2] Цветков В. Ж. Исторические портреты. Николай Николаевич Юденич. Вопрос истории. 2002. No9. C. 37 – 42.

得格勒发起进攻。协约国应当为俄罗斯军队提供武器装备和粮食。尤登尼奇甚至还请求协约国派出5万名士兵夺取芬兰沿岸的战略据点和波罗的海诸省。同时他许诺自己会组建一支5万人的军队，希望盟国为他每月提供5000万卢布的军费，用来购买武器装备和粮食。① 但是协约国政府在1919年年初并没有派遣军队进入西北俄罗斯的计划，协约国对波罗的海地区的了解甚少。更为重要的是，协约国的工农大众历经四年的战争，感到非常疲惫，政治家们不敢冒天下之大不韪的风险，将大规模的军队派往俄罗斯与苏维埃红军作战。

尤登尼奇在了解盟国的处境之后，开始转向法国寻求帮助。1919年1月17日，他通过法国在赫尔辛基的大使给福煦元帅发了一份电报，简单描述了此前给美国的计划。他指出，"爱沙尼亚、芬兰、拉脱维亚无法为他组建志愿军提供足够的武器装备和粮食"。因而迫切希望得到法国政府的援助。在电报的末尾写道："这样一个艰难的时刻，我已经否定了先前盟国派遣军队作战的想法，但请求你们提供各类足够的军用物资，否则，我无法组建自己的军事力量。"② 但是，尤登尼奇的请求再次被否决，福煦元帅认为法国干涉的重心是在南俄地区，法国政府分身乏术。2月19日，高尔察克驻瑞典的外交代表古利克维奇在给戈洛文将军的电报中写道："两个星期之前，法国信使告诉我，法国政府没有同意尤登尼奇的方案。"③

与此同时，在芬兰的俄罗斯军官组织已经开始组建自己的武装力量。1919年1月10日，在赫尔辛基召开了俄罗斯军官会议。会议上选举了自己的委员会，并为西北白卫军的发展制定了四项规定：第一，军官和军队不应干预政治；第二，军队组建之后应当服从最高军事长官的个人意志；第三，鉴于军官的处境艰难，允许他们为外国军队服务；第四，为芬兰军队服役应该被视作为俄罗斯国家服役。④ 1月12日，海军少将B. K. 比尔金、尤登尼奇加入。尤登尼奇从当时的复杂局势出发，认为军

---

① FRUS. Russia. 1918. Vol. 2. pp. 857 – 859.
② Красный архив. 1929. Т. 6 (37). С. 73 – 74.
③ Красный архив. 1929. Т. 6 (37). С. 89.
④ ГА РФ. Ф. Р200. Оп. 1. Д. 308. Л. 38.

官团应该是未来俄罗斯军队的核心力量。

显而易见,在芬兰组建白卫军,必须要与芬兰政府打交道,要得到芬兰人的认可和支持。特别是要取得芬兰摄政和军队总司令卡尔-古斯塔夫·埃米利·曼纳林(Карл-Густав Эмилий маннергейм)的支持。曼纳林曾是俄罗斯帝国近卫重骑兵团军官,官至中将,1918年1月担任芬兰白军总司令,镇压了芬兰红军。同时代人评价他:"身上流着瑞典人的血,接受了芬兰人的教育,这位出色的雇佣军军官将自己的军人职务看成是一项手艺。他能将所有的事都做得很漂亮,即使是喝酒的时候,他也保持着清醒。"① 1918年11月11日芬兰国会推选他为芬兰摄政,处理国事。

1919年1月3日,尤登尼奇会晤芬兰军队总司令曼纳林。在会谈中,尤登尼奇提议芬兰军队与西北白卫军一起参加彼得格勒的进攻战役,曼纳林同意提供军事援助,但是作为交换,他要求尤登尼奇割让卡累利阿的东部领土和科拉半岛。然而尤登尼奇认为,他没有被赋予相应的权利,使他能在国际谈判中代表国家的利益做出相关的决定。双方的会谈不欢而散。事实上,尤登尼奇的芬兰政策受制于高尔察克提出的"统一不可分割的俄罗斯"信条。1919年2—3月,高尔察克通过伦敦和巴黎的代表转交给尤登尼奇的诸多电报中都指出不能承认芬兰独立,有关芬兰独立问题要等到未来的立宪会议或者国民会议来解决。②

此外,立宪民主党人司徒卢威和А.В.卡尔塔绍夫(Карташев)也在处理与芬兰的关系中发挥了重要作用。1919年1月14日,流亡芬兰的俄罗斯工商业活动家在赫尔辛基召开了一次代表大会,有200余人出席会议,选举出了以А.В.卡尔塔绍夫为首的俄罗斯政治委员会(Русский политический комитет)。委员会类似于尤登尼奇在芬兰的行政机构,专门处理各类行政事务。③ 委员会积极开展活动,与芬兰政府就芬兰独立问题等进行谈判,并极力提升尤登尼奇在西北地区白卫军组织和协约国的

---

① ГончаренкоО. Г. Тайны белого движения: побед и поражения (1918 – 1922года). М.: Вече., 2004. С. 227.

② Красный архив. 1929. Т. 2 (33). С. 96.; 102.

③ Красный архив. 1929. Т. 2 (33). С. 83.; ГАРФ. Ф. 446, Оп. 2, Д. 94, Лл. 2 – 2 об.

社会声望。

此后，司徒卢威被从赫尔辛基派到巴黎。赴巴黎的途中他经过英国伦敦，会晤了前驻英国大使 К. Д. 纳博科夫。2月14日，纳博科夫在给鄂木斯克政府总理沃罗格茨基的电报中详细描述了他与司徒卢威的见面情况：在芬兰存在一个得到芬兰政府正式承认的以卡尔塔绍夫为代表的俄罗斯政治委员会，它团结了许多政治组织，隶属于尤登尼奇的领导，司徒卢威同时请求盟军尽快为西北白卫军提供粮食援助。①

尤登尼奇寄居赫尔辛基期间，由于组建西北白卫军向彼得格勒进攻的构思没有得到协约国的认同，他开始转向西伯利亚的高尔察克和南俄的邓尼金寻求援助。1919年1月21日，尤登尼奇在给高尔察克的电报中，描述了自己的作战计划，他在电报中写道："由于德国的败退为我们在芬兰和波罗的海诸省创建了新的反布尔什维克战场"，只要我们能够攻陷"布尔什维克主义的发源地——莫斯科和彼得格勒"，那么形势将会有利于我们。"立宪民主党和芬兰的俄罗斯工商业者愿意为我提供财政支持。""我现在拥有的武装力量是在爱沙尼亚境内与布尔什维克作战的3000名北方军团战士以及散落在芬兰和斯堪的纳维亚的大约3000名军官和士兵。"② 同时，尤登尼奇承认高尔察克为全俄罗斯最高执政，他的军队隶属于最高执政。

在没有得到高尔察克的答复之前，他又于1月31日给南俄的邓尼金写信。他在信中再次阐释了自己的作战计划，希望能够得到邓尼金的支持，并许诺只要得到1.5亿卢布的金钱支持，创建一支军队，就可以在2个月的时间内攻下彼得格勒。此外，他还请求高尔察克在巴黎的外交代表和军事代表向协约国盟国宣传他的依托波罗的海三国和芬兰为基地，进攻彼得格勒的战略思想。③

尤登尼奇的作战构思引起了鄂木斯克政府的极大兴趣。1919年2月2日，鄂木斯克政府内阁总理沃罗格茨基在给巴黎的外交部部长沙扎诺夫的电报中，简要描述了尤登尼奇的作战计划，以及他在寻求盟国援助方

---

① Красный архив. 1929. Т. 2 (33). С. 92 – 93.
② Красный архив. 1929. Т. 2 (33). С. 89 – 90.
③ ГАРФ. Ф. 446, Оп. 2, Д. 94, Лл. 2 – 2 об.

面的困境。他建议在巴黎的俄罗斯政治会议成员就尤登尼奇组建西北白卫军进攻彼得格勒的战略计划向协约国盟友进行游说，以取得他们的理解和支持。① 同一天，高尔察克答应给尤登尼奇提供100万卢布的紧急款项，钱款将由鄂木斯克政府财政部拨付给斯德哥尔摩的军事代表转交给他。②

1919年春季，随着高尔察克在乌拉尔、伏尔加河战线取得胜利，邓尼金取得顿巴斯和北高加索战役的胜利。协约国战胜国已经在巴黎召开和会，重新建构欧洲的国际秩序，这一切都促使白卫军领导人加快战争的步伐，希望在尽可能短的时间内消灭苏维埃政权，好以战胜国的身份参加巴黎和会。③

4月2日，驻英国的俄国武官戈洛文将军在给谢尔巴切耶夫将军的电报中，强调尤登尼奇开辟彼得格勒战线具有重大意义：首先，可以减轻米列尔将军领导的北方白卫军和阿尔汉格尔斯克的压力；其次，军队组建成功的话，可以封锁彼得格勒城；再次，如果能够攻陷彼得格勒，那么将会削弱布尔什维克整个北方战线；最后，可以吸引布尔什维克在西伯利亚和南俄的野战部队，有利于邓尼金和高尔察克作战。为此，需要向尤登尼奇提供2000万法郎的财政援助，用来购买5万人的军备、粮食。④ 并声明政治会议已经向协约国盟国寻求援助，首先为尤登尼奇在爱沙尼亚境内的北方军团提供3500人的武器装备和粮食。⑤ 不言而喻，尤登尼奇的处境得到改善，三个月以来的战略构思得到了俄国军界的广泛认同。

4月23日，驻斯德哥尔摩的俄罗斯政府外交代表古利克维奇给在巴黎的沙扎诺夫的电报中，建议鄂木斯克政府采取措施，任命统一的指挥官统帅爱沙尼亚和芬兰境内的俄国武装力量，并提议军团的保障直接由

---

① Красный архив. 1929. Т. 2（33）. С. 90 – 91.
② Красный архив. 1929. Т. 2（33）. С. 91 – 92.
③ Белое движение на Северо – Западе России. Белая гвардия.（Альманах）. No. 7. М.：Посев.，2003. С. 36.
④ ГАРФ. Ф. 5936，Оп. 1，Д. 183，Лл. 1 – 5 об.
⑤ ГАРФ. Ф. 5936，Оп. 1，Д. 182，Лл. 1 – 2.

盟军负责，而不经过爱沙尼亚政府。① 5月初，爱沙尼亚境内俄罗斯委员会成员集体向高尔察克表达了他们的意见，提议由尤登尼奇担任西北白卫军总司令，开展对苏维埃红军作战，"解放"除爱沙尼亚之外更多的俄罗斯领土。②

这些建议很快得到了高尔察克的响应。5月24日，高尔察克在给尤登尼奇的电报中任命他为整个西北地区白卫军的总司令。③ 6月10日，高尔察克再次颁布了一个训令，任命尤登尼奇为西北地区所有陆海军总司令。

由于得到高尔察克、邓尼金等的认可和赞同，在法国巴黎和英国伦敦的俄国军事委员会的代表戈洛文将军、谢尔巴切耶夫将军以及政治会议的成员沙扎诺夫、纳博科夫等都对盟国政府进行积极的游说，争取协约国为西北白卫军提供物资援助。美国政府亦答应通过哥本哈根为西北白卫军提供6万吨面粉、1万吨肉、5000吨沙拉、2000吨糖等物资。④ 不仅如此，从5月2日开始，鄂木斯克政府陆续用俄国国库的黄金储备兑换了100万法郎给尤登尼奇，用来购买军备和粮食。⑤

5月，尤登尼奇做出决议，命令在爱沙尼亚境内 К. К. 捷尔任斯基上校领导的北方军团向苏维埃俄国发起进攻。从当时的军事实力出发，要攻入彼得格勒几乎不可能。⑥ 但是大部分的白卫军领袖仍认为进攻是必要的：第一，可以推动英国人为白卫军提供更多的援助；第二，吸引红军的注意力，减轻高尔察克东方战线的压力；第三，可以在彼得格勒省、普斯科夫州创建一个西北白卫军的基地，从而汲取更多的人力资源。5月

---

① ГАРФ. Ф. 6094, Оп. 1, Д. 1, Лл. 8 – 14.

② ГАРФ. Ф. 6094, Оп. 1, Д. 1, Лл. 6 – 7.

③ Шишов А. В. Юденич. Генерал суворовской школы (Досье без ретуши). М. : Вече. , 2004. С. 310.

④ FRUS. Russia. 1918. Vol. 2. P. 670 – 671. 西北白卫军不少将领的个人回忆录中都记载了军队的日常生活供应主要是来自美国的面粉、沙拉和糖。参见 Волков С. В. Белая борьба на Северо‐ЗападеРоссии. М. : Центрполиграф, 2003. С. 444。

⑤ Белое движение на Северо‐Западе России. Белая гвардия. (Альманах). No. 7. М. : Посев, 2003. С. 58.

⑥ 1919年5月，北方军团大约有5000名士兵、18门火炮和14挺机枪，军团有两个旅，其中罗将柯上校担任第二旅的指挥官。参见 Цветков В. Ж. Исторические портреты. Николай Николаевич Юденич. Вопрос истории. 2002. No. 9. С. 44。

24日，高尔察克在给尤登尼奇的电报中就特别指出发动彼得格勒战役具有特别重大的战略意义，可以减轻西伯利亚战线的压力，同时希望他"能够夺取首都，给布尔什维克以沉重打击"。①

5月13日，北方军团集中优势兵力向红军第7集团军的第6步兵师发起进攻，深夜白卫军突破了第6步兵师的防线，向扬堡进军，17日攻克扬堡。与此同时，爱沙尼亚政府军队乘西北白卫军胜利的时机，出兵攻占了普斯科夫城。红军溃败，向彼得格勒城收缩。

6月1日，北方军团第2旅的指挥官罗将柯上校替代К. К. 捷尔任斯基上校，成为北方军团的指挥官，并被晋升为少将。6月19日，罗将柯率领北方军团（Северный корпус）脱离爱沙尼亚司令部，下令将北方军团更名为北方方面军（Северная армия）。然而，由于Е. К. 米勒尔（Е. К. Миллер）将军的军队已取此名，因此，根据英国军事使团代表的建议，军队再次进行更名。7月1日，根据罗将柯的命令，军队正式更名为"西北方面军"。② 军队总人数达到1.3万—1.4万。

当北方军团向俄罗斯西北地区开展进攻之时，尤登尼奇仍在赫尔辛基与芬兰军队总司令曼纳林进行谈判，争取他领导军队与西北白卫军一起向彼得格勒进攻。6月6日，尤登尼奇和曼纳林将军再次会晤，英国使团代表高夫（Гофф）将军也参加了此次会晤，双方就进攻彼得格勒的问题展开了讨论。曼纳林同意在即将到来的芬兰总统选举之前进行一次对彼得格勒的作战，以此为获取更多选票的资本，双方签订了协议。③ 此后，尤登尼奇满怀喜悦之情向高尔察克发出电报，告诉他与芬兰人的联合已经水到渠成，进攻彼得格勒也指日可待。

然而，双方联合作战的事情并非如同尤登尼奇设想的那么顺利，一个星期之后形势就发生巨变。6月12日，曼纳林在芬兰议会中发表了与尤登尼奇、高夫将军谈话的内容，这引起了议会中芬兰民族主义者的极

---

① Красный архив. 1929. Т. 2（33）. С. 118 – 119.

② Шишов А. В. Юденич. Генерал суворовской школы（Досье без ретуши）. М. : Вече. , 2004. С. 313 – 314.

③ ГончаренкоО. Г. Тайны белого движения: побед и поражения（1918 – 1922года）. : М. вече. , 2004. С. 232.

大不满，内阁中的农业大臣、财政大臣拒绝为进攻彼得格勒提供支持。①7月20日的芬兰总统选举中，曼纳林败选给了自由主义者托尔伯格（Стольберг）。托尔伯格明确拒绝出兵彼得格勒。

尤登尼奇和比尔金将军在寻求芬兰出兵的希望破灭之后，将西北白卫军司令部从赫尔辛基迁到纳瓦尔，②并命令在立陶宛利巴瓦和里加的利文公爵领导的白卫志愿军即刻启程赴爱沙尼亚。接到命令之后，A. 利文（А. Ливен）公爵的部队便从里加和利巴瓦启程，经由海路前往纳尔瓦。公爵的部队武器精良、组织严明，抵达爱沙尼亚之后巩固了西北白卫军的战线。

6月13日，捍卫彼得格勒城的两个要塞红丘炮台和灰马炮台爆发旧军官 М. 涅克柳多夫（М. Неклюдов）领导的叛乱。红丘炮台的叛乱对彼得格勒城防造成巨大的压力，因为一旦叛乱者与西北白卫军联合起来，就可以直接用大炮轰炸喀琅施塔得港口中的波罗的海舰队，并沿港口直接进攻彼得格勒。

叛乱发生之后，列宁派出了以斯大林和捷尔任斯基为首的调查团，对彼得格勒的各种地下军官组织进行侦查。同时还派出"彼得罗巴甫洛夫斯克"号、"安德烈·别尔沃兹万"号巡洋舰向红丘炮台开炮。叛乱者由于没有得到白卫军以及英国舰队的支持，叛乱失败。

6月15日晚，涅克柳多夫携余部撤离炮台。6月16日夜间，苏维埃红军陆军进入红丘炮台。很快，灰马炮台叛乱部队也向红军投降。不少白俄侨民在自己的回忆录中分析叛乱失败的原因时，认为主要原因是英国舰队见死不救。戈夫捷尔甚至提出"英国人是要消灭波罗的海舰队，而不是要将波罗的海舰队拱手让给白军"的观点。③ 因为数个世纪以来，大不列颠王国都在尽可能削弱作为竞争对手的俄国在欧洲事务上的实力，所以恢复俄国海军昔日雄威不会被英国政府纳入自己的计划中。

红丘叛乱失败后，罗将柯领导的西北白卫军在彼得格勒战线上的情

---

① ШишкинВ. А. Интервеция на северо‑западе России：1917‑1920 гг. Санкт‑Петербург. : наука., 1995. С. 226‑227.

② Волков С. В. Белая борьба на Северо‑Западе России. М. : Центрполиграф., 2003. С. 443.

③ Архив русской революции, т. 10., 1923. С. 146.

况急转直下。一方面，苏维埃共和国革命军事委员会已经调来红军第7集团军巩固前方战线；另一方面，西北白卫军已然丧失进攻的激情，并且白卫军后方出现的困难和矛盾已经转化成为严重的危机。

第一，军用物资匮乏，从红军手上缴获的物资消耗殆尽，协约国许诺的援助也未能如约而至。英国政府答应6月给西北白卫军提供的1万人的武器装备迟至8月才到。① 一名军官在自己的回忆录中写道："军队的保障非常凄惨。没有暖汤。每日只有2普特美国白面包和半普特沙拉。"② 供给问题日益严峻。

第二，连续不断的作战使士兵疲惫不堪，士气下降，大量的军官负伤，导致军队中缺乏军官。

第三则是波罗的海沿岸反布尔什维克阵营内部爆发了一次严重的内部冲突，也对西北白卫军的前线进攻造成了不良影响。在拉脱维亚的P. 冯·捷尔·戈尔茨（Р. Фон дер Гольц）领导的德国志愿军部队在5月23日攻陷苏维埃红军占领的里加之后，继续向北朝爱沙尼亚进军。这被爱沙尼亚政府看作侵略行为，此后双方在采西斯地域发生激战。7月3日，双方接受协约国的调停停战。③ 但是这一事件的发生导致在前线与苏维埃红军作战的爱沙尼亚军队不得不从普斯科夫撤回国内。与此同时，德国军队的进攻还加深了爱沙尼亚政府对西北白卫军的不满，因为后者一直都不愿意承认爱沙尼亚独立。

6月21日，从东方战线调回来的红军第7集团军在得到波罗的海舰队的支持下，开始向西北白卫军发动反攻。白卫军不得不开始撤退。7月中旬，苏维埃红军第7集团军攻占扬堡。8月下旬，守卫普斯科夫的第二爱沙尼亚师主动从该城撤退，苏维埃红军未经战斗便夺取了城市。到8月末，双方的战线稳定下来。④ 爱沙尼亚军队守住了普斯科夫以西地区。

---

① ГАРФ. Ф. 5936, Оп. 1, Д. 370, Лл. 133 – 142.

② Волков С. В. Белая борьба на Северо – Западе России. М. : Центрполиграф. , 2003. C. 444.

③ [英] 阿兰·帕尔默著：《波罗的海史》，胡志勇译，东方出版社2013年版，第332—333页。

④ Цветков В. Ж. Исторические портреты. Николай Николаевич Юденич. Вопрос истории, 2002. No. 9. C. 46.

西北白卫军则在纳尔瓦战线上守住了卢加河畔,并且夺取了一块面积不大的俄国领土——格多夫市,将其作为继续向彼得格勒进攻的桥头堡。因此,西北白卫军的第一次彼得格勒进军并没有实现自己的战略计划,它被驱逐回爱沙尼亚,未能取得最终的胜利。

第二节 西北白卫军之失败

一 从俄罗斯政治委员会到西北白卫军政府

1918年年底,尤登尼奇抵达芬兰之后,由于他是军人出身,不谙政治,因此,他在芬兰从事反苏维埃活动时,其政治事务主要是由立宪民主党人负责。1919年1月14日在赫尔辛基组建了以立宪民主党人А. В. 卡尔塔绍夫、司徒卢威为首的俄罗斯政治委员会(Русский политический комитет,简写为РПК),专门负责尤登尼奇在芬兰的各类行政事务。尤登尼奇本人则专门负责军事事务。①

1月17日,俄罗斯政治委员会再次在芬兰赫尔辛基召开会议,接纳С. В. 伊万诺夫、Н. К. 列里赫、В. М. 巴纳诺维奇等俄罗斯西北地区著名社会人士加入。他们提出在地方建立委员会的分部,发展成员,此后达到3000余人。作为一个紧密的政治组织,委员会开始协助尤登尼奇处理与高尔察克、邓尼金之间的关系,希望能够得到后者的帮助,将俄罗斯从布尔什维克的统治下"解放"出来。② 俄罗斯政治委员会的活动,也得到了尤登尼奇的认可,成为他领导下的下属机构。在司徒卢威看来,委员会是尤登尼奇领导下的在芬兰具有政府特性的合法机构。③ 事实上,俄罗斯政治委员会仍然只是一个社会机构,它并无人民的授权,且是建立在一块宣布自己是独立主权国家的领土上。

А. В. 卡尔塔绍夫接手政治委员会之后,写信给高尔察克,强调支持尤登尼奇的重要性,并希望高尔察克把尤登尼奇看作全俄罗斯政府在西北地区的代表,为他提供财政支持,直言高尔察克可以动用帝俄的黄金

---

① Красный архив. 1929. Т. 2 (33). С. 83.
② Красный архив. 1929. Т. 2 (33). С. 92.
③ ГАРФ. Ф. 6094, Оп. 1, Д. 72, Л. 50.

储备，通过英国的银行再汇寄给尤登尼奇。① 不仅如此，俄罗斯政治委员会还在侨民中和协约国进行各种宣传，为尤登尼奇在波罗的海地区的反布尔什维克运动造势，提升他的社会威望。А. В. 卡尔塔绍夫此后写给鄂木斯克的信中坦承："尤登尼奇在巴黎和伦敦享有的社会声誉是他和司徒卢威一手创造的。"②

С. В. 伊万诺夫在加入政治委员会之后，他领导爱沙尼亚的分部，并积极倡导在波罗的海地区创建一个临时政府。1919 年 2 月 11 日，他在给高尔察克的信中分析了波罗的海地区的政治格局，提出如果没有爱沙尼亚和芬兰的支持，西北地区的白卫军很可能会失败。因此，他建议高尔察克承认爱沙尼亚自治，并且允许将西北地区的各种社会力量联合起来组建一个"执政内阁"形式的政府，进而可以合法地处理各类事务。③ 伊万诺夫的呼吁没有得到响应，高尔察克坚决反对在西北地区组建政府，他担心这个政府会重蹈乌克兰的覆辙。伊万诺夫的提议也遭到了在爱沙尼亚的北方军团参谋部的批评，因为这会恶化与爱沙尼亚政府的关系，而且会导致爱沙尼亚人对俄罗斯人的不信任。④ 因而，伊万诺夫组建政府的设想不了了之。

5 月，随着西北白卫军向苏维埃政府发动进攻，在攻占了扬堡和格多夫等地域之后，组建行政管理机构已是亟须完成的任务。5 月 22 日，驻瑞典斯德哥尔摩的外交代表古利克维奇给在巴黎的沙扎诺夫的电报中，传递了俄罗斯政治委员会的集体意见：第一，建议尤登尼奇迅速担任西北白卫军总司令，把军事权力抓在自己手中，开展对苏维埃红军作战，攻占除爱沙尼亚之外更多的俄国领土。总司令应该向全俄罗斯居民发表一份宣言书，阐明白卫军的奋斗目标。第二，组建总司令下辖的行政事务委员会，来管理所有的非军事事务，例如财政、经济、工商业、法律、农业以及外交事宜等。委员会的成员可以从爱沙尼亚和俄罗斯其他地区选任。第三，任命一个在俄国军界和政界有威望的军人担任总司令的助

---

① Цветков В. Ж. Исторические портреты. Николай Николаевич Юденич. Вопрос истории. , 2002. No. 9. С. 42.

② Пролетарская революция. 1921. №1. С. 143.

③ Горн В. Гражданская война на северо－западе России. Берлин. , 1923. С. 41.

④ Горн В. Гражданская война на северо－западе России. Берлин. , 1923. С. 45.

手，迅速组建隶属于最高总司令的大本营。① 此外，这封电报还请求高尔察克允许新的行政委员会处理与芬兰、爱沙尼亚政府之间的关系。

在没有得到高尔察克的回电之前，尤登尼奇决心改组俄罗斯政治委员会，创建一个类似于高尔察克下辖的部长会议的行政机构。5月24日，尤登尼奇从俄罗斯政治委员会中挑选5人组成"政治议会"（Политическое совещание）。议会主席为尤登尼奇，А. В. 卡尔塔绍夫担任副主席，负责外交事务，库兹明·卡拉瓦耶夫（Кузьмин - Караваев）负责法律和宣传事务，康德列夫（Кондырев）将军担任尤登尼奇司令部的参谋长，苏沃洛夫（Суворов）将军负责内务部，利奥诺佐夫（Лианозов）负责工商业。政治议会的主要职责体现在以下两个方面：其一，作为一个代表政府的机构与爱沙尼亚、芬兰等波罗的海国家进行谈判，以取得它们对白卫军反布尔什维克主义事业的支持。其二，履行作为西北地区临时政府的职责。②

尤登尼奇创建政治议会的活动引起了高尔察克的不快。他在6月14日的电报中，宣布任命尤登尼奇为西北地区所有陆海军总司令，按照《战时军队管理条例》的规定享有相应的权利和义务。另外作为补偿，他要求尤登尼奇废除任何具有政府目的的组织。此后尤登尼奇在代表个人和政治会议的感谢电报中，向最高执政保证，他一定会严格遵循全俄最高政权的命令，声明"高尔察克的俄罗斯政府是全俄政府，承认他的全俄执政地位"。③ 除此之外，政治议会也没有得到北方军团司令罗将柯将军的认同，因为此时他正领军向扬堡的红军发起进攻，他对尤登尼奇没有邀请自己加入政治议会而耿耿于怀。他在自己的回忆录中写道："尤登尼奇极力避免与我进行政治观点的交流。"④

政治议会创建之后，开始积极地与芬兰政府进行谈判，谈判的重点依旧是请求芬兰政府为其反布尔什维克主义事业提供军事援助。但是芬

---

① ГАРФ. Ф. 6094, Оп. 1, Д. 1, Лл. 6 - 7.

② Пролетарская революция. 1921. No. 1. с. 143.; Цветков В. Ж. Исторические портреты. Николай Николаевич Юденич. Вопрос истории.，2002. No. 9. С. 46.

③ Архив русской революции, т. 1, 1921. С. 301.

④ Волков С. В. Белая борьба на Северо - Западе России. М.: Центрполиграф.，2003. С. 256.

兰国内已经出现了严重的反俄罗斯情绪，芬兰人不愿意干预俄国事务，谈判最终失败。[①] 政治议会的成员随同尤登尼奇一同迁往爱沙尼亚的纳瓦尔。

抵达纳瓦尔之后，政治议会内部很快就爆发冲突。首先是在承认爱沙尼亚独立问题上争吵不断。自1917年二月革命以来，爱沙尼亚的民族主义者就一直追求建立独立的民族国家。1918年11月19日，爱沙尼亚宣布独立。但是爱沙尼亚独立没有得到白卫军领导人的认可，特别是高尔察克，他一直信奉"统一不可分割的俄罗斯"信条，不承认爱沙尼亚独立。迫于高尔察克的压力，尤登尼奇亦不敢在此问题上造次。而政治议会的成员 А. В. 卡尔塔绍夫从现实主义的角度出发，主张承认爱沙尼亚独立，求得它的支持。[②] 其次，政治议会与俄罗斯政治委员会其他成员因为政治倾向和野心开始相互倾轧。孟什维克党人 В. 戈恩（Горн）、右翼社会革命党人 С. 巴什基洛夫（Башкиров）等一直不满意尤登尼奇的"军事专政"，认为他消除了政权中的"社会性"。戈恩在自己的回忆录中写道："到1919年7月底，专政者已经在为政治上的反改革做准备"，[③] 他希望建立一个有广泛的社会势力参与的联合民主政府。此后，戈恩的想法也得到了普斯科夫的立宪民主党人 Н. С. 马古莱斯（Маргулиес）的赞同，他们密谋于8月中旬在有地方自治局、合作社各界人士参加的会议上组建一个新的委员会，限制尤登尼奇的军权。[④] 第三个方面则是与爱沙尼亚政府的冲突。爱沙尼亚政府一直要求政治议会承认它的独立。在1919年6月双方的谈判中，爱沙尼亚总理施特兰德曼（Штрандман）就直言，他支持白卫军是"为使爱沙尼亚主权实现独立"。[⑤] 8月，随着白卫军丢失扬堡和普斯科夫，其处境更为艰难，爱沙尼亚更是火上浇油，要求政治议会和尤登尼奇承认它独立，否则不再为白卫军提供任何支持，

---

① ГАРФ. Ф. 6094, Оп. 1, Д. 1, Лл. 8 – 14.

② Кирдецов Г. Уворот Петроград (1919 – 1920гг.). Берлин., 1921. С. 211 – 213.

③ Горн В. Гражданская война на северо – западе России. Берлин, 1923. С. 80.

④ Маргулиес М. С Год интервенции. Кн. вторая (апрель – сентябрь 1919г.). Берлин, 1923. С. 192.

⑤ Образование Северо – Западного правительства. Обяснение Политическое совещание при Главнокомандующем Северо – Западного фронта. Гельсингрфорсь, 1920. С. 11.

双方的士兵经常出现兵戎相见的情景。

　　与此同时，英国以高夫将军、马士将军为首的军事使团也抵达爱沙尼亚，他们的目的是协助爱沙尼亚、芬兰等缓冲国建立"防疫地带"，避免布尔什维克主义向西欧传播，同时协助尤登尼奇向彼得格勒开展进攻。他们积极干预西北白卫军内部的政治事务，认为自己才是真正"发号施令的指挥者。"① 高夫和马士赞同建立一个民主政府，这样一来不仅可以与爱沙尼亚签订承认它独立的和约，获得爱沙尼亚政府和人民的支持，而且可以改善因前线失败而导致后方溃败的局面。② 高夫的观点在某种程度上符合当时西北白卫军的军事战略状况。8月之后，它不断后撤，需要爱沙尼亚和协约国盟军提供更多的支持，③ 否则，西北白卫军要取得战争的胜利就如同空中楼阁。

　　但是，尤登尼奇无意组建一个民主政府，他认为自己的主要目的是集中所有的手段击败布尔什维克，刻意回避组建政府的问题，对爱沙尼亚境内反布尔什维克势力的党派之争深感厌倦。他深信，只要占领彼得格勒，就能平息后方的政见之争。8月3日，他发表了一封"向西北战线上俄罗斯居民的呼吁书"，强调自己是高尔察克的忠实信徒，"不会回到旧制度"，"我们的首要任务是清除布尔什维克，再由全俄立宪会议来创建人民政权"，④ 对至关重要的民族问题、土地问题则使用模棱两可的词汇，态度不明。

　　毫无疑问，尤登尼奇的呼吁书只是对高尔察克、邓尼金政治宣言的老调重弹。它导致那些要求建立民主政府人士的不满。戈恩将这封呼吁书看作"部分地遮掩了"公民管理中明目张胆的黑帮的反动活动。⑤ 不仅如此，它还招致了英国军事使团高夫的批评。第二天，高夫在给尤登尼

---

① Архив русской революции, т. 1, 1921. С. 296.

② Образование Северо‐Западного правительства. Обяснение Политическое совещание при Главнокомандующем Северо‐Западного фронта. Гельсингрфорс, 1920. С. 4.

③ Брюггеманн К. Эстония и Петроградский фронт гражданской войны в 1918‐1920. Вопросы истории, No. 5. 2007. С. 26.

④ Образование Северо‐Западного правительства. Обяснение Политическое совещание при Главнокомандующем Северо‐Западного фронта. Гельсингрфорс, 1920. С. 44‐46.；Архив русской революции. Т. 1., 1921. С. 304‐305.

⑤ Горн В. Гражданская война на северо‐западе России. Берлин., 1923. С. 82.

奇的书信中，建议他实施民主政治，"放弃统一不可分割的俄罗斯"原则。高夫在信中还威胁尤登尼奇，如果不听从他的建议，那么之前预计为西北白卫军提供的物资将会转运到别的战线上。尤登尼奇大怒，评价这封信体现了"英国人的无耻"。①

尤登尼奇的不满已经不起任何作用。高夫的副手马士已经与西北方面军的罗将柯达成协议，同意建立西北白卫军政府，处理相关的政治事务，特别是与爱沙尼亚的关系。8月9日，他在与马古莱斯的谈话中，就已经制定好了一个组建政府的名单，并急电政治议会的成员赴雷瓦尔参加由英国主持的三方会议。② 第二天，政治议会的成员 А. В. 卡尔塔绍夫、库兹明·卡拉瓦耶夫、苏沃洛夫将军、利奥诺佐夫从纳尔瓦抵达雷瓦尔，而尤登尼奇此时在前线视察。

8月11日，当政治议会成员以及 Б. П. 诺尔科夫（Ноляков）走进英国驻爱沙尼亚大使馆参加协商会议时，发现马士、英国使团官员、美国使团代表以及法国使团代表已经到场。此时，英国使馆中的俄国代表有 К. А. 克鲁森施特恩（Крузенштерн）、К. А. 亚历山大罗夫（Александров）、М. С. 马古莱斯（Маргулиес）、М. М. 菲利宾奥（Филиппео）、С. Г. 里奥诺佐夫（Лианозов）等人。除了上述人员以外，使馆大厅中还有美国《时代报》通讯员波洛克（Поллок）和西北集团军外联部秘书巴尔希（Барщ）大尉。

马士告知受邀人员当前状况危机重重、不容乐观，"需要组建民主政府"，"承认爱沙尼亚独立"来重振西北白卫军战线，与苏维埃红军继续在彼得格勒战斗；承认尤登尼奇为俄国西北白卫军总司令，并且赋予他与爱沙尼亚军队司令部就反苏维埃联合军事行动进行谈判的权利；同时，他警告与会的俄国代表，当天就需要组建好新政府并且与爱沙尼亚政府签订协议，否则协约国盟国将不会再向西北白卫军提供任何援助。他逐

---

① Архив русской революции. т. 1., 1921. С. 306 – 308. Горн В. Гражданская война на северо – западе России. Берлин, 1923. С. 100 – 101.

② Маргулиес М. С. Год интервенции. Т. 2.（апрель – сентябрь1919г.）. Берлин., 1923. С. 201 – 202.

字逐句地说道:"我们将会弃你们于不顾。"①

参会人员询问马士,他是否清楚尤登尼奇的要求。马士斩钉截铁地回答道,他并不在意尤登尼奇的意见,但是尤登尼奇别无他选,要么向当前形势低头妥协,要么就一走了之,即使他真的一走了之,英国代表也"准备好了"新任总司令的人选。②最后,马士把自己早已拟定好的组建新的西北白卫政府以及将要与爱沙尼亚签订的协议声明一同交给 М. Г. 苏沃洛夫,并且与英国、法国及美国使团代表于晚上 6 点 20 分一同离开,言明 7 点回来听取他们的答复。③经过一番讨论之后,政治议会成员中有 3 人拒绝签字。最后签字的责任落在新政府的内阁总理 С. Г. 里奥诺佐夫、马古莱斯、亚历山大罗夫、菲利别奥(Филиппео)等部长身上。声明的签署标志着西北白卫军政府的成立。

8 月 11 日上午 11 点,М. Г. 苏沃洛夫将军与在纳尔瓦的尤登尼奇进行电报交谈。向马士郑重重申:他是军队的领袖,因此,在他缺席的情况下,任何人都无权通过组建新政府和承认爱沙尼亚独立的决议。8 月 13 日午夜 1 点,尤登尼奇抵达雷瓦尔。晨间,他同里奥诺佐夫进行会谈,随后一同前去会晤马士。马士要求尤登尼奇承认西北政府,并且出任军事部长一职,同时保留其总司令的头衔,尤登尼奇不得不服从其要求。

西北白卫军政府的组建引起了俄国社会舆论的震惊。高尔察克、邓尼金以及远在巴黎的沙扎诺夫等人格外警惕这一事件。8 月 17 日,外交部部长 С. Д. 沙扎诺夫发声谴责。他写道:"西北政府的成立不符合鄂木斯克政府所追求的统一国家管理机构的目标,并且只有它所任命的官员才有资格同外国进行谈判。与爱沙尼亚只能签订涉及军事问题的协议。"④在英国伦敦的 Д. 纳博科夫(Набоков)给鄂木斯克政府的电报中也声

---

① Образование Северо - Западного правительства. Обяснение Политическое совещание при Главнокомандующем Северо - Западного фронта. Гельсингрфорсь, 1920. С. 4 - 5.

② ГончаренкоО. Г. Тайны белого движения: побед и поражения (1918 - 1922года).: М. вече, 2004. С. 251.

③ Образование Северо - Западного правительства. Обяснение Политическое совещание при Главнокомандующем Северо - Западного фронта. Гельсингрфорсь, 1920. С. 5.;Маргулиес М. С Год интервенции. Кн. вторая (апрель - сентябрь 1919г.). Берлин, 1923. С. 202 - 206.;Архив русской революции, т. 1, 1921. С. 302 - 303.

④ ГАРФ. Ф. 200, Оп. 1, Д. 308, л. 60.

称："毫无例外地，新政府会招致各界人们的愤慨或是嘲笑。"① 此后西北政府内阁总理里奥诺佐夫发给鄂木斯克的电报都被弃如敝屣。

8月24日，在经过两个星期左右的协商之后，确定了西北白卫军政府的组成人员：尤登尼奇政治议会的成员 С. Г. 里奥诺佐夫担任内阁总理，立宪民主党人 К. А. 亚历山大罗夫担任内务部部长，Н. Н. 尤登尼奇担任陆军部长，海军少将 В. К. 比尔金担任海军部长，立宪民主党人 К. И. 柯德林担任司法部部长，原中央军事工业委员会主席 М. С. 马古莱斯担任工商部部长。根据统计，西北白卫军政府的构成人员中，有3名社会党人、3名立宪民主党人、2名无党派人士、2名军人、1名激进派分子。除此之外，还表现出强烈的地域特征：5人来自普斯科夫，5人来自彼得格勒，余下的则来自格多夫、扬堡。② 总而言之，西北白卫军政府与其他地区的白卫军政府一样，都表现出了强烈的地域色彩。

当天，政府亦发表了一份宣言，阐明其行动纲领，内容如下：第一，坚决与布尔什维克和所有企图恢复旧体制的人进行斗争。第二，所有俄罗斯国家公民，不论民族和宗教，在法律面前人人平等。第三，俄罗斯解放之后，所有公民享有宗教信仰、言论、出版、结社自由。第四，全俄罗斯政府应当是一个全民的政权。为此，应当将我们的祖国尽快从布尔什维克的"暴政"之下解放出来，通过普遍、直接、平等和秘密投票选举原则召开新的立宪会议。第五，俄罗斯领土上的其他民族，应当加入统一的俄罗斯国家，它们可以自由选择自己的政府模式——自治或是联邦制。第六，土地问题的解决应当依据立宪会议之后的国家意志来决定，在没有最后解决土地问题之前，未经政府的特别许可，禁止私人间的土地出售和交换。第七，实行8小时工作制，国家监督生产和保护所有的工人。③

事实上，这份宣言与南俄1917年12月的《科尔尼洛夫将军宣言》以及高尔察克的《全俄政府宣言》并没有太大的差异，都将俄国社会中

---

① ГАРФ. Ф. 200, Оп. 1, Д. 248, л. 11 об.

② ШишкинВ. А. Интервеция на северо – запате России：1917 – 1920. Санкт – Петербург.：наука.，1995. С. 335 – 336.

③ Заря России. №. 19. 21（8）августа 1919 г.

亟须解决的土地问题、国家政体问题等推到未来的立宪会议解决，仍然继承的是"预先不确立原则"。

此后，政府存在的四个多月时间中，部长会议共召开了55次会议，讨论了381个议题，但绝大多数的议题是一纸空文，无法落实。政府内部部门太多，深陷人事纠纷和各种阴谋。更为致命的是，政府与尤登尼奇结怨太深，双方无法开展合作，最后在12月3日分道扬镳，这也是造成尤登尼奇第二次彼得格勒进攻失败的重要原因。

二 第二次彼得格勒进军与西北白卫军的失败

西北白卫军政府组建之后，尤登尼奇对内阁成员并无好感，也极少出席政府会议，专心于军事。他希望在冬季到来之前再发动一次对彼得格勒的进攻战役，以摆脱西北白卫军的不利局面。8月24日，尤登尼奇发布动员令，对白卫军控制的格多夫县、扬堡县1874—1900年出生的农民进行动员。根据统计数据，到9月13日，共动员8900人。[①] 此后，随着大量来自波罗的海三国和斯堪的纳维亚半岛的志愿者加入西北白卫军，其人数也有所增长。根据10月3日的统计数据，西北白卫军已经有2个军团、6个步兵师和2个骑兵团，总计1.5万余人，但此时与之对抗的苏维埃红军第7集团军有2.4万人。[②] 因此，部分军官根据尤登尼奇5月提出的作战计划，即需要5万人的部队才能攻陷并守住彼得格勒城，反对进攻。但是尤登尼奇和罗将柯将军决心冒险发动攻势，希望能够快速攻入彼得格勒，不仅给布尔什维克以毁灭性打击，而且可以与南俄邓尼金形成竞争之势，为以后在组建新政府时争夺一席之地。[③] 除此之外，尤登尼奇还有以下战略考量。

第一，苏维埃政府发表声明，愿意与爱沙尼亚政府进行和谈。如果双方之间签订和平协议，西北白卫军就会失去爱沙尼亚政府的支持，不

---

① Шишкин В. А. Интервеция на северо-запате России：1917-1920 гг. Санкт-Петербург.：наука.，1995. С. 341.

② Шишкин В. А. Интервеция на северо-запате России：1917-1920 гг. Санкт-Петербург.：наука.，1995. С. 342.

③ Волков С. В. Белая борьба на Северо-Западе России. М.：Центрполиграф.，2003. С. 284.

仅不能够督促其军队与之作战,还会失去使用其铁路、港口的权利。西北白卫军很快就会变成"无家可归"的军队。① 因此,发动对彼得格勒战役可以破坏爱沙尼亚和苏维埃政府之间的和谈。

第二,必须在冬季到来之前夺取彼得格勒,否则军队有可能会在来年春天解体。西北白卫军的大部分士兵是志愿者,他们思念自己的亲人,希望能够在冬季之前"解放"彼得格勒。更为严重的是,军队的物资供应也熬不过冬季,一旦缺衣少食,军心溃散,军队就会解体。②

第三,盟国对于白卫军的政策产生分歧。特别是西北白卫军的主要援助者英国,因其首相劳合·乔治与陆军部部长丘吉尔对待俄国政策方面歧见甚深。劳合·乔治迫于英国社会舆论的压力以及选举的需要,他希望英国从俄国事务中摆脱出来,并认为尤登尼奇根本不可能夺取彼得格勒,他"只是一个鲁莽的军人……俄国人不要他来解放"。③ 另外迫于工人运动的压力,英国舰队会在冬季到来之前撤离波罗的海。④ 陆军部部长丘吉尔虽然愿意为西北白卫军提供一定的军事援助,但是在内阁和社会舆论中,面临越来越大的压力。因此,尤登尼奇需要一场军事胜利来获得协约国盟军的继续援助。

第四,苏维埃政府削弱了红军在彼得格勒地区的防线,只有第7集团军在扬堡到楚德湖一线进行防御,防御正面宽达250千米,此地四处都是湖泊,红军调转不便,有利于白卫军进攻。

因此,1919 年秋季不仅是西北白卫军的转折时刻,而且也是所有白卫军战线的历史性转折时刻。一方面,随着邓尼金发布向"莫斯科进军命令",南俄白卫军向俄欧中央地区突进,围攻图拉,获胜在望;另一方面,白卫军的战线并不牢固,缺乏稳定的后方,一旦战局翻转,他们就

---

① Октябреское наступнение на петроград и причины неудачи похода: Записки белогоофицера. Финлян. , 1920. C. 8.; Волков С. В. Белая борьба на Северо – Западе России. М.: Центрполиграф. , 2003. C. 279.

② Октябреское наступнение на петроград и причины неудачи похода: Записки белогоофицера. Финлян. , 1920. C. 8.

③ Цветков В. Ж. Исторические портреты. Николай Николаевич Юденич. Вопрос истории. , 2002. No. 9. C. 50.

④ Белое движение на Северо – Западе России. Белая гвардия. (Альманах). No. 7. M.: Посев. , 2003. C. 43.; ГАРФ. Ф. 6094, Оп. 1, Д. 123, Лл. 35 – 38.

会完全失败。这种内在的焦虑和矛盾心态也折磨着白卫军领导人，他们希望能够尽快击败苏维埃红军。高尔察克在 8 月 28 日给尤登尼奇的电报中，就流露了这种心态，他写道："阁下务必要竭尽全力、迅速结束在彼得格勒地区同布尔什维克主义的斗争。"并且，随后在电报中又再次强调，"海军上将高尔察克一如既往地把尤登尼奇视为俄国地方政权的最高统治者"，[1] 以此督促其尽快展开对彼得格勒的进攻战役。

与此同时，英国政府亦催促尤登尼奇在秋季发动攻势，并且许诺英国在波罗的海的舰队将会向红丘炮台和喀琅施塔得发动进攻。驻波罗的海的英国军事使团成员马士也积极地为之奔走，希望能够组建波罗的海地区共同的反布尔什维克战线。8 月 26 日，马士在里加召开由西北白卫军政府、爱沙尼亚政府、拉脱维亚政府、立陶宛政府、波兰政府代表以及白卫军西方志愿军 П. Р. 贝尔蒙特—阿瓦洛夫（Бермонт - Авалов）公爵[2]参加的联席军事会议。会议旨在联合波罗的海地区所有反布尔什维克势力结成统一战线，向彼得格勒发起进攻。但与会者矛盾重重，立陶宛和拉脱维亚已经在与苏维埃政府进行和谈，他们不愿意出兵进攻彼得格勒，阿瓦洛夫则有自己的作战计划，他希望向德文斯克方向进攻，不愿意听尤登尼奇的调遣。爱沙尼亚人则心怀鬼胎，认为如果西北白卫军战败，他们就可以与苏维埃政府签订和平协议。事实上，爱沙尼亚政府一直担心一旦尤登尼奇赢得战争的胜利，"会宣布爱沙尼亚是俄罗斯不可分割的一部分，进而起来反对雷瓦尔"。[3] 因此，爱沙尼亚政府不会为西北白卫军提供无私的援助，他们应诺参战，也只是为捞取协约国盟军从外交上认可它独立的资本。

秋季向彼得格勒进军已无异议，但在主攻方向上尤登尼奇与罗将柯将军产生分歧。以罗将柯为首的大部分前线军官主张先攻占普斯科夫，

---

① Архив русской революции. Т. 1.，1921. С. 301.

② П. Р. 贝尔蒙特—阿瓦洛夫（Бермонт - Авалов）：1877 年出生于格鲁吉亚的第比利斯，此后参加日俄战争和第一次世界大战；国内战争时期，担任波罗的海地区白卫军西方志愿军领导人，由于他是亲德分子，遭到高尔察克、邓尼金的敌视；1919 年 10 月，尤登尼奇的第二次彼得格勒进军中，他拒绝加入；后流亡国外，1974 年死于美国纽约。

③ Авалов П. М. В борьбе с большевизмом. Глюкштадт，Гамбург.，1925. С. 173 - 174.；Брюггеманн К. Эстония и Петроградский фронт гражданской войны в 1918 - 1920. Вопросы истории，No. 5.，2007. С. 28.

再以此地为基地,将军队沿普斯科夫—卢加—彼得格勒铁路线开展进攻,或者沿普斯科夫—卢加—诺夫哥罗德方向进军。这条进攻线路一方面可以巩固后方,并且动员农民加入军队,而且还可以创立新的地方行政机构;另一方面,攻占普斯科夫之后,可以根据战况向彼得格勒和诺夫哥罗德开展攻击。虽然向彼得格勒推进的速度会很慢,但成功的概率极大。因为夺取普斯科夫城之后,可以切断俄欧中央地区与东南地区以及南部地区的交通联系,从而可以为从纳尔瓦方向进攻彼得格勒的军队提供侧翼保护。①

显而易见,这个战略规划是第一次彼得格勒进军的翻版。鉴于第一次进攻彼得格勒的失败,尤登尼奇等参加过第一次世界大战的将军们反对这一战略规划。他们主张按照最短线路进攻,即:纳尔瓦(Нарва)—扬堡(Ямбург)—加特契纳(Гатчина)—彼得格勒。尤登尼奇认为,国内战争的战略特性与第一次世界大战不同,"国内战争中最重要的战略就是快速突击与进攻",不需要巩固后方和保障侧翼,只要从心理方面打垮苏维埃红军部队,就可以夺取"革命的摇篮"彼得格勒。②

此外,尤登尼奇还认为军队刚刚得到了英国人5月签订的军事合同提供的装备,士兵和军官的武器装备胜过苏维埃红军第7集团军,军队士气高涨。大部分士兵相信,他们的进攻会取得胜利,会"解放"祖国的北方首都。士兵们在谈论"彼得格勒"这个名字时,都深受鼓舞。同时,大量有关邓尼金围攻图拉的消息和高尔察克取得托波尔战役胜利的官方消息也刺激士兵们跃跃欲试,希望一举攻破彼得格勒。③

当然,尤登尼奇并没有完全拒绝罗将柯的战役计划,他决定派出一个师的兵力向普斯科夫进攻,给红军总参谋部造成假象,以为白卫军的主要进攻方向是普斯科夫,而主力部队的进攻方向仍然是扬堡—加特契纳—彼得格勒。9月28日,尤登尼奇发布指令,命令西北方面军向苏维

---

① Цветков В. Ж. Исторические портреты. Николай Николаевич Юденич. Вопрос истории. 2002. No. 9. C. 51.

② Октябреское наступление на петроград и причины неудачи похода: Записки белогоофицера. Финлян., 1920. C. 13 – 14.

③ Шишов А. В. Юденич. Генерал суворовской школы (Досье без ретуши). М.: Вече., 2004. C. 349 – 350.

埃红军发起全面进攻。德尔戈鲁科夫（Долгоруков）将军领导的第 4 师于当天在 3 辆坦克的支持下沿瓦尔沙夫斯基铁路线向普斯科夫—卢加发起进攻。10 月 4 日夺取了位于普斯科夫和彼得格勒之间的斯特卢基车站，切断了这两地之间的联系。① 这一战略奏效，红军第 7 集团军指挥官以为白卫军的主攻方向是普斯科夫，调兵防守。

10 月 11 日，西北白卫军第 1 集团军冲破红军第 7 集团军的防线、占领扬堡后，随后沿扬堡—加特契纳铁路线迅速推进。10 月 15 日，攻占卢加（Луга）、普柳萨（Плюсса）、谢列布良格（Серебрянка）等铁路车站，10 月 16 日占领红村（Красное Село），10 月 17 日占领加特契纳。西北白卫军乘胜追击红军撤退部队，每昼夜的行军速度达到 30—40 千米。② 然而，白卫军的行动并非完全一帆风顺。第 3 步兵师指挥官 Д. Р. 维特令科（Ветренко）没有执行尤登尼奇的命令。他并没有依照指令攻占托斯诺火车站，切断尼古拉耶夫斯克铁路线，而是率领部队朝巴普洛夫斯克加速前进，为红军从其他战线调入部队防守彼得格勒提供了交通上的便利。

10 月 18 日，尤登尼奇对第 1 集团军下达了向彼得格勒发起进攻的命令。10 月 19 日，白卫军第 1 集团军第 5 师占领了立古沃村（Лигово）。10 月 20 日傍晚，红军第 6 步兵师向普尔科沃高地战线撤退，师参谋部则迁往波罗的海火车站。普尔科沃高地是向彼得格勒进军的最后一道战略边界，被喻为彼得格勒的门户。一旦夺取该高地，就可以用大炮直接向南方的彼得格勒城市进行轰炸。西北白卫军领导人相信，再过 1—2 天就可以夺取彼得格勒。罗将柯将军狂妄声称，"他明天就可以在涅夫斯基大街上散步"。甚至连罗将柯将军的政治对手 М. С. 马古莱斯也在自己的日记中写道："我们现在夺取了立古沃和普尔科沃，现在离彼得格勒只有 15 俄里。或许，我们明天就可以进入。"③ 另外，当时不少士兵和下级军官

---

① КакуринН. Е. Гражданская война 1918 – 1921. Санкт – Петербург.：ПОЛИГОН.，2002. С. 187.

② КакуринН. Е. Гражданская война 1918 – 1921. Санкт – Петербург.：ПОЛИГОН.，2002. С. 187.；Азовцев Н. Н. Гражданская война в СССР（Т2.）. М.，1986. С. 220 – 221.

③ Цветков В. Ж. Исторические портреты. Николай Николаевич Юденич. Вопрос истории，2002. No. 9. С. 52 – 53.

的日记中都有类似的言辞，表达了胜利在望的情绪。

西北白卫军在彼得格勒的军事速胜消息传遍世界。芬兰的电台甚至提前报道了西北白卫军占领彼得格勒的消息，以至于在赫尔辛基的各国大使都正式向本国政府报告了这一信息。南俄白卫军地区的媒体为了鼓励志愿军在图拉和沃罗涅日的作战，甚至在报纸上公开写道："尤登尼奇的志愿军已经'解放'彼得格勒"，任命了新的省长。①

为了拯救"革命的摇篮"彼得格勒，俄共中央政治局于10月15日通过了托洛茨基关于前线形势的决议案，"鉴于存在巨大的军事危险，必须把苏维埃俄罗斯真正变成一座军营"，为此动员共产党员、苏维埃工作人员、工会工作人员逐一进行登记，并根据他们适合何种军事工作对他们进行分类。不能放弃彼得格勒，从白海战线调出最大数量的兵力来防守。② 第二天，列宁就彼得格勒战事致信托洛茨基，要求"保卫彼得格勒寸土不让，进行巷战，直到流尽最后一滴血"。③

10月18日，列宁在分析了当时全国各条战线的情况之后，在给托洛茨基的信中再次指出，只要"加速消灭尤登尼奇，我们就有希望获得全胜"。④ 4天之后，列宁在给托洛茨基的电报中，再三要求他动员彼得格勒的城市工人守城。此后大量来自维特卡、卡斯特罗马、斯摩棱斯克、莫斯科的军校学员、工人和共产党员被动员起来，进入彼得格勒与西北白卫军作战。

不仅如此，为了对尤登尼奇领导的西北白卫军开展反攻，苏维埃红军总司令С. С. 加米涅夫及参谋长П. П. 列别杰夫组建了由原总参谋部上校哈尔拉莫夫领导的突击集群。突击集群由图拉的第3旅、第21步兵师

---

① ［苏联］列·托洛茨基：《我的生活——托洛茨基自传》，东方出版社2005年版，第484页。

Цветков В. Ж. Исторические портреты. Николай Николаевич Юденич. Вопрос истории, 2002. No. 9. C. 53.

② 沈志华主编：《苏联历史档案选编》第3卷，社会科学文献出版社2002年版，第406—407页；［苏联］列·托洛茨基：《我的生活——托洛茨基自传》，东方出版社2005年版，第482页。

③ 沈志华主编：《苏联历史档案选编》第3卷，社会科学文献出版社2002年版，第409页。

④ 《列宁全集》第49卷，人民出版社1988年版，第116页。

以及莫斯科的红军步兵学员师组成。为了增强突击集群的实力，继而又向其派遣了莫斯科契卡的2支队伍，以及从东方战线和北方战线调回来的第8、第162和第479步兵团。突击集群拥有25200名步兵和800名骑兵，人数远远超过帕连公爵指挥的向彼得格勒城郊推进的西北白卫军第1集团军人数。① 另外，在原总参谋部中校柳比莫夫领导下的苏维埃红军第6步兵师，在彼得戈夫区红水兵的援助下，从侧翼和后方向利文公爵的白卫军第5师突进。原总参谋部少校С. И. 奥金佐夫领导的红军第2步兵师、彼得格勒步兵学校红军学员师则捍卫普尔科夫高地。到10月下旬，红军第7集团军的总人数达到4万人，是参与战役的西北白卫军人数的5倍。② 革命军事委员会主席托洛茨基亦亲自乘坐"列宁号"装甲列车上前线督战。

10月21日，红军第7集团军在新任集团军司令 Д. Н. 纳杰日内（Надежный）的指挥下，经过5天的准备，向停驻在彼得格勒附近的立古沃—红村—儿童村—科尔皮诺战线上的白卫军发起反攻。经过2昼夜鏖战之后，红军第7集团军成功地收复了儿童村和巴甫洛夫斯克等失地。③ 10月24日，红军第15集团军发动了进攻，从侧翼包抄西北白卫军。在此情况下，白卫军部队存在被截断退路的危险。战斗双方都顽强不屈，为某些据点来回争夺。尤登尼奇竭尽全力阻止红军第7集团军的反攻。当天他写信请求 Е. Г. 米勒尔将军领导的在阿尔汉格尔斯克的北方白卫军转入西北方向作战，以支持西北白卫军。但是，北方白卫军从1919年8月29日开始进行的积极运动并没有取得尤登尼奇所预想的显著成果。④

尤登尼奇的战略规划失败，西北白卫军已然如同强弩之末。经过三

---

① Азовцев Н. Н. Гражданская война в СССР（Т2.）. Институт Военной Истории Министерства Обороны СССР., 1986. С. 221-222.；沈志华主编：《苏联历史档案选编》第3卷，社会科学文献出版社2002年版，第415页。

② Рутыч Н. Н. Белый фронт генерала Юденича：Биографии чинов Северо-Западной армии. М.：Русский. Путь., 2002. С. 92.

③ Гражданская война в СССР. М., 1986. Т. 2. С. 222.；Рутыч Н. Н. Белый фронт генерала Юденича：Биографии чинов Северо-Западной армии. М.：Русский путь., 2002. С. 89.

④ ГАРФ. Ф. 17, Оп. 1, Д. 49, Л. 134-136.

个星期的血腥战斗，西北白卫军人数减半，仅余 8000 名步兵。① 11 月 3 日，尤登尼奇为了保存西北白卫军的实力，做出决定，主动放弃加特契纳，直接撤退以甩开红军主力。在放弃加特契纳后，西北集团军撤退到了扬堡和格多夫（Гдов）等地区。红军第 7 集团军和第 15 集团军继续追击西北白卫军余部，11 月 8 日攻陷格多夫，11 月 14 日攻陷扬堡，西北白卫军部队开始被迫向爱沙尼亚边境撤退。② 白卫军的溃败一发不可收拾。

尤登尼奇在考虑到西北白卫军的困难处境以及黯淡的前景后，再次决定向芬兰政府求援。10 月 23 日，他致电其在芬兰的全权代表 А. А. 古列维奇（А. А. Гулевич），并命令他迅速催促芬兰出兵。古列维奇执行了总司令的命令。在收到电报命令的当天，他就同芬兰政府的外交部部长霍思金（Холсти）以及芬兰总参谋长会面。芬兰政府给出极为苛刻的条件，不仅要承认芬兰独立，割让卡累利阿地峡的领土和佩琴加，还要支付 50 亿马克的费用。③ 对芬兰提出的这些条件，尤登尼奇向巴黎的沙扎诺夫请示，希望能够得到远在鄂木斯克的高尔察克的同意。西北白卫军即将溃败的命运迫使沙扎诺夫从现实主义角度出发，放弃不承认芬兰独立的立场。他在给高尔察克的电报中，建议他发表一份承认芬兰独立的声明。虽然当时时局动荡，高尔察克仍然像过去一样拒绝了此提议，坚持主张"应维护统一不可分割的俄罗斯"。④

鉴于高尔察克不愿意承认芬兰独立以及芬兰境内存在的强烈的反俄情绪，芬兰政府拒绝出兵。在芬兰人看来，"尽管布尔什维克不好，但是他们也比白卫军好，或许在他们的统治之下可能会让波罗的海沿岸小国实现独立"。⑤

---

① Цветков В. Ж. Исторические портреты. Николай Николаевич Юденич. Вопрос истории. 2002. No. 9. C. 54.

② Рутыч Н. Н. Белый фронт генерала Юденича: Биографии чинов Северо‑Западной армии. М.: Русский. Путь., 2002. C. 98.

③ Шишкин В. А. Интервеция на северо‑запате России：1917–1920 гг. Санкт‑Петербург.: наука., 1995. C. 359. 沈志华主编：《苏联历史档案选编》第 3 卷，社会科学文献出版社 2002 年版，第 438 页。

④ Шишкин В. А. Интервеция на северо‑запате России：1917–1920 гг. Санкт‑Петербург.: наука., 1995. C. 359–361.

⑤ ГАРФ. Ф. 17, Оп. 1, Д. 49, Л. 135.

事实上，这也是波罗的海地区国家的普遍态度。当西北白卫军撤退到爱沙尼亚边境时，尤登尼奇仍深信，因其及时"承认了"爱沙尼亚的独立，爱沙尼亚人会对他怀有"感激之情"，定能够接纳白卫军残部。

11月13日，尤登尼奇向爱沙尼亚总司令 Й. Я. 莱多涅尔求助，请求他准许大车队、难民、被俘红军以及野战部队通过其边境。但莱多涅尔将军对于尤登尼奇所有请求的答复都是一成不变的，即该问题的决定权在于爱沙尼亚政府。然而新成立的丁尼生（Теннисон）政府却下令白卫军在进入爱沙尼亚国境时，应立刻解除武装。并且，爱沙尼亚政府内阁总理本人还宣称，"无论如何，爱沙尼亚都不会成为俄国反动分子的活动基地"。① 经过三天的谈判，尤登尼奇被迫做出让步，同意入境爱沙尼亚的西北白卫军余部解除武装。

11月25日，西北白卫军所有的大车队、俘虏和1/3的军队跨过纳罗瓦河，进入爱沙尼亚。第二天，尤登尼奇将军队的直接指挥权交给格拉泽纳普（Глазенап）中将，而他个人则仅仅保留了总司令的头衔。

西北白卫军余部解除武装后在爱沙尼亚境内处境艰难。一方面，爱沙尼亚政府迫于苏维埃政府的压力，不敢收留他们。② 另一方面，军队严重缺乏御寒衣物和粮食，更遭伤寒的侵袭。根据 Б. 格鲁阿（Герya）将军的报告可知，截至1920年1月15日，西北集团军中患斑疹伤寒、回归热的人数高达数万人。③ 此后，随着爱沙尼亚政府同俄罗斯政府签订和平协议，西北白卫军已经无法在爱沙尼亚境内生存下去。尤登尼奇携残部赴南俄作战几乎不可能，东方的高尔察克白卫军已经被击败。因此，他于1920年1月22日签署了解散西北白卫军的命令。自此，作为一支反布尔什维克主义力量的西北白卫军便不复存在。

---

① Рутыч Н. Н. Белый фронт генерала Юденича：Биографии чинов Северо－Западной армии. М.：Русский. Путь.，2002. С. 99.

② 沈志华主编：《苏联历史档案选编》第3卷，社会科学文献出版社2002年版，第428、430、434、437页。

③ БелоедвижениенаСеверо－ЗападеРоссии. Белаягвардия.（Альманах）. No. 7. М.：Посев.，2003.，С. 91.

ШишкинВ. А. Интервециянасеверо－запатеРоссии：1917－1920 гг. Санкт－Петербург.：наука.，1995. С. 365.

结　语

关于白卫军失败原因的探讨

各条战线上的白卫军是俄罗斯国内战争中布尔什维克最为强大的敌人，经过三年血腥残酷的内战，最终被苏维埃红军击败。白卫军失败后，其领导人多数逃往西欧和远东的哈尔滨、上海等城市，他们开始对自己在国内战争中何以败给苏维埃红军进行反思，并从国内战争中白卫军和红军双方之间的战略战术、指挥水平、人力资源、工业资源、交通条件等角度来进行对比分析。① 例如 A. П. 布德别尔格认为东方白卫军失败的原因就在于高尔察克和他下属的无能，未能有效控制前线和后方的行政机构，消除西伯利亚的地方主义。同时，他还指责协约国盟国对白卫军的援助犹疑不决，在关键时刻，让捷克军团撤出前线，退守西伯利亚大铁路。

事实上，从纯粹的军事角度来分析白卫军何以在国内战争中败给苏维埃红军是不到位的。因为在俄罗斯国内战争中，白卫军也取得过对红军的军事胜利，特别是在 1919 年夏秋之际，南俄邓尼金白卫军已经攻入奥廖尔，兵锋直逼图拉城。而且纵观整个俄罗斯国内战争的进程，白卫军和红军都是以进攻为优先的战略思想，双方的攻守转换速度极快，往往只要半个月时间，便可以用骑兵部队突破对方战线，推进数百千米。这与第一次世界大战中交战的双方固守阵地而推进速度极其缓慢形成鲜

---

① 沈志华主编：《苏联历史档案选编》第 15 卷，社会科学文献出版社 2002 年版，第 704—726 页；Фон - ЛампеА. А. Причины неудачи вооруженного выступления белых. Берин., 1929.；БудбергА. П. Дневник белогвардейца. М.：АСТ., 2001.；Беляевский В. А. Правда о ген. Деникине（Причины прекращения Белого Движения на Юге России в 1920 г.）. Сан - Франциско., 1959.

明对比。

此外，白卫军还有大量参加第一次世界大战的军官，他们具有较高的作战素养。根据统计数据，国内战争时期，俄罗斯帝国军队的 27 万名军官中，大约有 17 万人加入白卫军，与苏维埃红军作战。① 特别是在南俄白卫军中，在没有大规模扩编之前，军官曾被当作普通士兵来使用。甚至可以说，白卫军在 1919 年秋季之前，较之红军，还具有一定的军事优势，它有高素质的军官团，有作战素养高、机动能力强的哥萨克骑兵部队。因此，白卫军在国内战争中的失败，军事方面不是决定性的因素，决定双方胜负的是其所实施的社会经济政策和民族政策。换言之，这些政策导致的"人心向背"最终决定了红军和白卫军双方之间的攻守易位、成功与失败。

首先，苏维埃政权和白卫军双方在对待农民土地问题上的政策差异最终导致农民站在苏维埃政权的立场。

在红军和白卫军的社会经济政策中，首要的就是事关俄国社会中人口占绝大多数的农民的土地问题。自斯托雷平土地改革以来，由于改革的"不公正性"导致俄欧中央黑土地带大量的农民失去土地以及村社的庇护，他们对地主和独立庄户不满，此后以不间断的农民骚乱或起义表现出来。1917 年俄国革命中，俄欧中央黑土地带的农村就爆发了农民剥夺地主、独立农户田地的"土地革命运动"，村社在农村地区也呈现出复兴的局面。布尔什维克领导人列宁在面对这股强大的力量时，颁布《土地法令》，宣布"立刻废除地主土地所有制，不付任何赎金"。在其所附的《农民的土地问题委托书》中，则有更详尽的规定：永远废除土地私有权；禁止买卖、出租、典押或以其他任何形式转让土地；一切土地都必须交给耕种土地的劳动者使用，并且属于全民的财产；各乡村可以自由选择土地使用的方式，按户、按独立农庄、按村社、按劳动组合等方式使用均可以。② 显而易见，布尔什维克党在对待农民的土地问题上采取了一种现实主义的策略，即承认土地归农民所有。

但是，由于连续经历第一次世界大战和 1917 年革命，布尔什维克所

---

① Романишина В. Н. Белые：Кто они. Родина.，2008. No. 3. C. 21.
② 《列宁全集》第 33 卷，人民出版社 1985 年版，第 18—19 页。

控制的工业中心严重缺粮，这事关政权的生死存亡。因此，布尔什维克不得不实施粮食垄断，并派出以骨干工人为主的武装征粮队赴农村征集粮食。此后为了进一步控制农村和征集粮食，还在农村组建贫农委员会。布尔什维克在自己所控制地区的农村强制征粮活动最终导致了1918年夏季伏尔加、乌拉尔地区的农民暴动。1918年6月中旬爆发的由社会革命党人领导的兹拉托乌斯特县的农民暴动是国内战争时期乌拉尔地区规模最大的反苏维埃政权暴动，暴动者人数达到3500余人。① 从一定程度来讲，恰恰是苏维埃政权的武装征粮活动，扩大了俄欧东部地区反布尔什维克的社会基础，此后随着捷克军团叛乱，俄欧东部地区迅速成为各路反布尔什维克的大本营。

白卫军政权建立后，它的领导人没有很好地利用农民武装反抗苏维埃政权的机会，在社会舆论最为关心的土地问题上抓住对农民的吸引力，将农民纳入自己的轨道。原因在于白卫军领导人都是旧式军官出身，他们的从军路线都是从武备学堂毕业，或进入总参谋部，或升入更高一级的军事学校。他们具有丰富的军事知识，也具备法制观念，但是并不了解俄国社会，特别是俄国的下层——农民。"工人、农民，所有这些与他们疏远的、早就暗中躁动的农业社会俄罗斯的群众对他们而言是陌生的。"② 高尔察克、邓尼金对于1917年俄国革命以来迫切需要解决的土地问题都是推给未来的立宪会议，在现实的政治生活中，贯彻"预先不确立原则"。哪怕是为应对社会形势的发展，短暂地实施土地改革，都是以"斯托雷平方案"为核心原则，主张发展富农经济。甚至连农民在1917年革命中剥夺地主、独立农庄的土地都需要归还给原业主，这必然会招致他们的愤怒和不满。更为致命的是，随着白卫军取得军事胜利，向俄欧中央地区推进，过去被打翻在地的地主也跟着白卫军返回。他们纷纷利用白卫军的宪兵队和国民警卫队对夺取土地的农民实施报复，重新将被农民剥夺的土地收归己有。更有甚者，还对农民进行各种体罚和殴打，伤害其性命。因此，迫使广大农民在苏维埃红军和白卫军之间最终站到

---

① Симонов Д. Г. Белая Сибирская армия в 1918 г. Новосибирск., 2010. с. 343.

② 沈志华主编：《苏联历史档案选编》第15卷，社会科学文献出版社2002年版，第705页。

了苏维埃红军的立场。南俄白卫军科尔尼洛夫突击师的成员在回忆录中记载了1919年秋季随着白卫军攻入库尔斯克，地主带领宪兵队从农民手中重新夺回土地的事情。其中写道，地主还殴打农民并拆除农民建在地主林地上的房子。由于白卫军官对这些事情视而不见，两个星期之后，库尔斯克省出现大量的反抗白卫军的农民起义军。①

不仅如此，高尔察克军队也因为受制于西伯利亚大铁路的限制，在前线作战的军队缺乏军粮，只能通过抢劫当地居民的粮食和马匹来养活军队。南俄邓尼金白卫军则实施了"5普特税制"②，对农民进行强制征粮。此后邓尼金的军队在向俄欧中央地区突进的时候，也是通过抢劫地方居民的粮食以及红军的战利品来养活自己，军队的士兵大规模对普通居民使用暴力。因此，邓尼金的志愿军被农民称为"强盗部队"和"武装的土匪"。南俄白卫军的宣传机构奥斯瓦格（ОСВАГ）在给参谋部的报告中，多次指出志愿军、哥萨克和国民警卫队在农村的劫掠行为，认为军队对农村居民的暴行迫使他们倾向苏维埃政权。③ 随着白卫军对农民暴行的增长，他们已经看到这些所谓的"解放者"比苏维埃红军在1918—1919年的冬春季进行的武装征粮活动更为暴烈。农民开始拿起武器，躲入森林，组织游击队，从后方袭击白卫军。农民除了直接反抗白卫军之外，还主动加入苏维埃红军，为苏维埃政府作战。根据俄罗斯历史学者奥西波娃的研究，1919年秋季有97.5万逃兵再次返回红军队伍，其中95.7%是自愿加入的。④

事实上，尽管苏维埃政府对农民实施粮食征集制政策，但毕竟没有破坏农民的土地所有权，而白卫军实施的土地政策以及地主的返回，剥夺了农民刚刚获得的土地，破坏了农民在1917年俄国土地革命中的土地

---

① Воспоминания корниловца. http：//www.dk1868.ru/history/zap_korn2.htm：2013.7.8。

② 5普特税制，是指1919年7月22日邓尼金政府颁布的"战争税"（Военный сбор）法令中规定的到1919年秋季丰收的时候，每一俄亩农田强制征收5普特粮食，故而又被称为5普特法令。这是白卫军实施的粮食征集制，此后导致南俄地区农民的大规模反抗活动。（Белая продразверстка）。参见 Цветков В. Ж. Продовольственная политика деникинского правительства. Вопросы истории.，2004. No. 5. С. 112 – 126。

③ ГАРФ. Ф. 440，Оп. 1.，Д. 34. Лл. 55 – 60.

④ Осипова Т. В. Российское крестьянство в революции и гражданской войне. М.，2001. С. 320.

所有权。因此，农民在两者之间，最终还是选择支持苏维埃红军。对农民而言，苏维埃红军是自己人，而白卫军不是，断然与白卫军划清界限。立宪民主党领导人 П. Н. 米留可夫一针见血地指出，"俄国居民要布尔什维克而不要志愿军"，原因在于"志愿军不懂得居民的利益所在"，"人民有自己的意志，能够选择他们需要什么和不需要什么，尽管这种选择是以消极抵抗的方式进行"。[①]

其次，苏维埃政权和白卫军在对待俄罗斯帝国边疆民族问题上的民族政策的差异，导致边疆民族最终离弃白卫军。

俄罗斯帝国是一个大陆帝国。1917年两次革命导致权力的更替，弱化了中央政府对边疆地区的控制。而边疆民族则乘政权鼎革之际要求脱离帝国，实现自己独立建国的要求。1918年波兰、芬兰、波罗的海三国宣布独立，甚至连北高加索地区的格鲁吉亚、亚美尼亚等都表现出强烈的分离主义倾向。列宁敏锐地抓住这一有助于瓦解旧政权的潮流，在1917年多次提出"民族自决"的口号，迎合边疆民族的独立诉求，以争取少数民族对布尔什维克革命的支持。十月革命取得胜利之后，苏维埃政权就承认了芬兰、波兰、波罗的海三国的独立，并在一段时间内承认过乌克兰和高加索地区的独立政权。即使后来凭借军事优势在这些地区重建苏维埃政权后，也仍然保留了他们的"独立"形式，并最终以各民族加盟共和国组成"苏维埃社会主义共和国联盟"。

白卫军领导人则是坚定的俄罗斯帝国观念的支持者，他们一直坚持"统一不可分割的俄罗斯"信条，只承认波兰独立。而对于芬兰的独立问题，则认为要由未来的立宪会议解决，至于北高加索地区的格鲁吉亚、亚美尼亚和波罗的海三国，则完全不承认它们独立，只赞同它们实施内部自治。

事实上，南俄白卫军和西北白卫军都是建立在边疆的多民族地区，高尔察克、邓尼金提出的"统一不可分割的俄罗斯"对白卫军而言是相当缺乏对现实政治的理解。边疆地区的民族主义运动是建立在反布尔什维克主义和反"统一的俄罗斯国家"基础上的。但在当时，只有重建大

[①] 沈志华主编：《苏联历史档案选编》第8卷，社会科学文献出版社2002年版，第617—618页。

一统的俄罗斯国家才能吸引白卫军的信徒,特别是具有大俄罗斯民族主义情绪的知识分子、行政官员以及军队中的士官生、军官等。布尔什维克则用"民族自决"口号来反对白卫军的核心思想——大俄罗斯民族主义。对白卫军领导人而言,《布列斯特和约》的签订是对大俄罗斯民族主义情感的一种羞辱。他们希望能够通过刺激大众的民族羞耻之心来反对布尔什维克。因此,任何个人和政党试图割裂俄罗斯民族以及分裂俄罗斯的领土都被视作对俄罗斯祖国的背叛。白卫军领导人相信,边疆民族的独立运动和自治不能破坏这一最高准则。邓尼金为此写道:"我们没有预先确定未来俄罗斯国家的制度形式(君主制或共和制),是为了避免那些潜藏的君主主义者和各种诽谤者对我们的指摘。……分裂俄国的边疆是我们不可能接受的,这会导致左派的俄国国际主义者批判沙文主义和帝国主义,并且使我们失去有效的援助。"①

必须承认,大俄罗斯民族主义在白卫军的意识形态塑造中发挥了巨大作用。但是他们没有考虑到自19世纪以来民族主义在欧洲的发展也刺激了俄罗斯帝国边疆地区的民族分离主义运动。趁着第一次世界大战导致的俄罗斯帝国的崩溃,边疆民族的知识精英开始寻求独立建国之路。因此,边疆民族追求地方性和种族性的民族主义思想与重建多民族的统一俄罗斯国家观念之间产生的冲突成为白卫军运动的地域性基础坍塌的原因。最终,边疆民族抛弃白卫军而去。波罗的海三国、格鲁吉亚、阿塞拜疆等更愿意对布尔什维克做出让步。因为他们担心白卫军的胜利将会剥夺自己国家的独立权利。在这种态势下,边疆地区的民族主义者成为布尔什维克的天然盟友。格鲁吉亚和阿塞拜疆政府努力支持反白卫军的绿军部队,为他们提供武器弹药,与邓尼金军队作战。此外还与布尔什维克暗通款曲,将有关南俄白卫军的各种军事情报送给苏维埃红军。当南俄白卫军和西北白卫军作战失败之后,爱沙尼亚、格鲁吉亚都要求解除过境的白卫军残余部队的武装。

由此可见,白卫军领导人提出的"统一、伟大、不可分割的俄罗斯"的口号并不符合当时的政治发展态势。他们只是在捍卫俄罗斯帝国的余晖,捍卫大俄罗斯的沙文主义。

---

① Деникин А. Борьба продолжается. Борьба за Россию. Париж., 1927. № 6. С. 6.

再次，工人阶级对苏维埃政权的支持。

1917 年俄国革命之后，工人阶级成为俄国社会的主导阶级，苏维埃国家被定义为阶级国家。工人阶级对苏维埃政权拥有主体性认同，认为自己是国家的主人，他们被赋予监督和控制工厂企业的权力。因此，苏维埃政权对工人而言，拥有极大的感召力和亲和力，当苏维埃政权以保卫国家名义向工人征兵时，工人们踊跃应征入伍与白卫军作战。

而白卫军始终没有赢取工人阶级的支持。白卫军到达的地区，先前的工厂主往往会收回工厂的所有权，并采取禁止工人罢工、关闭苏维埃等倒行逆施的措施，使工人的社会地位较之苏维埃政权时期明显下降。因此工人阶级普遍敌视白卫军，尤其在那些工业中心，如哈尔科夫、顿巴斯、辛菲罗波尔等地，白卫军的进入都遭到工人的仇视和抵抗。1919 年 5 月初，奥斯瓦格在给上级的报告中直言不讳地指出罗斯托夫城中的工人阶级和手工业者对白卫军不满。原因在于他们缺乏对白卫军的认同感，认为它是资产阶级利益的代表，"工人阶级赴前线作战，是在保护资产阶级的财产"。[①] 工人和手工业者纷纷采取各种措施，逃避兵役，例如开小差、装病，或者躲入后方的行政机构，以此规避上前线与苏维埃红军作战。

此外，随着 1918 年 11 月 18 日高尔察克发动政变，反布尔什维克阵营发生分裂，孟什维克党、社会革命党部分领导人开始放弃反苏维埃活动，他们积极地与布尔什维克合作。部分孟什维克领导人开始利用自己在工会中的影响力，鼓动工人为苏维埃作战。白卫军则要面对布尔什维克、孟什维克、社会革命党组成的统一战线。

最后，白卫军失败还有一个重要原因是地理因素。

俄罗斯国内战争时期，各支白卫军都位于帝国的边疆地区，它们被以俄欧中央地区为核心的苏维埃政权隔离开来。结果就是各支白卫军通信不便，无法在军事战略上协调一致。高尔察克和邓尼金之间的联系要通过在西欧的代理人转发才能得到对方的消息，高尔察克与尤登尼奇白卫军的联系则是通过瑞典斯德哥尔摩的代理人进行。1919 年年初邓尼金派出格里辛—阿尔玛佐夫将军（Гришин - Алмазов）携带自己的战略计

---

① ГАРФ. Ф. 440, Оп. 1., Д. 34а., Лл. 182 – 184.

划从南俄出发前往西伯利亚的高尔察克白卫军，但是在途经里海的时候，格里辛—阿尔玛佐夫被苏维埃红军抓住，作战计划亦被红军知晓，甚至连法国干涉南俄的计划也被布尔什维克刊登在《真理报》上，引起世界舆论的哗然。此后白卫军向俄欧中央地区的进攻，都表现出时间上的差异，无法协调一致，苏维埃红军可以利用这种时间上的差异来根据全国的形势调配兵力，进行各地的重点防御和进攻。

不仅如此，由于苏维埃政权控制了俄欧中央地区的工业中心和黑土地带省份的农业人口，苏维埃政权在人力资源和工业资源方面较白卫军有更大的优势，并且还可以利用俄欧中央地区的铁路网络从前线各处调配兵力。而白卫军则处于帝国的边疆农业区，大部分的人口是农业居民和有分离主义倾向的边疆民族。根据派普斯的研究，1919年年初布尔什维克控制了俄欧中央地区大约7000万居民，而邓尼金和高尔察克仅控制800万—900万居民。在整个1919年极其残酷的战斗中，红军动员的人力超过300万，而在前线战斗的白卫军却不超过25万人。① 因而，苏维埃政权在地缘上的优势也是白卫军失败不可忽视的原因之一。

总而言之，白卫军实际继承了临时政府时期的政策，即对民众最为关心的土地问题、国家制度问题和边疆民族的独立问题都实施"预先不确立"政策，将它们推给未来的立宪会议予以解决，而漠视了俄国社会中占人口绝大多数的农民和其他阶层民众的当下需求。既然临时政府的政策已在革命进程中失败，它因无力管理庞大而混乱的俄罗斯帝国遗产而被赶下历史舞台，那么继承这种政策的白卫军的失败也就不难理解。当时的俄国需要一个强力中央政权，以克服社会混乱，重建社会秩序。而布尔什维克恢复社会秩序满足了混乱时代人们的基本需求。因此，苏维埃政权有管理的"军事共产主义"尽管也对社会和民众造成了影响，但与带来持续混乱的白卫军相比仍然具有获得民众支持的优势。至于国内战争结束后俄国民众反对"军事共产主义"政策并导致1921年严重的社会危机，则是俄国历史进程的下一个篇章。

---

① Ричард · Пайпс Россия под большевиками 1918—1924. http://knigosite.org/library/read/82503：2014.11.16.

附 录

俄文、中文人名译名对照表

А

Алексашенко, А. П.	阿列克萨先科, А. П.
Астров, Н. И.	Н. И. 阿斯特洛夫,
Аргунов, А. А.	阿尔古洛夫, А. А.
Алексеев, М. В.	阿列克谢耶夫, М. В.
Абинякин, Р. М.	阿彬亚金, Р. М.
Анишев, А.	安尼谢夫, А.
Агеев, П. М.	阿格耶夫, П. М.
Афанасьев, М.	阿法纳西耶夫, М.
Александров, К. А.	亚历山大罗夫, К. А.

Б

Берзин, Р. И.	别尔津, Р. И.
Бухарин, Н. И.	布哈林, Н. И.
Брусилов, А. А.	布鲁西洛夫, А. А.
Белов, П. А.	别洛夫, П. А.
Блюмберг, Ж. К.	布柳姆贝格, Ж. К.
Будберг, А. П.	布德别尔格, А. П.
Богаевский, А. П.	博加耶夫斯基, А. П.
Бердяев, Н. А.	别尔嘉耶夫, Н. А.
Булахович, С. Н.	布拉霍维奇, С. Н.
Башкиров, С.	巴什基洛夫, С.

Бермонт - Авалов, П. Р.　　　贝尔蒙特—阿瓦洛夫, П. Р.

В

Врангель, П. Н.	弗兰格尔, П. Н.
Валь, Э. Г. фон.	瓦尔, Э. Г. фон.
Волков, С. В.	沃尔科夫, С. В.
Воинов, В. М.	沃伊诺夫, В. М.
Войцеховский, С. Н.	沃伊采霍夫斯基, С. Н.
Вологодский, П. В.	沃罗格茨基, П. В.
Вацетис, И. И.	瓦采季斯, И. И.
Виноградов, В. А.	维诺格拉多夫, В. А.
Вержбицкий, Г. А.	韦尔日比茨基, Г. А.
Вандам, А. Е.	旺达姆, А. Е.

Г

Гессен, И. В.	格森, И. В.
Головин, Н. Н.	戈洛文, Н. Н.
Гармиза, В. В.	加尔米扎, В. В.
Гинс, Г. К.	金斯, Г. К.
Гучков, А. И.	古契科夫, А. И.
Грацианов, А. А.	格兰采阿诺夫, А. А.
Головин, Н. Н.	戈洛文, Н. Н.
Глинки, Г. В.	格林吉, Г. В.
Гришин - Алмазов, А. Н.	格里辛—阿尔玛佐夫, А. Н.
Горн, В.	戈恩, В.
Гулевич, А. А.	古列维奇, А. А.

Д

Дан, Ф. И.	唐恩, Ф. И.
Деникин, А. И.	邓尼金, А. И.
Дитерихс, М. К.	季杰里赫斯, М. К.

Дроздовский, М.   德罗兹多夫斯基，M.

Е

Ефимов, А. Г.   叶菲莫夫，А. Г.
Егоров, А. И.   叶戈罗夫，А. И.

Ж

Жардецкий, В. А.   扎尔杰茨基，В. А.

З

Зензинов, В. М.   津季诺夫，В. М.
Зайцов, А. А.   扎伊采夫，А. А.
Зимина, В. Д.   季米娜，В. Д.
Зефиров, Н. С.   泽菲洛夫，Н. С.

И

Ильин, И. А.   伊里因，И. А.
Иоффе, А. А.   越飞，А. А.

К

Колчак, А. В.   高尔察克，А. В.
Какурин, Н. Е.   卡库林，Н. Е.
Карпенко, С. В.   卡尔平科，С. В.
Каппель, В. О.   卡普尔，В. О.
Кроль, Л. А.   克罗尔，Л. А.
Калмыков, И. М.   卡尔梅科夫，И. М.
Коковцев, В. Н.   科科夫佐夫，В. Н.
Корнилов, Л. Г.   科尔尼洛夫，Л. Г.
Колокольцев, В. Г.   克洛科利茨夫，В. Г.
Казанович, Б. И.   卡萨诺维奇，Б. И.
Кренский, А. Ф.   克伦斯基，А. Ф.

Каменев, Л. Б.	加米涅夫，Л. Б.
Картащев, А. В.	卡尔塔绍夫，А. В.
Крузенштерн, К. А.	克鲁森施特恩，К. А.

Л

Лисовой, Я. М.	利索沃伊，Я. М.
Лукомский, А. С.	卢克姆斯基，А. С.
Ларионов, А. Н.	拉里奥诺夫，А. Н.
Лебедев, Д. А.	列别捷夫，Д. А.
Лохвицкий, Н. А.	洛赫维茨基，Н. А.
Лукомский, А. С.	卢克姆斯基，А. С.
Львов, Н. Н.	利沃夫，Н. Н.
Лайдонер, И. Я.	莱多涅尔，И. Я.
Ливен, А. П.	利文，А. П.

М

Милюков, П. Н.	米留科夫，П. Н.
Филатьев, Д. В.	菲拉季耶夫，Д. В.
Молчанов, И. М.	莫尔恰诺夫，И. М.
Мельгунов, С. П.	梅里古诺夫，С. П.
Михайлов, И. А.	米哈伊洛夫，И. А.
Маонтов, К. К.	马蒙托夫，К. К.
Мрков, С. Л.	马尔科夫，С. Л.
Май‑Маевский, В. З.	迈‑马耶夫斯基，В. З.
Миронов, Ф. К.	米罗诺夫，Ф. К.
Маргулиес, Н. С.	马古莱斯，Н. С.

Н

Ненароков, А. П.	涅纳罗科夫，А. П.
Нелидов, Д. Д.	涅利多夫，Д. Д.
Набоков, Д.	纳博科夫，Д.

Надежный, Д. Н.　　　　　　　　纳杰日内，Д. Н.

О

Онипко, Ф. М.　　　　　　　　奥尼波克，Ф. М.
Оболенский, В. А.　　　　　　奥博连斯基，В. А.
Окулич, И. К.　　　　　　　　奥库利奇，И. К.
Ольдерогге, В. А.　　　　　　奥尔德罗格，В. А.

П

Покровский, М. Н.　　　　　　波克罗夫斯基，М. Н.
Поляков, Ю. А.　　　　　　　波利亚科夫，Ю. А.
Пепеляев, А. Н.　　　　　　　佩佩利亚耶夫，А. Н.
Пученков, А. С.　　　　　　　普琴科夫，А. С.
Петров, Н. И.　　　　　　　　彼得罗夫，Н. И.
Пепеляев, В. Н.　　　　　　　佩佩利亚耶夫，В. Н.
Пуришкевич, В. М.　　　　　　普里什凯维奇，В. М.

Р

Роговский, Е. Ф.　　　　　　　罗格夫斯基，Е. Ф.
Родзянко, М. В.　　　　　　　罗将柯，М. В.
Романовский, И. П.　　　　　罗曼诺夫斯基，И. П.
Рутыч, Н. Н.　　　　　　　　鲁特奇，Н. Н.
Родзянко, А. П.　　　　　　　罗江柯，А. П.

С

Сахаров, К. В.　　　　　　　　萨哈罗夫，К. В.
Спирин, Л. Н.　　　　　　　　斯皮林，Л. Н.
Сухоруков, В. Т.　　　　　　　苏霍鲁科夫，В. Т.
Струве, П. Б.　　　　　　　　司徒卢威，П. Б.
Слободин, В. П.　　　　　　　斯洛博金，В. П.
Смолин, А. В.　　　　　　　　斯摩林，А. В.

Семёнов, Г. М.	谢苗诺夫,Г. М.
Сахаров, К. В.	萨哈罗夫,К. В.
Суворин, Б. А.	苏沃林,Б. А.
Савинков, Б. В.	萨文柯夫,Б. В.
Слащов, Я. А.	斯拉晓夫,Я. А.
Серебренников, И. И.	谢列布列尼科夫,И. И.
Сапожников, В. В.	萨博兹尼科夫,В. В.
Сидорин, В. И.	西多林,В. И.
Смирнов, М. И.	斯米尔诺夫,М. И.
Соколов, Н. Д.	索科洛夫,Н. Д.
Скобелев, М. И.	斯科别列夫,М. И.
Сазонов, С. Д.	萨扎诺夫,С. Д.
Старынкевич, С. С.	斯塔伦克维奇,С. С.
Сукин, И. И.	苏京,И. И.

Т

Трукан, Г. А.	特鲁甘,Г. А.
Тухачевский, М. Н.	图哈切夫斯基,М. Н.
Трубецкой, Г. Н.	特鲁别茨柯伊,Г. Н.
Трепов, А.	特列波夫,А.

У

Устругов, Л. А.	乌斯特鲁戈夫,Л. А.
Устрялов, Н. В.	乌斯特里亚洛夫,Н. В.
Урицкий, М. С.	乌里茨基,М. С.

Ф

Фрунзе, М. В.	伏龙芝,М. В.
Федоров, М. М.	费德罗夫,М. М.
Филимонов, А. П.	菲利蒙诺夫,А. П.
Филиппео, М. М.	菲利宾奥,М. М.

Х

Ханжин, М. В.　　　　　汉任, М. В.
Хорват, Д. Л.　　　　　霍尔瓦特, Д. Л.

Ц

Цветков, В. Ж.　　　　　茨维特科夫, В. Ж.

Ч

Чхеидзе, Н. С.　　　　　齐赫泽, Н. С.
Чайковский, Н. В.　　　柴可夫斯基, Н. В.
Червен – Водали, А. А.　切尔文 – 瓦达里, А. А.
Чичерин, Г. В.　　　　　契切林, Г. В.
Чечек, С.　　　　　　　齐切克, С.

Ш

Шорин, В. И.　　　　　邵林, В. И.
Шульгин, В. В.　　　　舒尔金, В. В.
Шумиловский, Л. И.　　舒米洛夫斯基, Л. И.

Э

Эйхе, Г. Х.　　　　　　艾赫, Г. Х.

Ю

Юденич, Н. Н.　　　　　尤登尼奇, Н. Н.

Я

Яковлев, А. Н.　　　　　雅科夫列夫, А. Н.

参考文献

一 档案

俄罗斯联邦国家档案馆（ГАРФ），档案复印件藏于华东师范大学国际冷战史研究中心

二 俄文档案文献和史料汇编

А. С. Велидов Красная книга ВЧК. 2 - е изд. , в 2 - х т. М：Политиздат. , 1989.

А. В. Квакин Окрест Колчак：докумкнеы и материалы. М：АГРАФ. , 2007.

А. Н. Яковлев Процесс над колчаковскими министрами：май 1920. МФД. , 2003.

Белый архив. Париж. , 1928.

В. Зензинов Государственный переворот адмирала Колчака в Омске 18 ноября 1918 года. Сборник документов. Париж. : Типография И. Рираховского. , 1919.

В. Л. Гончаров 1917. Разложение армия. Москва. , 2010.

В. И. Ленин Неизвестные документы. 1891 – 1922 гг. М. : РОССПЭН. , 2000.

В. М. Данилов Филипп Миронов. Тихий Дон в 1917 – 1921. гг. Документы. Международный фонд Демократия. , 1997.

Верховный правитель России. Документы и материалы следственного дела адмирала А. В. Колчака. Институт российской истории РАН. ,

2003.

Г. Н. Севостьянов Дело генерала Л. Г. Корнилова. Август 1917 – июнь 1918. Документы. В двух томах. М.：РОССПЭН.，2003.

Г. А. Трукан Россия антибольшевиствкая：из эмигрантских и белогвардейских архивов. М.：Институтроссийской истории РАН.，1995.

Допрос Колчака. Протоколы заседаний Чрезвычайной Следственной Комиссии. Ленинград.，Государственное издательство.，1925.

Журнал Источник. 1993 – 1995.

Журналы заседаний Особого совещания при Главнокомандующем Вооруженными Силами на Юге России А. И. Деникине：сентябрь 1918. го – декабрь 1919 г. М.，2008.

З. Галили, А. Ненароков Меньшевики в большевистской России. 1918 – 1924. Меньшевики в 1918 году. М.：РОССПЭН.，1999.

И. В. Гессен Архив русской революции.，1921 – 1937；№ 1 – 12；№ 15 – 18.

К. А. Чеховских Сборник документов по истории революций и Гражданской войны в Западной Сибири 1917 – 1921 гг по дисциплине "Отечественная история". Томск：Изд – во ТП.，2010.

Красный архив. 1927. Т. 1（21）.；1928. Т. 1（26）.；1929. Т. 1（32）.；1929. Т. 2（33）.；1929. Т. 3（34）.；1929. Т. 6（37）.；1931. Т. 6（49）.；1934. Т. 6（67）.；1940. Т. 1（98）.；1941. Т. 1（10）.

К образованию всероссийской власти в сибири（из дневника П. В. Вологодского：8 сентября – 4 ноября 1918 г.）. Отечественная история，2000. № 1；2001. № 1.

Отечественные архивы. 1994г. № 5.

О. Н. Чаадаева Солдатские письма 1917 года. М.，1927.

Образование Северо – Западного правительства. Обяснение Политическое совещание при Главнокомандующем Северо – Западного фронта. Гельсингрфорсь.，1920.

Партия социалистов – революционеров. Док. и мат. Т. 3. Ч. 2. Октябрь 1917 г. – 1925 г. М.，2000.

Политический архив xx века. Полковник П. Р. Бермонт – Авалов. Документы и воспоминания. Вопрос истории. 2003. No. 1. ; No. 2. ; No. 5. ; No. 6. ; No. 7.

Революционное движение в России в мае – июне 1917 г. Июньская демонстрация: Документы и материалы. М. , 1959.

С. А. Пионтковский Гражданская война в России (1918 – 1921). Хрестоматия. М. : Коммунистический университет им. Я. М. Свердлова. , 1925.

С. В. Мироненко Журналы заседаний, приказы и материалы Комитета члено Всероссийского Учредительного собранения (Июнь – октябрь 1918года). , М. : РОССПЭН. , 2011.

Т. А. Абросимова Петербургский комитет РСДРП (6) в 1917 году: Протоколы и материалы заседаний. СПб. : Бельведер. , 2003.

Учредительное собрание. Россия. 1918. Стенограмма и другие документы. М. , 1991.

Хроника Гражданской войны в Сибири: http: //scepsis. net/library/id_2822. html.

三 俄文日记、书信、笔记、回忆录

А. А. Аргунов Между двумя большевизмами. Париж. , 1919.

А. Г. Ефимов Ижевцы и Воткинцы. Борьба с большевиками 1918—1920. (Белая Россия). : М. Айрис – пресс, 2008.

А. И. Деникин Очерки Русской Смуты (в 5 – х томах). Минск. : Харвест, 2002.

А. Г. Шкуро Записки белого партизана. М. : АСТ. , 1991.

А. П. Богаевский Воспоминания. 1918 г. : Ледяной поход. Нью – Йорк: Изд. Музея белого движения Союза первопроходников, 1963.

Б. Суворин За Родиной. Героическая эпоха Добровольческой Армии (1917 – 1918гг.). Париж, 1922.

В. А. Беляевский Правда о ген. Деникине (Причины прекращения Белого Движения на Юге России в 1920 г.). Сан – Франциско. , 1959.

В. Е. Павлов Марковцы в боях и походах за Россию в освободительной войне 1918—1920 годов. В 2 – х Т. , Париж. , 1962, 1964 гг.

В. Б. Станкевич Воспоминания 1914 – 1919 гг. Берлин. , 1920.

В. Горн Гражданская война на северо – западе России. Берлин. , 1923.

В. Г. Болдырев Директория, Колчак, интервенты. Новониколаевск: Сибкрайиздат. , 1926.

В. А. Антонов – Овсеенко Записки о Гражданской войне (в 4 – х томах). М. – Л. : Госвоениздат. , 1924 – 1933.

В. Горн Гражданская война на северо – западе России. Берлин. , 1923.

В. М. Молчанов Последний белый генерал. : М. Айрис – пресс. , 2012.

Г. М. Семенов О себе. Воспоминания, мысли и выводы. М. : АСТ. , 2002.

Г. Кирдецов У ворот Петроград (1919 – 1920г. г.). Берлин. , 1921.

Г. К. Гинс Сибирь, союзники и Колчак. Поворотный момент русской истории. 1918 – 1920 гг. (в 2 – х томах). Пенкин. , 1921г.

К. Н. Соколов Правление генерала Деникина. София, 1921.

К. В. Сахаров Белая Сибирь. Внутренняя война 1918 – 1920 гг. Мюнхен, 1923.

Л. А. Кроль За три года (воспоминанія, впечатлѣнія и встрѣчи). Владивосток, изд – во "Свободная Россия", 1921.

М. Д. Бонч – Бруевич Вся власть Советам. М. , 1964.

М. С. Маргулиес Год интервенции. Кн. вторая (апрель – сентябрь 1919г.). Берлин, 1923.

М. С. Маргулиес Год интервенции. (Кн1 – 3). Берлин. , 1923.

Н. Пятницкий Корниловский ударный полк. Париж. , 1936.

Н. Н. Суханов Записки о революции. Т3. М. , 1992.

П. Н. Врангель Записки: ноябрь 1916 г. – ноябрь 1920 г.

Харвест. ,2002.

П. Н. Милюков Вторая русская революция. М. : РОССПЭН. ,2001.

П. П. Петров От Волги до Тихого Океана в рядах белых 1918 – 1922 гг. М. : Айрис – Пресс. ,2011.

П. Н. Милюков Россия на переломе. Т. 1. Происхождение и укрепление большевистской диктатуры. Париж，1927；Т. 2. Антибольшевистскоедвижение. Париж，1927.

П. М. Авалов В борьбе с большевизмом. Глюкштадт，Гамбург. ,1925.

П. Н. Краснов На внутреннем фронте（Белая Россия）. М. : Айрис – пресс. ,2003.

Р. Локкарт. История изнутри. Мемуары британского агента. М. ,1991.

Бьюкенен · Джордж. Мемуары дипломата. Международные отношения. ,1991.

С. А. Алексеев Революция и гражданская война в описании белогвардейцев. В 5 т. М. – Л：ГИЗ，1926 – 1928.

С. В. Волков Зарождение Добровольческой армии（Россия забытая и неизвестная. Белое движение. ）. М. : Центрполиграф. ,2001.

С. В. Волков 1918 год на Востоке России（Россия забытая и неизвестная. Белое движение. ）. М. : Центрполиграф. ,2003.

С. В. Волков 1918 год на Украине（Россия забытая и неизвестная. Белое движение. ）. М. : Центрполиграф. ,2001.

С. В. Волков Белая борьба на Северо – Западе России（Россия забытая и неизвестная. Белое движение. ）. М. : Центрполиграф. ,2003.

С. В. Волков Белая эмиграция в Китае и Монголии（Россия забытая и неизвестная. Белое движение. ）. М. : Центрполиграф. ,2005.

С. В. Волков Великий Сибирский《Ледяной поход》（Россия забытая и неизвестная. Белое движение. ）. М. : Центрполиграф. ,2004.

С. В. Волков Возрожденные полки Русской армии в Белой борьбе на

Юге России（Россия забытая и неизвестная. Белое движение.）. М. : Центрполиграф. , 2002.

С. В. Волков Второй Кубанский поход и освобождение Северного Кавказа（Россия забытая и неизвестная. Белое движение.）. М. : Центрполиграф. , 2002.

С. В. Волков Вооруженные силы на Юге России（Россия забытая и неизвестная. Белое движение.）. М. : Центрполиграф. , 2003.

С. В. Волков Восточный фронт адмирала Колчака（Россия забытая и неизвестная. Белое движение.）. М. : Центрполиграф. , 2004.

С. В. Волков Донская армия в борьбе с большевиками（Россия забытая и неизвестная. Белое движение.）. М. : Центрполиграф. , 2004.

С. В. Волков Исход Русской Армии генерала Врангеля из Крыма（Россия забытая и неизвестная. Белое движение.）. М. : Центрполиграф. , 2003.

С. В. Волков Кадеты и юнкера в Белой борьбе и на чужбине（Россия забытая и неизвестная. Белое движение.）. М. : Центрполиграф. , 2003.

С. В. Волков От Орла до Новороссийска（Россия забытая и неизвестная. Белое движение.）. М. : Центрполиграф. , 2004.

С. В. Волков Офицеры российской гвардии в Белой борьбе（Россия забытая и неизвестная. Белое движение.）. М. : Центрполиграф. , 2002.

С. В. Волков Первые бои добровольческой армии（Россия забытая и неизвестная. Белое движение.）. М. : Центрполиграф. , 2001.

С. В. Волков Первый кубанский《Ледяной поход》（Россия забытая и неизвестная. Белое движение.）. М. : Центрполиграф. , 2001.

С. В. Волков Последние бои вооруженных сил юга России（Россия забытая и неизвестная. Белое движение.）. М. : Центрполиграф. , 2004.

С. В. Волков Последние бои на Дальнем Востоке（Россия забытая и неизвестная. Белое движение.）. М. : Центрполиграф. , 2005.

С. В. Волков Поход на Москву (Россия забытая и неизвестная. Белое движение.). М. : Центрполиграф. , 2004.

С. В. Волков Первые бои добровольческой армии (Россия забытая и неизвестная. Белое движение.). М. : Центрполиграф. , 2001.

С. В. Волков Русская армия в изгнании (Россия забытая и неизвестная. Белое движение.). М. : Центрполиграф. , 2003.

С. В. Волков Русская армия генерала Врангеля. Бои на Кубани и в Северной Таврии (Россия забытая и неизвестная. Белое движение.). М. : Центрполигра. , 2003.

С. В. Волков Русская армия на чужбине (Россия забытая и неизвестная. Белое движение.). М. : Центрполиграф. , 2003.

С. В. Волков Русский офицерский корпус (Россия забытая и неизвестная. Белое движение.). М. : Центрполиграф. , 2003.

С. В. Волков Сопротивление большевизму (Россия забытая и неизвестная. Белое движение.). М. : Центрполиграф. , 2001.

С. В. Волков Флот в Белой борьбе (Россия забытая и неизвестная. Белое движение.). М. : Центрполиграф. , 2002.

Ф. Степун Бывшее и несбывшееся. СПб. : Алетейя. , 2000.

Э. А. Верцинский Год революции. Воспоминания офицера Генштаба 1917–1918 гг. Таллинн, 1929.

四 俄文报纸、杂志、传单

Алексеев В. Зачем и как выбирать в Учредительное собрание. 1917.

Военное Дело. Военно‐научный журнал. （1918—1919. гг. ）

Донская волна （1918—1919. гг. ）

Военные ведомости （1918—1919. гг. ）

Вестник Временного Всероссийского правительства. 1918. г. （1918—1919. гг. ）

Дело народа （1917—1920. гг. ）

Кечекьян С. Ф. Учредительное собрание. 1917.

Новый журнал. （1963. гг. ）

Ефимов Е. Н. Предстоящее Учредительное собрание 1917.；Ефимов Е. Н. Демократическая республика. 1917.

Правительственный Вестник（1918—1919. гг.）

五　俄文研究著作和博士论文

А. А. Зайцов 1918 год. Очерки по истории русской гражданской войны. Париж. , 1934.

А. А. Чапенко История русского антибольшевистского движения на территории Латаии в 1918 - 1919 гг. : Мурманск. МГПУ. , 2006.

А. Г. Кавтарадзе Военные специалисты на службе Республики Советов 1917 - 1920 гг. М. : Наука, 1988.

А. В. Ганин Атаман А. И. Дутов. . М. : Центрполиграф. , 2006.

А. В. Ганин Адмирал Колчак и суд истории. . М. : Центрполиграф. , 2009.

А. Б. Зубов История России. ХХ век, 1894 - 1939. М. : АСТ. , 2010.

А. В. Ганин Черногорец на русской службе: генерал Бакич. М. : Русский путь. , 2004.

А. В. Яковлев Политическая и социально - экономическая деятельность Белого движения в период Гражданской войны в России（1918 - 1920）. дисс…канд. ист. наук. М, 2009.

А. В. Смолин Белое движение на Северо - Западе России. 1918 - 1920. Формирование, борьба, крушение. Дисс. . . докт. ист. наук. СПб. , 1995.

А. В. Шишов Юденич. Генерал суворовской школы（Досье без ретуши）. М. : Вече. , 2004.

А. И. Уткин Первая Мировая война. М. : Алгоритм. , 2001.

А. Л. Литвин Красный и белый террор（1918 - 1922）. Казань: Татарское книжное издательство. , 1995.

А. С. Пученков Национальная политика генерала Деникина（весна 1918 - весна 1920 г. ）. СПб. : Полторак. , 2012.

В. Д. Зимина Белое движение в годы гражданской войны. Волгоград. , 1995.

В. Шулдяков Гибель Сибирского казачьего войска. 1920—1922 М. : Центрполиграф. , 2004.

В. Булдаков Красная смута: природа и последствия революционного насилия. М. : РОССПЭН. , 1997.

В. Ж. Цветков Белые Армии Юга России 1917 – 1920 гг. М. : Посев. , 2000.

В. П. Слободин Белое движение в годы гражданской войны в России (1917 – 1922 гг.). М. : МЮИ МВД России. , 1996.

В. Д. Зимина Белое движение и российская государственность в период гражданской войны. Дисс. . . . докт. ист. наук. Волгоград. , 1998.

В. Н. Романишина Социальный состав и идеология Белого движения в годы гражданской войны в России, 1917 – 1920 гг. дисс··· канд. ист. наук. М. , 2001.

В. Ж. Цветков Формирование и эволюция политического курса Белого движения в России в 1917 – 1922 гг. Дисс. . . . докт. ист. наук. М. , 2009.

В. Ц. Виторт Мир в Бресте. М. , 1918.

В. В. Кулаков, Е. И. Каширина Белый режим юга России (1917 – 1920ГГ). Краснодар. , 2007.

В. А. Шишкин Интервеция на северо – запате России: 1917 – 1920 гг. Санкт – Петербург. : наука. , 1995.

В. Щамбаров Белогвардейщина. М. , 2002.

Г. З. Йоффе Семнадцатый год: Ленин, Керенский, Корнилов. М. : РАН. ИРИ. Наука. , 1995.

Г. М. Ипполитов Деникин. М. : Молодая Гвардия. , 2000.

Г. Х. Эйхе Опрокинутый тыл. М. , 1966.

Г. З. Иоффе Колчаковская авантюра и её крах. М. , 1983.

Г. А. Трукан Антибольшевистские правительства России. М. , 2000.

Гражданская война на Волге в 1918 г. Сборник первый. Издание Общества Участников Волжского Движения. Прага. , 1930.

Е. В. Волков, Н. Д. Егоров, И. В. Купцов Белые генералы Восточного фронта Гражданской войны. Биографический справочник. М. , 2003.

Л. Г. Протасов Всероссийское Учредительное собрание. История рождения и гибели. М. : РОССПЭН. , 1997.

Л. М. Спирин Классы и партии в гражданской войне в России (1917 – 1920 гг.). М. , 1968.

Л. Абраменко Последняя обитель. Крым, 1920 – 1921 годы. Киев. : МАУП. , 2005.

М. В. Вишняк Всероссийское Учредительное Собрание. М. : РОСС-ПЭН. , 2010.

Н. Н. Головин Военные усилия России в Мировой войне. В 2 – х томах. Париж. , 1939.

Н. Карпов Трагедия белого Юга. М. : "Вече" . , 2005.

Н. Н. ГоловинРоссийская контрреволюция в 1917 – 1918гг. Т2. М. : айрис – Пресс. , 2011.

Н. Рутыч Биографический справочник высших чинов Добровольческой армии и Вооруженных Сил Юга России. М. , 1997; Его же. Белый фронт генерала Юденича. Биографии чинов Северо – Западной армии. М. , 2002.

О. В. Волобуев Драма российской истории: большевики и революция. М. ; Новый Хронограф. , 2002.

О. Г. Гончаренко Белое движение: Поход от тихого дона до тихого океана. М. , 2007.

О. Г. Гончаренко Тайны белого движения: побед и поражения (1918 – 1922года). М. : вече. , 2004.

О. Платонов История русского народа в XX веке (Классика русской мысли). М. : АЛГОРИТМ. , 2009.

П. А. Новиков Гражданская война в Восточной Сибири. М. , 2005.

Павел. Зырянов Адмирал Колчак, верховный правитель России. М. : Молодая гвардия. , 2006.

П. Мультатули Император Николай II и заговор 17 – го года. М. : Вече. , 2013.

П. Мультатули Кругом измена, трусость и обман. Подлинная история отречения Николая Ⅱ. М. : Астрель. , 2012.

Ричард · Пайпс Русская революция. Ч. 2. М. : РОССПЭН. , 1994.

Р. М. Абинякин Офицерский корпус Добровольческой армии: Социальный состав, мировоззрение 1917 – 1920 гг. . Орел. : Монография. , 2005.

С. В. Волков Русский офицерский корпус. М. : Военное издательство. , 1993.

С. Балмасов Красный террор на востоке России в 1918 – 1922 гг. М. : "Посев". , 2006.

С. В. Волков Трагедия русского офицерства. . М. : Центрполиграф. , 2003.

С. В. Волков Накануне катастрофы. Оренбургское казачье войсо 1891 – 1917 гг. М. : Центрполиграф. , 2008.

С. П. Мельгунов Трагедия адмирала Колчака. Из истории гражданской войны на Волге, Урале и Сибири. : М. Айрис – пресс. , 2012.

С. В. Волков Первые добровольцы на Юге России. Биографический справочник. М. , 2001; Его же. Офицеры российской гвардии. Опыт мартиролога. М. , 2002.

С. В. Волков Белое движение в России: организационная структура. М. , 2000.

С. В. Карпенко Очерки истории Белого движения на Юге России 1917 – 1920 гг. М. , 2003.

С. В. Карпенко Белые генералы и красная смута. : М. , 2009.

Ю. П. Свириденко, В. Ф. Ершов Белый террор? Политический экстремизм российской эмиграции в 1920 – 45 гг. , 2000.

К. ВладимирВерховный правитель адмирал А. В. Колчак. , 1919.

六　俄文论文

А. Б. Асташов Русский крестьянин на фронтах первой мировой

войны. Российская история. 2003. , №1.

А. И. Зевелев, Е. А. Зевелева Историография. В. Т. Тормозов. белое движение в гражданской войне. 80 лет изучения. Вопрос истории. , 1999. №12.

А. Четыркин Крестьянство юга России под властью Деникина (аграрная политика деникинщины). Историк – Марксист. 1941. №5.

А. С. Пученков Генералы М. В. Алексеев, Л. Г. Корнилов и начало Белого движения на Юге России. Вестник СПбГУ. Сер. 《История》. 2008. №1.

В. М. Воинов Офицерский корпус белых армий на Востоке страны (1918 – 1920 гг.). Отечественная история. 1994. №4.

В. Н. Романишина Белые: Кто они. Родина. , 2008. № 3.

В. Ж. Цветков Исторические портреты. Николай Николаевич Юденич. Вопрос истории. 2002. №9.

В. Ж. Цветков Лавр Георгиевич Корнилов. Вопросы истории. , 2006. №1.

В. Ж. Цветков Белое движение в России. 1917 – 1922 годы. Вопрос истории. , 2000. №7.

В. Ж. Цветков Спецслужбы (разведка и контрразведка) Белого движения в 1917 – 1922 годах. Вопрос истории. , 2001. №10.

Г. А. Трукан Верховный правитель россии. Отечественная история. 1999. №6.

И. В. Швец Проекты всероссийской власти на Уфимском государственном совещании 1918 г. Вопрос истории. , 2007. №4.

К. Брюггеманн Эстония и Петроградский фронт гражданской войны в 1918 – 1920. Вопросы истории. 2007. №. 5.

Л. Г. Прайсман Чехословацкий корпус в 1918 г. Вопросы истории. 2012. № 5.

М. В. Владимирский К истории финансирования белого Юга (1918 – 1920). Отечественная история. 2008. №3.

П. И. Гришанин Белое движение и гражданская война: историческая феноменология и историческая память. Вопрос истории. , 2008. №2.

Партия социалистов – революционеров в первые годы советской власти. Вопросы истории, 2006. № 6.

С. В. Константинов, М. В.Оськин Русские офицеры военного времени. 1914 – 1917 гг. Вопросы истории. , 2009. № 8.

Ю. К. Кириенко Исторические портреты. Алексей Максимович Каледин. Вопросы истории. 2001. № 3.

七 英文著作

Bradley J. F. N. , *Civil War in Russia 1917 – 1920*, London & Sydney: B. T. Batsford Ltd, 1975.

Brovkin V. N. , *Behind the Front Lines of the Civil War*（*Political parties and social movements in Russia, 1918 – 1922*）, Princeton: Princeton University Press, 1994.

David Footman, *Civil Warin Russia*, London: Faber And Faber, 1961.

Evan Mawdsley, *The Russian Civil War*, Boston: Allen & Unwin, 1987.

Kenez P. , *Civil War in South Russia. 1918*: *The First Year of the Volunteer Army*, Berkely & Los – Angeles: University of California Press, 1971; Idem. *Civil War in South Russia. 1919 – 1920*, Ibid, 1977.

Rcihard Luckett, *The White Generals*: *An Account of the White Movement and the Russian Civil War*, Routledge & Kegan Paul, 1971.

八 中文档案文献

沈志华主编：《苏联历史档案选编》，社会科学文献出版社2002年版。

徐天新选译：《俄国十月社会主义革命》，商务印书馆1997年版。

［美］马克·斯坦伯格等：《罗曼诺夫王朝覆灭》，张蓓译，新华出版社1999年版。

九　中文著作

《列宁全集》，中共中央编译局编译，人民出版社1985年版。

陈之骅、吴恩远、马龙闪主编：《苏联兴亡史纲》，中国社会科学出版社2004年版。

凯文·奥康纳：《波罗的海三国史》，王加丰等译，中国大百科全书出版社2009年版。

陆南泉、蒋长斌、徐葵、李静杰：《苏联兴亡史论》，人民出版社2004年版。

刘全：《南俄白卫运动研究（1917—1920）》，硕士学位论文，陕西师范大学，2013年。

刘淑春等编：《十月的选择——90年代国外学者论十月革命》，中央编译出版社1997年版。

《列宁与全俄肃反委员会》，赵仲元等译，群众出版社1981年版。

孙成木、李显荣、康春林：《十月革命史》，生活·读书·新知三联书店1980年版。

闻一：《十月革命——阵痛与动荡》，广东人民出版社2010年版。

闻一：《俄罗斯通史（1917—1991）》，上海社会科学院出版社2013年版。

刑广程：《苏联高层决策70年》（第一分册），世界知识出版社1998年版。

解国良：《俄国社会革命党研究（1901—1925）》，社会科学文献出版社2012年版。

姚海：《俄国革命》，人民出版社2013年版。

赵云中：《乌克兰沉重的历史脚步》，华东师范大学出版社2005年版。

周尚文、叶书宗、王斯德：《新编苏联史：1917—1985》，上海人民出版社1990年版。

［苏联］阿·阿夫托尔汉诺夫：《苏共野史》，晨曦等译，湖北人民出版社1982年版。

［法］安德烈·瑟利耶、让·瑟利耶：《中欧人文图志》，王又新译，

中国人民大学出版社2008年版。

［俄］鲍·米罗诺夫：《俄国社会史——个性、民主家庭、公民社会及法制国家的形成》，张广翔等译，山东大学出版社2006年版。

［苏联］列·托洛茨基：《我的生活——托洛茨基自传》，崔继新译，东方出版社2005年版。

［英］伦纳德·夏皮罗：《一个英国学者笔下的苏共党史》，徐葵等译，东方出版社1991年版。

［美］亚伯拉罕·阿谢尔编：《俄国革命中的孟什维克》，石菊英、余瑞先译，党校系统内部发行，1985年。

［波兰］伊萨克·多伊彻：《先知三部曲：武装的先知（1879—1921）》，周任辛译，中央编译局出版社1998年版。

［美］约翰·里德：《震撼世界的十天》，郭圣铭等译，东方出版社2005年版。